리더십은 환경에 대한 조직의 적응력을 증진시키는 기능을 하는데 일반적으로 조직이 성공적으로 목표를 달성하기 위해서는 반드시 변화하는 환경에 적응해야 하며 이를 위해서는 조직의 변화능력 및 적응능력 제고가 무엇보다 중요하다.

조직과 리더십

A Working Manual

손주영 지음

도서출판 두남

리더십을 고민하는 모든 분들에게

작은 도움이 되기를 소망합니다

Treat people as if they were what they ought to be and you help them become what they are capable of becoming.

- Johann Wolfgang von Goethe -

차 례

part 1_ 조직이란 무엇인가? / 9

part 2_ 리더십이란 무엇인가? / 51

part 3_ 리더십 개발과 실천 / 245

part 1

조직이란 무엇인가?

제 1 장_ 조직의 개념

제 2 장_ 조직 행동론

제1장

조직의 개념

제1장 조직의 개념

1 … 조직(Organization)의 정의

'인간은 사회적 동물이다'라는 아리스토텔레스(Aristoteles)의 말과 같이 인간은 사회라는 울타리 안에서 어울려 살 때 비로소 삶의 만족과 기쁨을 느끼게 된다. 고대사회에서부터 조직은 인간 사회의 기본 구성요소로서 인간의 중요한 생활수단이 되어왔다. 조직은 단순히 여러 사람들이 모인 집합체를 의미하는 것이 아니라 조직구성원의 복합적인 행동과 의사결정 체계를 의미하는 포괄적인 개념으로서 사회 속의 인간은 본태적으로 집단 또는 조직과 무의식적으로 동기화되어 있다.

조직이란 용어는 생물학의 유기체를 의미하는 'Organisatio(오르가니자시오)' 라는 라틴어에서 유래된 개념으로서 시대에 따라, 또는 연구의 관점에 따라 다양하게 정의된다. 사회학자 Weber(베버)는 조직을 '특정한 목적을 가지고 그 목적을 달성하기 위해 모인 구성원들이 상호작용하는 협력집단'이라고 정의하였는데 Weber에 의하면 조직내부에는 조직 구성원들의 활동을 규정하고 통제하는 제도와 절차가 있으며 이들은 조직의 질서를 유지하며 조직이 존재하도록 하는 역할을 수행한다고 한다. Katz와 Khan(카츠와 칸)은 조직을 '공동의 목표를 가지고 있으며 내부관리를 위한 규제 장치와 외부환경관리를 위한 적응구조를 발달시키는 사람들의 집합체'로 정의하였으며, Bernard(버나드)는 '조직이란 공동의 목적을 달성하고자 하는 의지를 가진 2인 이상이 모여 상호 의사 전달하는 집합체'라고 정의하였다. 또한, Selznic(셀즈닉)은 조직을 '지속적으로 환경에 적응하면서 공동의 목표를 달성하기 위해 공식적 또는 비공식적 관계를 유지하는 사회적 구조'라고 정의하였다. 하지만, 이와 같이 조직의 개념에 대한 학자들의 다양한 정의에도 불구하고 조직에 대한 정의에는 몇 가지 공통적 특성이 있는데 이것은 요약하면 다음과 같다.

① 조직은 공동의 목적(purpose) 또는 공동의 목표(goals)를 가지고 있다.

조직의 목적와 조직의 목표

① **조직목적**(organization objectives) : '조직은 공동의 목적 또는 목표를 가지고 있다'는 조직의 개념 정의에서도 알 수 있듯이 목적 없는 조직은 존재하지 않는다. 조직목적은 조직의 존재 이유와 조직 활동을 통해 조직이 궁극적으로 달성하고자 하는 가치 중심적인 지향점으로서 조직목표보다 포괄적 개념이고 상위 개념이다. 일반적으로 조직목적은 조직활동의 방향성을 제시하고, 조직구성원의 의사결정에 있어 가이드라인이 되며, 행동과 성과의 평가기준이 되고, 환경의 변화에 따라 변하는 특징이 있기 때문에 조직 구성원이 조직의 기대역할을 성공적으로 수행하기 위해서는 조직의 목적을 명확히 이해하는 것이 무엇보다 중요하다.

② **조직목표**(organization goals) : 조직목표란 조직의 목적달성을 위한 수단 또는 목적달성을 위한 구체적 과정으로서 조직 목적을 실현하기 일정기간 조직이 달성해야 할 계량적이고 구체적인 설정치이다. 조직목표는 조직목적의 하위개념으로서 조직 효과성의 측정기준이 되는 조직목적과는 달리 조직 효율성의 측정기준이 되며, 조직의 계획 및 실행사항 등을 명확하게 하는 기초가 된다.

② 조직은 목적달성을 추구하는 사람들로 구성되어 있기 때문에 조직의 가장 중요한 구성요소는 인적 요소이다.

③ 조직은 2인 이상의 구성원들로 이루어져 있기 때문에 구성원들간의 이해

관계를 조정하고 통합하는 협력체계의 구축과 함께 힘의 구심점이 되는 파워센터(power center)가 필요하다.

④ 조직은 구성원들 간의 역할(role)과 업무, 책임과 권한, 규율(rule), 기능(function) 등을 결정하는 규정 및 절차 등과 같은 공식적 구조를 가지고 있다.

⑤ 조직은 조직의 내부와 외부를 구분하는 경계를 가지고 있기 때문에 타 조직 또는 환경과 차별화되는 집단을 형성한다.

따라서 이상과 같은 공통점을 통해 조직의 개념을 재정의하면 '조직은 공동의 목적(common purpose) 달성을 위하여 두사람 이상이 의식적으로 결합하여 상호작용하는 사회적 집합체 또는 제 힘의 체계'로 정리할 수 있다.

2 … 집단(Group)의 의의

조직은 집단들로 이루어져 있으며, 집단은 개인들로 구성되어 있기 때문에 집단 및 개인의 특성은 조직의 특성에 상당한 영향을 미치게 된다. 집단이 조직의 구성 단위이기 때문에 집단의 개념 또한 조직의 개념과 상당히 유사하지만 집단에 비해 조직은 보다 목표와 경계가 뚜렷하고, 구성원의 지위와 역할이 명확하게 구별되며, 규범이 엄격하게 규정되는 특성을 갖는다. Allport(올포트)는 집단의 실체를 부정하고 '우리가 집단이라고 부르는 것들은 존재하지 않으며 다만 우리의 마음속에 존재하는 가치, 사상, 습관 등을 묶은 허상에 지나지 않는다'라고 주장하지만 일반적으로 집단은 '공동의 목표를 공유하고 자신을 집단의 일원으로 인식하는 둘 이상의 사람들이 모여 상호작용하는 상호의존적인 개인들의 집합체'로 정의할 수 있다. 또한, Bass(베스)는 '집단이란 함께 하는 것이 자신들에게 이익을 준다고 생각하여 모인 사람들의 집합'으로 집단을 정의하고, McDavid와 Harari(맥데이비드와 하라리)는 집단을 '역할과 규범이 공유되며 필요한 기능을 수행하는 둘 이상의 개인들로 구성된 조직화된 시스템'으로 정의함으로써 시스템으로서의 집단의 구조적 특성을 강조하고 있다.

집단을 특징지어주는 주요 구성요소로는 역할(roles), 규범(norms), 지위(status) 등이 있는데 첫째, 역할은 특정의 지위에 있는 사람에게 기대되는 행위 패턴을 의미하는 것으로서 집단의 구성원에게 무엇을 기대하고 있으며 무엇을 해야 하는 지를 알려주는 기능을 한다. 일반적으로 집단 구성원의 공식적 역할은 직무담당자가 수행하여야 할 의무와 책임들에 대하여 기술해 놓은 직무기술서(job description)을 통해 파악할 수 있다. 둘째, 규범은 구성원에 의해 공유되고 있는 집단 구성원의 행위를 규정하는 것으로서 집단 내 수용가능한 행위의 기준을 말한다. 셋째, 지위란 집단에서의 서열, 순위를 나타내는 것으로서 중요한 동기부여 요인 중 하나이며 조직행동을 이해하는데 있어 매우 중요한 개념이다.

또한, 집단은 인간의 라이프사이클(life cycle)과 마찬가지로 형성에서 쇠퇴에 이르는 다섯 단계의 발전단계를 거친다.

① 첫 번째 단계는 집단의 형성 단계로서 조직 구성원들은 집단의 활동 및 운영에 대하여 기본적인 규칙을 만들고 이러한 규칙을 통하여 서로를 집단의 일원으로 인정하게 된다.
② 두 번째 단계는 갈등단계로 조직 구성원들은 집단의 목표 달성을 위한 상호 작용 과정에서 상호간의 영향력 발휘로 인해 갈등을 경험하게 된다. 갈등 단계에서 만약 조직 구성원들 간의 갈등이 해결되지 않는 경우, 구성원들은 집단을 이탈하게 되고 이로 인한 집단 해체의 가능성이 있다. 집단 지도자의 리더십 발휘가 중요한 역할을 담당하는 단계이다.
③ 세 번째 단계는 규범 확립단계로 집단의 목표, 과업수행방식, 그리고 성과측정 기준 등 핵심적 사항에 대한 조직 규범이 확립되는 단계이다. 구성원들은 규범을 수용하는 과정에서 동질성 및 동료애를 느끼고, 책임감을 공유하게 되며, 이를 통해 강한 집단 응집력을 갖는다.

참고

집단 응집력(Group Cohesiveness)

집단 응집력이란 한 집단의 구성원들이 서로를 신뢰하고, 집단의 일원으로 자부심을 느끼며, 집단의 일원으로 계속적으로 존재하고 싶은 정도를 의미하는 것으로서 응집력이 높은 집단의 구성원들은 유대가 강하고, 구성원 상호간에 서로 많은 영향을 주고 받으며, 집단 활동에 보다 적극적으로 참여하는 경향이 있다. 집단 응집력에 영향을 미치는 요인으로는 집단의 규모, 목표달성의 성공경험, 그리고 집단 구성원들의 태도와 가치관의 유사성 등을 들 수 있는데 일반적으로 집단 규모가 작을수록 구성원 상호간의 상호작용이 활발해지고 이로 인해 집단 응집성이 증가하는 경향이 있으며, 집단이 공동의 목표를 성공적으로 달성하게 되면 효과적인 집단의 일원이라는 자부심이 증가하게 되고 성공체험의 공유 등을 통해 집단 응집력이 제고된다. 또한 집단 구성원들의 유사한 태도와 가치관의 공유는 집단 응집력의 가장 강력한 원천으로서 구성원 상호간에 원활한 의사소통과 충분한 교감을 가능하게 하고 이를 통해 집단 응집력을 높일 수 있다. 일반적으로 응집력이 높은 집단은 집단의 목적과 개인의 목적이 일치하고, 지도자의 리더십이 효과적으로 발휘되며, 집단의 과업을 효과적・효율적으로 달성한다. 또한 집단성원간의 의사소통이 원활하게 이루어짐으로써 집단에 대한 만족도가 높고, 상호 신뢰하고 협동함으로써 집단 내부의 갈등이 적고, 집단 목표에 대한 수용도가 높아서 집단의 성장과 발전에 장애가 되는 방해요인들을 성공적으로 극복해 나가하며, 강한 동질감을 느끼고, 집단의 목표 달성에 적극적이고 개방적이다. 하지만 이러한 긍정적인 효과에도 불구하고 외부집단의 능력과 효과성을 과소평가하고, 다른 집단의 구성원에 대해 강한 거부감을 가지며, 구성원 모두가 일체가 되어 함께 행동하려는 경향이 강하기 때문에 의사결정을 할 때 합리적이고 객관적인 자세를 가지기 보다는 다수의 의견에 쉽게 동조하게 되고, 이로 인해 의사결정의 정확성과 합리성이 저하되는 등의 부정적인 효과 역시 간과할 수 없는 것이 사실이다.

④ 네 번째 단계는 성취단계로서 구성원들이 함께 목표를 달성해 가는 과정에서 지도자의 리더십에 대한 수용도가 증가하고, 호의적인 관계가 구축되며, 그로인해 집단의 성과가 향상된다.

⑤ 마지막은 해체단계로 집단의 목표가 달성되었거나 목표가 상실된 경우, 또는 조직 구성원들이 집단을 이탈하거나 집단의 규범이 더 이상 효과적이지 못할 경우 등을 이유로 집단이 점진적으로 해체되는 단계이다.

집단(Group)과 팀(Team)

집단은 임명된 한명의 지도자가 존재하는 것에 반해 팀은 지도자의 역할이 공유된다. 또한 집단의 경우 구성원에게 공통의 동일한 목표를 제시하고, 조직화된 업무 위임을 통해 개인의 책임을 강조하며, 개별적 결과물을 요구하는 것에 반해 팀은 팀에 의해 설정된 팀 목표 달성을 위한 공동(또는 개인적)의 책임을 강조하고, 구성원들 간의 자유로운 토의 및 피드백 그리고 적극적인 문제해결 등을 통해 팀 공동의 결과물을 제출할 것을 요구한다.

 Working Manual

조직의 개념

- 조직이란 일정한 공통 목적을 달성하기 위하여 두 사람 이상이 의식적으로 결합하여 상호작용을 하는 활동 또는 제 힘의 체계

조직목적, 조직목표, 집단응집력

- 조직목적: 조직이 궁극적으로 달성하고자 하는 성과 또는 결과로서 조직목표의 상위 개념
- 조직목표: 조직의 목적달성을 위한 수단 또는 구체적 과정으로서 측정 가능한 결과를 의미
- 집단 응집력: 한 집단의 구성원들이 상호 신뢰하고, 집단의 일원으로 자부심을 느끼며, 집단의 일원으로 계속하여 존재하고 싶어하는 정도

Discussion

진실게임

1. 4~6명이 한 팀을 이룬다
2. 팀원들이 돌아가면서 각자의 이름과 전공, 취미와 목표 등을 소개한다
3. 진실게임: 자신에 대한 두 가지 진실과 한 가지 거짓을 말하고 팀원들로 하여금 거짓 하나를 찾도록 한다

제2장

조직 행동론(Organizational Behavior)

1. 조직 행동론의 개념
2. 조직 구성원의 행동

제2장 조직 행동론(Organizational Behavior)

1··· 조직 행동론의 개념

조직행동론이란 조직의 효과성을 제고하기 위하여 조직과 조직 구성원의 상호작용을 연구하는 학문으로 조직 구성원의 태도, 가치관, 동기, 그리고 행동 등을 이해하고, 기술하며, 예측하고, 통제하고자 하는 학문이다. 조직행동론은 분석 수준에 따라 거시적 조직행동론과 미시적 조직행동론으로 구분할 수 있는데 거시적 조직행동론은 조직의 유효성, 조직의 구조, 조직 과정 등에 초점을 두고 있으며, 미시적 조직행동론은 조직 구성원의 개인행동과 집단행동에 보다 많은 관심을 두고 있다. Hodgetts와 Altman(호제트와 앨트만)은 조직행동론을 '조직환경에서의 인간의 행동을 설명, 예측, 통제하는 학문'이라고 정의했으며, Duncan(던컨)은 '조직 내 인간행동의 모든 측면에 관한 연구를 의미하는 것으로서 조직의 인간에 대한, 또는 인간의 조직에 대한 영향을 모두 포함한다'라고 설명하였다. 또한 Kelley(켈리)는 조직행동론을 '조직 구성원의 행동과 태도, 지각, 행동 등에 미치는 조직의 영향과 조직에 대한 인간의 영향을 규명하는 학문으로 특히 조직목표 달성에 미치는 인간 행동의 영향을 규명하는 학문'으로 조직행동론을 정의하였다.

일반적으로 조직 구성원들의 행동은 조직 유효성 및 생산성과 밀접한 상관관계가 있기 때문에 성공적인 조직관리를 위해서는 조직과 인간의 행동에 대해 명확한 이해를 기반으로 조직구성원들의 행동과 동기의 원천을 정확하게 파악하고, 미래에 일어날 수 있는 행동을 예측하며, 바람직한 행동을 유지하도록 유도하고, 바람직하지 못한 행동은 예방하거나 제거하는 것이 필요하다.

따라서 조직행동론은 조직 구성원의 개인행동과 집단행동 그리고 조직행동을 이해, 예측, 통제함으로써 조직전체의 효과성과 효율성을 높이고 개인의 행복을 증진시키는데 그 목적이 있다. 최근 들어 조직 행동론의 중요성이 더욱 부각되고 있는데 많은 연구에 의하면 조직 내 구성원들의 행동에 대한 이해는 조직 구성원을 목표 달성의 도구(수단)가 아닌 가치 있는 자원으로 인식하게 하고 조직 내 인간관계의 중요성을 인식하게 함으로써 리더십, 동기부여, 의사소통, 갈등관리, 조직변화 등의 연구에 공헌하였으며, 종업원을 효과적으로 관리하는 방법을 제시하는 등 성공적인 조직 관리에 있어 많은 기여를 한다.

조직 효과성(Effectiveness)과 조직 효율성(Efficiency)

조직 효과성은 조직이 최종적으로 달성하고자 하는 조직 목적의 달성 수준을 의미하는 것으로 복수의 목표들이 달성되는 정도를 통해 평가된다. 일반적으로 조직 효과성은 조직의 목적과 관련된 개념이고, 효율성은 목표와 관련된 개념이기 때문에 조직 효과성은 조직 효율성에 비해 보다 광범위한 개념이며 상위개념이다.

반면, 조직 효율성은 조직의 목표 달성을 위한 제 작업 활동에 있어서 한 단위의 산출물을 생산하는데 사용되는 자원의 양을 가리킨다. 즉, 조직 효율성은 조직의 목표달성을 위해 투입된 시간이나 필요자원을 얼마만큼 최소화하였는가를 의미하는 것으서 조직 효율성이 높다는 것은 투입량(input)에 대한 산출량(output)의 비율이 높다는 것을 의미한다. 조직 효과성과 조직 효율성은 조직의 생존과 지속적인 성장·발전을 위해서 반드시 필요한 상호보완적 관계이지만 그 구분이 쉽지 않고 종종 혼용되는 경우가 있는 것이 사실이다.

2 … 조직 구성원의 행동

조직은 집단으로 구성되어 있고, 집단은 개인으로 이루어져 있기 때문에 조직행동론에 있어서 일차적 관심은 조직 내 개인의 행동이다. 일반적으로 개인의 행동에 영향을 미치는 중요 요인으로는 개인의 가치관(values), 태도(attitudes), 성격(personality), 학습(learning), 모티베이션(motivation) 등이 있는데 이들 요소들은 궁극적으로 조직구성원들의 직무만족이나 성과에 지대한 영향을 미치기 때문에 조직의 효과성과 효율성을 제고하기 위해서는 이들 요소들과 개인행동과의 상관관계에 대한 면밀한 분석이 요구된다. Hicks(힉스)는 인간의 행동은 상당한 유사점과 공통점이 있음에 불구하고 동일한 상황에서 다양한 행동상의 차이를 보이게 되는데 이러한 차이는 다음과 같은 변수들에 기인한다고 설명하였다.

① **생리적 차이** : 개인의 육체적 능력과 정신적 능력 등
② **환경적 차이** : 가족, 문화, 사회적 계급 등
③ **심리적 차이** : 가치관, 지각, 태도, 학습, 성격, 모티베이션 등

1) 조직구성원의 가치관(Value System)

사전적 의미로 가치관은 '인간이 특정 행동방식이나 대상에 대해 무엇이 옳고 바람직한 것인가를 판단하는 도덕적 취향'으로 정의될 수 있다. Rokeach(로키치)는 가치관을 '특정 행동 방식이 다른 행동방식보다 개인적 또는 사회적으로 바람직하다고 생각하는 기초적인 신념'으로 정의하였는데, 그에 의하면 개인의 가치관은 특정한 행위나 존재목적이 다른 행위나 존재목적보다 더욱 바람직하다는 믿는 개인의 내면적 신념으로서 개인의 행동에 많은 영향을 준다. 왜냐하면 인간은 자신의 가치관에 기반하여 행동하기 때문에 조직 구성원이 어떤 가치관을 가지고 행동하는가는 한 개인의 문제로 끝나지 않고 조직 전반에 막대한 영향을 미치게 되는데 특히 지도자의 철학과 가치관은 조직의 효과성과 효율성에 막대한 영향을 주게 된다. 또한, Peterson(패터슨)은 가치란 '인간이 자신의 인생

을 어떻게 살 것인가를 결정하는 방식을 나타내는 요소로서 개인이 목표를 선택할 때 판단의 기준이 된다'라고 설명했다.

따라서 가치관은 사회적 행동을 결정하는 개인의 심리적 성향으로서 무엇이 옳고 그름을 명백하게 규정하는 개인적 신념으로서 조직 내 인간은 조직 생활에서 직면하는 많은 상황을 자신의 가치관을 통해 평가하고, 자신이 가치 있다고 생각하는 것을 선택하게 된다. 가치관은 개인적 경험과 문화에 의해 형성되고, 개인의 동기와 신념을 결정하며, 지각과 행동에도 막대한 영향을 미치므로 조직 구성원의 가치관에 대한 이해는 조직 내 개인의 행동을 설명하거나 예측하는 것은 물론이고 집단의 행동을 이해하는데도 많은 도움을 준다.

2) 조직구성원의 태도(Attitude)

태도란 사람이 어떤 대상이나, 집단, 주제 등에 대하여 긍정적 또는 부정적으로 비교적 일관되게 반응하는 학습된 경향을 의미하는 것으로서 인지(cognition), 정서(affect), 및 행동경향(behavioral tendency) 등의 심리적 상태를 말한다. 태도와 가치관은 상당히 유사한 개념이지만 태도는 가치관과 달리 도덕적인 판단을 포함하지 않는 준거체계(frame of reference)이다. 그러므로 도둑질이 나쁘다는 것은 가치의 문제이며 내가 하는 일이 마음에 들지 않는다는 것은 태도의 문제이다.

태도는 개인의 배경과 다양한 인생경험을 반영하고 있으며 개인행동을 결정하는 중요 요소이다. Schnake(쉬네이크)는 태도를 '한 개인의 선호에 영향을 미치는 사람, 대상, 장소, 사건 등에 관한 의견'으로 정의했으며, Steers(스티어스)는 '주어진 환경 하에 있는 대상 또는 사람에게 좋다거나 나쁘다고 반응하는 경향'으로 정의했다. 또한 Gordon(고든)은 태도를 '사람, 상황 또는 대상의 다양한 측면에 대해 반응하는 지속적인 경향'으로 정의하였다. 태도는 비교적 지속적으로 특정 대상이나 사물 등에 대해 좋거나 나쁘다고 반응하는 심리적 경향으로서 개인의 행동을 결정하는 중요 요소이기 때문에 특정 대상이나 사건에 대한 조직 구성원들의 태도를 정확하게 파악하는 것은 그들의 조직행동을 이해하고 예측하는데 많은 도움이 될 수 있다.

태도 형성의 영향을 미치는 중요 요인은 다음과 같다.

① **성격** : Freud(프로이드)는 유년기에 부모의 교육 또는 부모와의 관계를 통해 형성된 성격에 따라 개인의 태도가 결정되고, 태도가 행동을 결정한다고 주장하였다.

② **사회적 성격** : Reich(라이치)에 의하면 개인이 가진 성격구조는 개인의 속한 사회의 집단적 태도와 일치한다고 한다. 특정 사회나 문화권에는 그 구성원들만의 차별화된 공통적인 사회특성(social personality)이 존재하며 한 개인의 성격과 태도는 그가 처한 사회, 경제적 환경의 지배를 받게 된다. 그러므로, 한 집단의 구성원이 타인이나 다른 집단에 대해 가지는 태도는 자연히 그가 속한 집단의 태도에 영향을 받게 된다.

③ **학습** : Skinner(스키너)의 학습이론에 따르면 태도의 형성은 자극→반응의 반복적 학습에 따라 훈련되고 강화된다.

태도는 인지적 요소, 정서적 요소, 그리고 행동적 요소 등 세 가지 요소로 구성되어 있는데 인지적 요소는 인간이 경험을 통해 특정 대상에 대해 가지는 다양한 측면의 정보(information) 또는 신념(belief)을 의미한다. 감정적 요소는 정서적 요소라고도 하는데 인간이 특정 대상에 대해 좋다, 혹은 나쁘다고 느끼는 감정을 나타낸다. 마지막으로 행동적 요소는 행위적 요소라고 하는데 인간이 특정 대상에 대해 특정한 방식으로 일관되게 행동하는 경향(tendency)를 의미한다.

태도는 어느 정도의 지속성을 가지고 있으나 학습이나 다른 사람들과의 상호작용에 의해 변화되는 특성이 있다. 태도변화에 관한 대표적 이론으로는 장이론과 인지부조화 이론이 있다. Lewin(레빈)의 장이론(field theory)에 의하면 태도는 고정적이거나 안정된 것이 아니라 서로 상충되는 힘의 작용으로 인해 동적인 상태에서 균형을 유지할 뿐이다. 따라서 태도를 변화시키기 위해서는 균형상태를 변화시켜야 하는데 이를 위해서는 어느 한쪽의 힘을 강하게 혹은 약하게 만들면 된다. 한편, 인지부조화 이론(cognitive dissonance theory)에 의하면 인간의 태도와 행동에는 일관성이 있기 때문에 만약 인간이 자신의 태도와 행동 간의 일관성이 결여된다고 느끼는 경우에는 심리적으로 불편을 느껴 이를 회피하려고 한다는 이론이다. 즉, 인지부조화는 인간의 태도와 행동 간의 불일치로 인해 발생하는 심리적 불안정 상태를 의미하는데 태도의 변화를 위해서는 이와 같은 태도와 행동 간의 불일치를 유도하여야 한다. 왜냐하면 인간은 자신의 행위와 태도 사이에서 부조화가 인지되면 불편함을 느끼고 이를 극소화시켜 안정된 상태를 만들려고 노력하게 되는데 이러한 노력이 태도의 변화를 가져오기 때문이다.

Lewin(레빈)에 의하면 태도의 변화는 해빙(unfreezing) →변화(changing) →재동결(refreezing)의 3단계를 거쳐 이루어지는데 첫 번째 해빙단계는 한 개인이 기존에 가지고 있던 자신의 태도, 신념, 행동 등에 대해 변화의 필요성을 느끼고 새로운 변화를 받아들일 마음의 준비를 하는 단계이다. 즉, 변화에 대한 필요성을 인식함으로써 변화에 대한 저항이나 거부의 수준을 낮추고 자연스럽게 변화를 준비하는 단계이다. 두 번째 변화단계는 순응(compliance), 동일화(identification), 그리고 내면화(internalization)의 과정을 통해 실제 태도의 변화가 일어나는 단계인데 순응은 호의적인 반응을 기대하거나 부정적인 반응을 피하기 위해서 인간이 자신이 속한 집단의 규범이나 관습, 또는 다른 사람의 반응에 일치하도록 자신의 의견이나 행동을 동화시키는 것이다. 동일화는 인간이 타인(또는 집단)과의 만족스러운 관계유지를 위해서 타인(또는 집단)의 목적이나 가치를 자신의 것으로 받아들여 마치 자신의 목적이나 가치인 것으로 생각하는 것이다. 마지막으로 내면화는 사회적 영향에 의해 습득된 사고, 신념, 태도, 행동 등을 개인의 가치관과 일치시켜 내부로 흡수하는 과정이다. 세 번째는 재동결 단계로서 새롭게 습득한 태도나 행동이 개인의 기존 성격이나 정서, 그리고 태도, 행동 등과 통합되어 하나의 새로운 태도나 행동으로 고정되는 단계이다.

조직 행동론에서는 조직 구성원의 바람직한 태도를 지속적으로 유지시키고 바람직하지 못한 태도를 수정/변화시키기 위해 다음과 같은 교육훈련 방법을 사용하고 있다.

① **자기분석** : 인간이 자신의 내면에 있는 여러 가지 기억과 경험들을 분석하여 바람직하지 못한 태도의 근본적인 원인을 스스로 밝혀내게 함으로써 보다 긍정적인 태도를 갖게 하는 방법이다.

② **역할 연기**(role playing) : 역할 연기를 통해 상대방의 입장에서 사물을 바라보게 함으로써 자신의 왜곡된 성격이나 태도를 스스로 교정하게 하는 방법이다.

③ **감수성 훈련**(sensitivity training) : 흔히 T그룹 훈련(T-group training)이라고도 하는데 서로 알지 못하는 수 십명의 참가자들을 사회적 관계집단에서 분리시켜 일정 기간 집단생활을 하게 함으로써 자신이 타인에게 어떻게 인지되고 있으며, 자신이 타인에게 어떠한 영향을 받고 있는지를 이해하게 하는 훈련방법이다.

한편, 조직 행동론에서 중요하게 다루는 조직 구성원의 태도는 직무만족(job satisfaction)과 조직 몰입(organizational commitment)이 있는데 직무만족은 개인의 직무에 대한 태도를 가리키는 말로서 개인의 담당 직무가 자신의 가치관이나 신념, 욕구 등과 얼마나 일치하는지의 여부와 임금, 동료, 작업환경 등에 대하여 얼마나 만족하는지 등을 나타내는 정서적 측면의 표현이다. 즉, 직무만족은 한 개인이 자신의 직무에 대해 가지는 태도(직무태도)의 정서적 측면을 일컫는 말로써 조직 구성원이 자신의 직무, 직무수행, 직무환경 등에 대하여 인지하는 만족과 불만족의 정도를 의미(Weise & Cropanzan, 1996)한다. 직무만족의 개념은 그동안 수많은 학자들에 의해 정의되었는데 Locke(로크)는 직무만족을 '개인의 직무와 직무경험에 대한 평가결과로 인해 얻어지는 즐겁고 긍정적인 감정상태'로, Porter(포터)는 '직무수행을 통해 자신이 받아야 한다고 기대하는 성과와 실제로 받은 성과와의 비교로부터 오는 감정적인 반응'으로, 그리고 Stanley(스탠리)은 '직무에 대한 사람들의 태도'라고 정의하였다.

직무만족은 크게 내재적 만족(internal satisfaction)과 외재적 만족(external satisfaction)으로 구분되는데 내재적 만족은 개인의 감정, 신념, 태도 등과 같은 심리적 상태로부터 비롯되는 것이며 외재적 만족은 내재적 만족과 보상, 작업환경, 승진 등 직무수행의 결과에 따라 얻어지는 보상가치에 대한 만족을 의미한다. 많은 연구결과에 의하면 직무만족도가 높을수록 직무 완성에 대한 동기유발이 용이하고, 질 높은 직무수행이 이루어지며, 생산성이 증가하고, 이직률과 결근율이 감소된다.

직무만족에 영향을 미치는 주요 요인은 다음과 같다.

① **직무자체** : 기능 다양성(skill variety), 과업 정체성(task identitiy), 과업 중요성(task significance), 자율성(autonomy), 피드백(feedback) 등

② **승진** : 승진의 기회
③ **상사** : 상사의 기술적, 관리적 능력과 관심과 배려의 정도
④ **동료집단** : 동료작업자의 지원적 태도, 상호 우호적인 관계 구축 등
⑤ **보상** : 실질 임금, 보상체계, 보상의 공정성 등
⑥ **조직 특성** : 조직규모, 관리체계, 공식화 정도, 의사결정 참여, 작업 조건 등

반면, 조직몰입은 특정 조직에 대한 개인의 동일시(identification)와 전념(involvement)의 정도로 정의된다. 일반적으로 조직몰입은 자신의 속한 조직에 대한 충성심, 애착심 및 동일시와 같은 정서적 반응으로서 직무만족과 정서적으로 유사한 성격을 가진다. 조직몰입의 개념 역시 직무만족의 경우와 같이 주체에 따라 다양하게 정의되는데 Becker(베커)는 조직몰입을 '개인이 조직의 구성원으로 근속하는 동안 직무 이외의 여러 가지 이해관계 요소들에 의해 조직에 계속 남아있고자 하는 행동'으로 정의하였다.

조직몰입은 크게 정서적 몰입(affective commitment), 계속적 몰입(continuance commitment), 규범적 몰입(normative commitment)으로 분류된다.

① **정서적 몰입** : 조직구성원의 조직에 대한 충성의도, 감정적 애착, 일체감, 그리고 조직에 대한 개입정도를 의미
② **계속적 몰입** : 감정적인 측면보다는 계산적인 측면을 반영한 것으로 조직구성원이 이직과 근속으로 인한 이해득실을 고려하여 현 조직에 몰입하는 것을 의미(구성원들이 조직에 남아있고자 하는 심리적 필요성을 의미함)
③ **규범적 몰입** : 한 개인이 재직기간에 따른 지위상승이나 회사가 그에게 주는 만족과 상관없이 그 조직에 계속 재직하는 것이 옳다고 믿거나 도덕적으로 옳다고 믿음으로써 조직에 몰입하는 것을 의미

3) 조직구성원의 성격(Personality)

'꿰뚫어 말함(To Speak Through)'을 의미하는 라틴어의 'Personare'에서 유래된 성격(personality)은 개인적인 특성(Characteristics), 성향(Tendencies), 기질(Temperaments) 등을 의미한다. 일반적으로 성격은 유전적 요인과 환경적 요인

의 결합에 의해 형성되는데 Maddi(머디)에 의하면 성격은 '유전과 환경요인의 결합에 의해 형성된 안정된 특성, 성향, 기질'이다. Allport(올포트)는 성격을 '주어진 환경에 대하여 타인과 차별화되는 개인의 적응행동을 나타내는 심리적 및 신체적 시스템 체계'라고 정의했는데 그에 의하면 성격은 개인의 감정, 가치관, 태도 및 적성 등을 포함하는 것으로서 타인과 차별화되는 독특하고 안정된 개인적인 특성이며 심리과정의 한 단면을 나타내는 것이 아닌 한 개인의 전체적 심리체계의 성장과 발전을 의미하는 포괄적인 개념이다. 성격은 겉으로 드러나지 않아 행동을 통해 그 실체를 추리하게 되는 태도와는 달리 표면상으로 관찰이 가능하고 측정이 가능하다.

성격은 유전적 요인과 환경적 요인의 결합으로 형성되기 때문에 같은 사회, 문화, 환경 하에 있는 구성원들 사이에는 상당히 유사한 공통점이 발견되는데 성격 형성에 영향을 주는 중요 요인은 다음과 같다.

① **유전적 요인** : 신체적 특성인 신장, 생김새, 피부색 등과 같이 개인의 성격도 부모의 영향을 받는다는 것이 일반적인 믿음이다.

② **문화적 요인** : 문화는 특정 사회나 조직의 구성원들이 공유하고 있는 가치관, 신념, 관습, 규범 등을 포함하는 개념으로 문화적 요인은 생물학적 요인보다 성격 형성에 보다 중요하며 특히 가정문화는 부모와의 동일화 과정을 통해 아이의 초기 성격 형성에 가장 큰 영향을 미치는 중요 요소이다.

③ **상황적 요인** : 개인의 성격은 상당히 일관적이고 안정적이지만 상황 변화에 따라 본래의 특성과는 전혀 다른 방향으로 변화되는 경우가 있다. 따라서 조직의 유효성을 제고하기 위해서는 유전적, 문화적, 상황적으로 다양한 배경을 가진 조직구성원들의 성격을 이해하고 개인의 특성과 직무와의 적합관계를 파악하여 이를 적절히 조합하는 것이 반드시 필요하다.

성격은 다음과 같은 방법을 통해 측정된다.

① **성격목록법** : 성격조사 설문지를 통해 개인의 주도성, 정서적 안정성, 자기통제 등을 측정하는 것으로서 대표적인 설문지로는 미네소타 다면적 퍼스낼리티 항목표(Minnesota Multiphasic Personality Inventory : MMPI) 등이 있는데 MMPI는 건강, 노이로제적인 불안감 및 피해 망상증, 우울증, 공포

증 등과 같은 심리적 증상이나 신경학적 징후까지 측정 가능하기 때문에 성격 검사에 유용하게 활용되고 있다.

② **심리투사법** : 모호한 하나의 그림이나 이야기, 잉크얼룩 등을 제시하고 이에 대한 개인의 반응을 조사하는 기법이다. 전문적인 해석이 필요하다

③ **종합평가센터법**(assessment center) : 다수의 평가자들이 시뮬레이션, 인터뷰, 심리테스트 등의 다양한 방법을 활용하여 개인의 성격을 종합적 관점에서 평가하는 방법이다. 전문가들의 평가결과를 종합하는 것으로 신뢰성이 높다.

4) 조직구성원의 학습(Learning)

'It is not the strongest of the species that survives, nor the most intelligent that survives. It is the one that is the most adaptable to change.(가장 강하고 똑똑한 것이 살아남는 것이 아니라 가장 변화에 잘 적응하는 것이 살아남는다. 의역하면, 강한 것이 살아남는 것이 아니라 살아남는 것이 강한 것이다)'라는 Darwin(다윈)의 말에서 알 수 있듯이 급변하는 환경 속에서 살아남기 위해서는 지속적인 학습이 필요하며 개인의 학습 정도는 조직행동에 많은 영향을 미치게 된다.

학습이란 반복적인 훈련이나 경험에 의해서 이루어진 비교적 영구적인 행동의 변화(behavioral change)로서 인간은 학습과정을 통해 지식, 기술, 가치관, 성격, 신념, 동기, 태도 등의 변화를 가져온다. 그러므로 일시적인 행동변화는 학습으로 볼 수 없다. Mandy(먼디)는 학습을 '유형화된 행동과 실천을 통해 기능, 지식, 능력 및 태도를 얻는 활동'으로 정의했으며, Aldag(얼닥)과 Greenberg(그린벅)은 '경험을 통해서 얻는 비교적 영구적인 행동의 변화'로 설명하였다. 또한 Moorhead(무어헤드)는 학습을 '직 · 간접적인 경험으로부터 얻는 행동이나 잠재적 행동의 비교적 영구적인 변화'로 정의하였다. 학습에 대한 여러 학자들의 정의를 종합해보면 '학습은 개인의 반복적인 경험이나 훈련의 결과로 이루어지는 비교적 영구적인 잠재 행동의 변화'라고 할 수 있다. 하지만, 학습의 과정은 직접적으로 관찰 할 수 없기 때문에 명확하게 그 반응기제를 설명하기 어렵고 다만 행동변화를 통해 추론할 뿐이다.

인간의 학습 과정에 대한 연구는 러시아의 심리학자인 Pavlov(파브로브)에 의해 처음 시작되었으며 이후 Thorndike(손다이크)와 Skinner(스키너)등에 의해서 계승·발전되었는데 학습이론은 크게 행동론적 접근방법, 인지론적 접근방법, 관찰학습 이론 등으로 나눌 수 있다.

(1) 행동론적 접근방법

행동적 접근법은 행동의 변화는 특정 자극(Stimulus, S)과 그에 따른 반응(Response, R)을 통해 일어난다고 보는 견해로서 일반적으로 조건화 학습이론, 혹은 S→R이론(자극반응이론)이라고 하며 고전적 조건화와 조작적 조건화로 구분할 수 있다.

① 고전적 조건화(Classical Conditioning)

러시아의 심리학자 Pavlov에 의하여 처음으로 발표된 이론으로 반응을 유발하지 않는 중립자극(neutral stimulus)과 반응을 일으키는 무조건 자극(unconditioned stimulus)을 반복하여 짝지어줌으로써 중립자극을 조건자극(conditioned stimulus)으로 변화시키는 과정이다. 예를 들어 Pavlov의 개를 이용한 유명한 실험을 살펴보면, 개에게 음식(무조건 자극)을 줄 때마다 종소리(중립자극)를 울리게 되면 처음에는 고기를 보고 반사적 행동으로 침을 흘리던 개가 나중에는 종소리(중립자극)만 울려도 자동적으로 침(조건반응)을 흘리게 된다는 것이다. 이때 개가 고기를 보고 침을 흘리는 것은 무조건자극에 대한 무조건적 반응이라고 하며, 종소리에 의해 침을 흘리게 되는 것은 조건자극에 대한 조건적 반응이라고 하는데 조건 자극에 대한 조건적 반응이 바로 학습된 반응이다.

② 조작적 조건화(Operant Conditioning)

조작적 조건화 연구는 심리학자인 Skinner(스키너)에 의해 처음 시도되었는데 개인의 의지에는 전혀 관심을 갖지 않던 고전적 조건화와는 달리 조작적 조건화는 개인의 반응 여부가 행동결과에 많은 영향을 미친다고 보는 관점이다. Skinner는 자신의 실험에서 작은 스키너 박스(skinner box)에 생쥐를 집어넣고

거기에 하나 이상의 전등, 프레스 바(press bar), 그리고 먹이 그릇 등을 놓아두었는데 이때 프레스바를 건드리면 먹이가 먹이 그릇에 떨어지게 고안하였다. 실험결과를 살펴보면, 처음 스키너 박스의 생쥐들은 무작위적(random)로 박스 안을 돌아다니면서 다양한 행동들을 하게 되는데 시간이 지남에 따라 생쥐들이 프레스 바를 건드리는 횟수가 많아지고 다른 행동의 횟수는 줄어드는 것을 발견하였다. 즉, 생쥐들이 프레스바를 건드려야만 먹이가 떨어진다는 사실을 발견하고 그 행동을 강화하였다는 것이다.

조작적 조건화의 연구 모형은 조작적 자극(Stimulus, S)→조작적 반응(Response, R)→조작적 결과(Consequence, C)으로 설명할 수 있는데 이때 프레스바는 자극(S)이었고, 생쥐가 프레스바를 건드리는 것은 반응(R)이었으며, 프레스바를 건드릴 때마다 떨어지는 먹이는 결과(C)에 해당한다. 조작적 조건화는 인간의 행동변화에도 적용할 수 있는데 결과에 따른 보상이 바람직하다고 생각할 경우 인간은 지속적으로 그 보상을 받기 위해 요구되는 행동을 반복하게 되고 이것이 습관이 되어 학습이 이루어지기 때문에 조직 구성원들의 자발적 행위의 유발을 위해서는 강화물(reinforcer)의 제공이 반드시 필요하다.

조작적 조건화는 Thorndike(손다이크)의 '효과의 법칙(law of effect)'에 그 근거를 두고 있는데 효과의 법칙이란 인간은 바람직한 결과가 따르는 행동은 반복하고, 바람직하지 못한 결과가 나타나는 행동은 반복하지 않는다는 것으로 일종의 강화이론이다. 강화이론은 크게 긍정적 강화(positive reinforcement)와 부정적 강화(negative reinforcement)로 나눌 수 있는데 긍정적 강화는 바람직한 행위에 대해 긍정적인 결과를 부여함으로써 그 행위를 반복하게 하는 것으로 생산성이 높은 종업원에게 보너스를 지급하는 것이 좋은 예이다. 한편, 부정적 강화는 바람직한 행위에 대해서는 부정적인 결과를 철회해줌으로써 바람직한 행위를 유도하는 것을 말하는 것으로 생산성 높은 종업원에게 그 동안의 벌점을 제거하여주는 것이 좋은 예라고 할 수 있다. 강화이론과 함께 기존의 행동을 약화시키는 약화이론도 있는데 대표적인 약화이론은 처벌(punishment)과 소거(extinction)가 있다. 처벌은 바람직하지 못한 행위에 대해 부정적 결과를 제공함으로써 그 행위를 줄이도록 유도하는 것으로서 규칙을 위반한 경우 벌을 주는 것이 좋은 예이다. 소거는 바람직하지 못한 행위에 대한 긍정적인 결과를 철회함으로써 그 행위를 줄어들게 하는 방법으로 나태한 종업원에게 특근 수당을 줄이는 방법 등이 있다.

참고

긍정적 처벌 방법

① 구성원들에게 반드시 지켜야 될 규칙과 기대사항을 설명해주고, 규칙 위반이 초래하는 부정적인 결과를 충분히 이해시킨다.
② 규칙 위반에 대해서는 조금의 편애도 없이 즉각적이고 일관성 있게 대응함으로써 구성원들로 하여금 그들에게 기대하고 있는 것이 무엇인지를 확실히 이해하게 하고 충동적으로 행동하지 못하게 한다.
③ 견책이나 처벌을 하기 전에 충분히 진상을 파악하여 성급한 결론을 내리거나 경솔한 견책을 가하는 일이 없도록 한다.
④ 심각한 위반의 경우가 아닌 경우 처벌보다는 구두 및 서면 경고를 하되 처벌은 반드시 정해진 기준에 따라 합법적이고 공정하게 실시한다.
⑤ 경고나 질책은 공개적으로 하지 않고 사적으로 하되 침착성을 유지하고 적대감이나 반항심이 유발되지 않도록 주의한다.
⑥ 경고나 처벌은 일시적이 아닌 지속적으로 실시하며, 경고나 질책 후 구성원들이 역할기대에 부응함으로써 다시는 처벌을 받지 않기를 바라는 진지한 소망을 표현한다.
⑦ 경고나 처벌 후 구성원과 함께 업무수행상의 문제점을 분석하고 문제해결을 위한 구체적 방안을 함께 강구한다.

(2) 인지론적 접근방법(Cognitive Learning)

인지론적 접근법은 Tolman(톨만)에 의하여 제기된 이론으로서 인간의 모든 행동을 자극(S)→반응(R)→결과(C)의 연결로 설명하는 행동주의적 접근에 반해 자극과 반응 사이에는 인지라는 매개변수로 존재한다는 관점이다. 인지론적 접근은 자극(S)→인지(C)→반응(R)으로 설명되는데 Stephen Coby(스티브 코비)가 자신의 저서 <성공하는 사람들의 7가지 습관>에서 '자극과 반응사이에는 선택의 자유가 있다'라고 강조한 것과 같이 인지론적 접근법은 인간의 자유 의지를 강조하고 있다.

인지론적 접근법을 제시한 Tolman은 흰 쥐 실험을 통해 오른쪽 방향으로만 돌아가도록 훈련되어있는 흰 쥐가 먹이가 다른 쪽에 있다는 사실을 인지하게 되면 먹이를 찾으려는 기대로 인해 오른쪽으로 돌아가지 않고 실제로는 먹이가 있는 쪽으로 이동한다는 사실을 밝혀냈다. 이를 통해 Tolman은 단순한 자극(S)→반응(R)의 조건화에서 탈피하여 인지(Cognition)가 자극과 행동사이에서 중계역할을 하는 것으로 인식하고(S-C-R) 이를 통해 복잡한 인간의 행동에 있어서 인지의 중요성을 강조하였다. Tolman의 흰 쥐 실험을 조직 구성원에 적용시켜 보면 조직 구성원은 과거의 다양한 경험을 통해 미래에 대한 기대(expectation)를 만들어내고, 그 기대에 의존하여 많은 대안들 중 가장 바람직한 결과를 얻을 것이라는 생각되는 방향으로 행동한다고 설명할 수 있을 것이다.

(3) 관찰학습(Observational Learning)

관찰학습은 행동주의적 접근방법과 인지론적 접근법을 통합하는 관점으로서 인간의 학습은 직접적인 경험뿐만 아니라 부모, 선생님, 동료, 영화 및 TV 스타 등의 다양한 사회적 모델을 관찰함으로써 이루어질 수 있음을 강조한다. 관찰학습은 모델링(modeling) 또는 사회적 학습(social learning)이라고 불리는데 관찰학습에 의하면 관찰자는 특정 모델의 행동에 관심을 가지고 관찰하고, 주의를 기울여서 인식하며, 인식한 행동을 기억하고 연습함으로써 모방하게 된다. 하지만, 특정 모델의 행동을 모방했을 때 그에 따른 결과가 바람직할 경우, 모방한 행동을 더욱 강화하게 되지만 그렇지 않을 경우에는 모방한 행동은 소멸되어 더 이상 유지되지 않는다는 것이다. 즉 관찰자가 특정행위를 지속・유지하기 위해서는 모방하는 행위를 통해 보상을 받게 되는 동기부여가 있어야 한다는 것이다.

(4) 조직구성원의 동기부여(Motivation)

'움직이다'는 의미의 라틴어 'Movere'에서 유래한 동기(motive)는 동기부여, 동기유발, 동기화라고도 불리는데 오늘날 기업조직에서 가장 많이 사용하는 용어 중 하나이다. 동기는 인간 내부에 존재하는 욕구(needs), 욕망(wants), 동인(drives)을 포함하는 개인의 내면적 추진력으로서 인간행동을 유발하는 내적인 심리상태를 말한다.

동기부여란 용어는 1920년대부터 사용되기 시작했는데 Roberts(로버트)는 동기부여를 '목적의 달성을 향해 행동을 자극하고, 방향을 설정하며, 이를 유지하는 일련의 심리적인 과정이다'라고 정의했으며, Martin(마틴)은 '행동에 활력을 줄 뿐만 아니라 방향을 제시해주며 그 행동을 지속하려는 경향을 지원해주는 내적인 힘'으로 정의하였다. 그리고 Robbins(로빈스)는 '개인의 욕구 만족을 전제로 조직의 목적을 달성을 향해 높은 수준의 노력을 경주하려는 의지'로 정의하였다. 이와 같은 학자들의 동기부여에 대한 정의를 종합해보면 '동기부여는 행동을 위한 동인과 자발적 의욕을 제공하며, 단순한 행동이 아니라 목표지향적인 행동을 일으키는 내적인 힘'이며, '인간의 행동을 유발하고, 행동의 방향을 설정하며, 행동을 유지하게 하는 심리적 힘을 제공하는 것'이라고 정의할 수 있다.

조직에서 동기부여가 중요한 이유는 조직 성과는 구성원의 성과에 좌우되며, 구성원의 성과는 개인의 능력과 동기유발에 의해 결정되기 때문이다. Hall(헐)은 조직 구성원의 직무성과(performance)를 P, 동기부여(motivation)를 M, 직무수행능력(ability)을 A라고 하고 「$P = f(M \times A)$」로 규정하였다. 이는 직무성과는 동기부여와 직무수행능력과의 함수로서 결정된다는 주장으로서, 조직에서 아무리 유능한 구성원이 있다고 해도 그들을 효과적으로 동기부여하지 않으면 높은 조직성과를 기대할 수 없다는 것을 의미한다. James(제임스)의 연구에 의하면 동기부여된 조직의 구성원은 직무수행 과정에서 개인 능력의 80~90%까지 발휘하게 되지만 그렇지 않을 경우 20~30%밖에 발휘하지 못하게 된다고 한다. 즉, 동기부여가 조직목표의 달성을 좌우하는 경영활동의 주요 요소라는 것이다.

동기부여에 관한 주요 이론으로는 Maslow(매슬로우)의 욕구단계 이론(need hierarchy theory), Herzberg(허쯔버그) 2요인 이론(two-factor theory), Alderfer(알더

퍼)의 ERG 이론, McCllelland(맥클리랜드)의 성취동기이론(achievement motivation theory, 또는 three needs theory), Vroom(브룸)의 기대이론(expectancy theory), Adams(아담스)의 공정성 이론(equity theory), Locke(로크)의 목표설정이론(goal setting theory) 등이 있다.

A. Maslow의 욕구단계 이론

Maslow는 심리학의 욕구 개념을 경영학의 동기이론으로 체계화하였는데 그에 의하면 인간의 욕구는 일련의 단계 내지 계층별로 배열되어 있으며 이미 충족된 욕구는 인간행동의 동기를 유발하는 요인이 되지 못한다. 욕구단계 이론으로 불리는 Maslow의 이론에 의하면, 인간의 욕구는 생리적 욕구(physiological needs), 안전의 욕구(safety needs), 사회적 욕구(social needs), 존경의 욕구(esteem needs), 자아실현의 욕구(self-actualization needs) 등의 5단계로 나눌 수 있는데 1단계인 생리적 욕구와 같은 저차원적 욕구가 충족되지 않고서는 고차원적 욕구에 대한 동기는 유발되지 않는다. 즉, 인간은 충족하고자 하는 욕구가 있을 경우 동기유발이 되며, 이미 욕구가 충족되었을 때는 더 이상 동기유발이 되지 않는다는 것이다. 따라서 조직 구성원을 효과적으로 동기부여하기 위해서는 구성원들의 욕구상태와 구체적인 욕구들을 정확하게 분석하는 것이 무엇보다 중요하다.

단계별 욕구를 살펴보면 다음과 같다.

① **1단계(생리적 욕구)** : 인간이 삶을 유지하기 위해 요구되는 가장 기초적인 욕구로서 욕구계층의 최하위에 위치한다. 식욕, 성욕, 배설, 의복, 음식 등에 대한 욕구가 이에 속한다.

② **2단계(안전의 욕구)** : 가장 하위 욕구인 생리적 욕구가 어느 정도 충족된 경우 다음 단계에서 추구하게 되는 욕구로서 신체적 및 경제적 위험, 고용불안, 생존의 위협 등으로부터 보호받고자 하는 욕구를 말한다.

③ **3단계(사회적 욕구)** : 사회적 동물인 인간이 특정 조직이나 집단에 소속되기를 원하고, 그 구성원들과 교제하고 애정을 나누려는 욕구로서 애정(love)의 욕구 또는 소속(belongingness)의 욕구라고 불린다. 사랑과 우정, 소속감, 동료애 등이 이에 해당된다.

④ **4단계(존경의 욕구)** : 위신, 지위, 관심, 인정 등에 관한 욕구로 타인으로부터 존경받기를 원하는 사회적 존경(social esteem)과 스스로에게 대한 존경의 감정을 나타내는 자존(self-esteem)으로 나눌 수 있다.

⑤ **5단계(자아실현의 욕구)** : 욕구계층에서 가장 높은 단계의 욕구로서 자신의 잠재능력을 최대로 실현하고자 하는 욕구이다. 이 단계에서 인간은 보다 나은 자신의 모습을 찾고자 하며 자기가 바라는 바를 실현하고자 한다. 성장, 성취, 자기발현의 욕구 등이 이에 속한다.

〈Maslow의 욕구단계 이론〉

하지만 현실적으로 볼 때 Maslow의 욕구단계 이론은 몇 가지 한계점을 가지고 있는 것도 사실이다. 왜냐하면 인간의 욕구는 반드시 단계별로 진행되는 것이 아니라 경우에 따라서는 단계에 상관없이 동시에, 또는 중첩적으로, 혹은 좀 더 높은 욕구부터 충족시키려고 하는 경우가 있기 때문이다.

B. Herzberg의 2요인 이론

Herzberg의 2요인 이론은 동기-위생이론이라 불리는데 Herzber에 의하면 인간에게는 성장하고자 하는 욕구와 고통을 회피하고자 하는 욕구가 있는데 전자를 동기요인 또는 아담(Adam)적 욕구, 후자를 위생요인 또는 아브라함(Abraham)적

욕구라 한다. Herzberg는 200명의 엔지니어와 회계사들을 대상으로 직무 만족도에 관한 조사를 실시한 결과 인간은 기본적으로 만족에 영향을 주는 욕구와 불만족에 영향을 주는 욕구 등 상호독립적인 두개의 이질적 욕구를 가지고 있다는 흥미로운 사실을 발견하였다. 조사결과를 바탕으로 Herzberg는 만족과 관련된 요인을 동기요인(motivator factor) 또는 만족요인(satisfiers)이라 부르고, 직무 불만족과 관련된 요인을 위생요인(hygiene factors) 또는 불만족요인(dissatisfiers)이라고 명명하였다.

〈동기요인과 위생요인〉

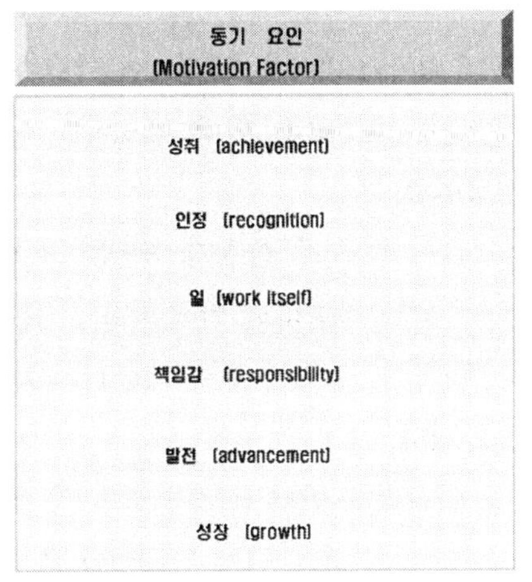

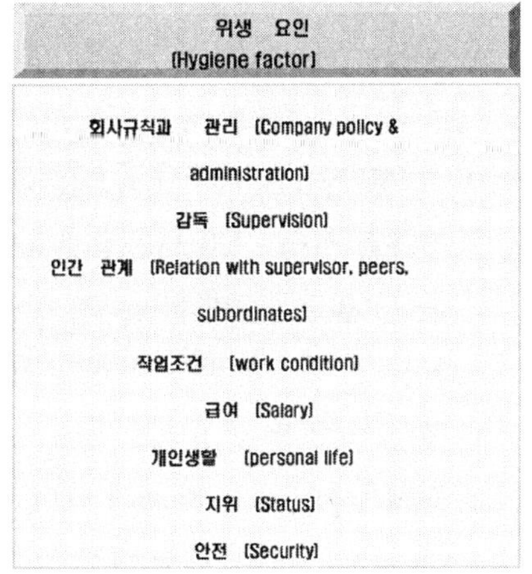

Herzberg에 의하면 동기요인은 성취, 인정, 책임감 등과 같이 직무내용과 관련된 요인들로서 구성원들로 하여금 동기유발을 통해 직무 만족을 느끼게 하는 요인이다. 반면 위생요인은 봉급, 작업조건, 대인관계, 회사방침과 절차, 안정 등과 같이 직무환경과 관련된 요인들로 구성되어 있는데 욕구가 충족되었을 경우 직무만족을 느끼게 하는 동기요인과 달리 위생요인은 충족이 된다고 해도 직무에 대한 불만족만 해소해줄 뿐이지 적극적으로 구성원들을 동기화시키지는 못한다. 따라서 Herzberg는 위생요인만으로는 구성원들의 적극적인 동기유발을 유도할 수 없으며, 오직 동기요인만이 구성원들의 직무에 대한 만족을 유도하여 동기유발의 수준을 높일 수 있다고 설명한다. 그러므로 동기요인을 간과한 채 위생요

인에만 관심을 갖는 것은 직무불만족으로 인해 야기되는 수많은 문제들의 근본적인 해결방안이 되지 못하며, 효율적인 조직운영을 위해서 관리자는 구성원들이 불만을 가지지 않을 만큼 위생요인을 관리하고 나머지 노력은 구성원들을 동기부여할 수 있는 동기요인에 집중하여야 한다. 하지만 동기요인과 위생요인의 구분이 명확하지 않고, 개인에 따라 만족요인에 의해 동기화되는 사람이 있는 반면 불만족요인에 의해 동기화되는 사람도 있으며, 이론 전개상 만족과 동기의 개념을 동일시하는 논리적 오류를 범하고 있는 것은 2요인 이론의 한계점으로 지적된다.

C. Alderfer의 ERG이론

Alderfer는 Maslow의 욕구단계이론을 보다 단순화하여 존재욕구(Existence Needs, E), 관계욕구(Relatedness Needs, R), 성장욕구(Growth Needs, G)의 세단계로 나누고 그 첫 글자를 따서 ERG이론이라고 명명하였다.

① **존재욕구(E)** : Maslow의 생리적 욕구와 안전 욕구 중 물질적 측면의 요소가 이 범주에 해당된다, 즉, 인간이 자신의 삶을 영위하기 위하여 요구되는 모든 형태의 물질적, 생리적 욕구들을 의미하며 조직의 경우 임금과 복리후생, 안전한 작업조건 등이 여기에 포함된다.

② **관계욕구(R)** : Maslow의 안전적 욕구 중 인간적 측면의 욕구와 소속 및 애정 욕구, 사회적 존경욕구 등이 포함되는데 이는 모든 사회 지향적인 욕구를 통합한 것으로서 조직 내에서는 구성원들간의 만족스러운 인간관계에 대한 욕구가 이에 속한다.

③ **성장욕구(G)** : Maslow의 존경에 관한 욕구와 자아실현의 욕구가 이 범주에 속하는데 개인의 잠재력 개발과 능력발휘, 지속적인 성장에 관한 욕구 등이 포함된다.

Alderfer는 Maslow와 마찬가지로 인간의 욕구는 저차원적 욕구에서 고차원적 욕구로 상승한다고 주장하였지만 Maslow의 욕구단계이론과 달리 상황에 따라서는 저차원적인 욕구가 충족되지 못하더라도 고차원적인 욕구의 충족을 추구할 수 있다고 주장함으로써 욕구의 우선순위를 부정하고 있다. 또한 Alderfer는 한 시점에서는 한 단계의 욕구만이 발생한다고 생각한 Maslow와는 달리 한 시점에서도 둘 이상의 욕구가 동시에 발생할 수 있다고 주장하였다. ERG이론은 현존하는 동기부여 이론 중 가장 타당성 있는 이론이라는 평가를 받고 있다.

D. McCllelland의 성취동기이론

심리학자인 McCllelland는 주제통각법(Tematic Apperception Test:TAT)을 이용하여 인간의 욕구를 측정하였는데 그에 의하면 인간의 욕구는 개인에 따라 상이하지만 생존욕구 이외의 모든 욕구들은 선천적이라기보다는 후천적인 경험을 통하여 획득되는 것이다.

참고

주제통각법(Tematic Apperception Test : TAT)

주제통각법은 전 세계적으로 가장 널리 사용되고 있는 투사적 검사방법 중 하나로 '모호한 대상을 지각하는 과정에는 개인 특유의 심리적인 과정이 노출되기 때문에 그 해석을 통해 개인의 차별화되는 성격을 파악한다'는 가정에서 비롯되었다. TAT는 응답자로 하여금 모호한 내용의 그림을 제시하고 연상을 통해 그에 대한 이야기를 구성하도록 하는데 이와 같은 연상과정에서 개인의 과거경험, 상상, 욕구, 갈등 등이 투사되면서 개인적 성격의 특징, 발달적 배경, 환경과의 상호관계 방식 등에 대한 정보를 가지게 된다.

McCllelland에 의하면 인간의 욕구 중 사회문화적으로 습득된 욕구는 성취욕구(need for achievement, n-Ach), 권력욕구(need for power, n-Pow), 친교욕구(need for affiliation, n-Aff)가 있는데 특히 성취욕구가 높은 구성원들로 구성된 조직은 높은 성장을 하는 반면, 성취욕구가 낮은 구성원들로 구성된 조직은 성장도 부진하다고 주장하였다. McCllelland가 제시한 인간의 행위에 영향을 미치는 세 가지 욕구는 다음과 같다.

① **성취욕구** : 위험이나 노력을 무릅쓰고 자신이 바라는 것을 성취하고자 하는 욕구로서 목표달성을 위해 남보다 뛰어나고 앞서고자 하는 욕구이다.

조직 구성원의 경우를 살펴보면 남들이 이루지 못한 것에 도전하고, 보다 효과적으로 혹은 효율적으로 직무를 수행하고자 하며, 보다 복잡한 과업을 완수하고자 하는 구성원은 성취욕구가 높은 경향이 있다. 일반적으로 성취욕구가 강한 사람들은 업무지향적이고, 목표설정을 중요시하며, 모험심이 강하고 도전적이고, 자신의 직무수행과정과 결과에 대한 피드백을 중요시하며, 자신과 유사한 성과지향적인 동료와 일하기를 선호한다.

② **권력욕구** : 자신이 속한 조직에서 지배적 위치를 차지하고 영향력을 행사하려는 욕구로서 다른 사람을 통제하고 다른 사람의 행동에 영향력을 미치려는 욕구이다.

③ **친교욕구** : 다른 사람들과 우호적이고 친밀한 관계를 형성하고 이를 유지하려는 욕구로서 소속욕구라고도 한다. 친교욕구는 학습을 통하여 습득되는 것으로서 경험의 영향을 받는다. 일반적으로 친교욕구가 강한 사람은 타인으로부터의 인정을 보다 중시하고, 타인의 욕구와 감정에 관심을 가지며, 타인과 규범의 영향을 쉽게 받는 경향이 있다.

McCllelland는 생존의 욕구를 제외한 나머지 욕구는 후천적인 경험에 의해 습득되는 것으로서 개인별로 상이하게 나타난다고 주장하고 있지만, 인간의 욕구체계는 대부분 유년기 때 결정되며 성인이 되어서는 쉽게 변하지 않는다는 것을 생각할 때 욕구가 후천적으로 학습 가능하다는 그의 주장은 쉽게 받아들이기 어려운 것이 사실이다.

E. Vroom의 기대이론

Vroom은 기대이론을 통해 인간이 어떠한 일련의 심리적 과정을 통해 행동하게 되는지를 설명하고자 했다. 그에 의하면 인간은 어떤 행동을 하고자 하는 경우, 그 행동에서 자신이 어떤 결과를 얻을 수 있을 것인가를 기대하고 그 기대에 따라 행동의 실행여부를 결정한다는 것이다. 즉, 인간의 행동은 본능적으로 일어나는 것이 아니라 행동의 결과에 대한 기대에 의해 일어난다고 보는 것이 Vroom의 기대이론이다. Vroom의 기대이론은 수단성이론, 또는 기대-유의성이론이라고 불리는데 기대이론을 수식으로 표현하면 다음과 같다.

동기부여(V) = 기대(E) × 수단성(I) × 유의성(V)

① **기대(expectancy)** : 일정한 노력을 기울이면 특정 결과를 달성하리라고 믿는 정도로서 0에서 1사이의 값을 갖는다.
② **수단성(instrumentality)** : 특정 수준의 성과가 바람직한 보상을 가져오리라고 믿는(기대하는) 정도로서 0에서 1사이의 값을 갖는다.
③ **유의성(valence)** : 궁극적으로 보상이 자신에게 얼마나 매력적인가를 나타내는 것으로 -1에서 1사이의 값을 갖는다.

기대이론의 공식에 의하면 높은 수준의 동기부여를 위해서는 기대, 수단성, 유의성 중 어느 하나라도 0의 값을 가져서는 안되며, 특히 유의성이 낮은 경우에는 부정적인 결과를 초래하기 때문에 성공적인 동기부여를 위해서는 세 가지 요소가 모두 적절히 조합되어야만 한다. 기대이론은 조직의 구성원들을 효율적으로 동기부여 하기 위해서는 조직이 제공하는 보상이 종업원들에게 얼마나 매력적인지를 정확하게 이해해야 하며, 그들이 가치 있게 생각하는 것을 보상을 통해 지급해야 한다는 것을 알려줌으로 오늘날 조직운영에 많은 시사점을 주고 있다.

F. Adams의 공정성 이론

Adams의 공정성 이론은 인간은 다른 사람들과의 관계에서 공정성을 유지하는 방향으로 동기부여 된다는 이론으로서 '자신이 다른 사람들과 비교해서 얼마나 공정하게 대우받고 있느냐'를 중시하는 이론이다. 공정성 이론에 의하면, 조직 구성원들은 동일한 직무상에 있는 다른 사람의 투입(input) 대비 산출(output)을 자신의 그것과 비교하여 이것이 공정하다고 느낄 경우에는 만족하지만 그렇지 않을 경우에 불만족을 느끼고 이를 수정하려고 노력한다는 것이다 형평성 이론이라고도 불린다. 또한, 공정성 이론은 조직의 구성원들은 자신의 노력에 따른 보상의 정도뿐만 아니라 다른 사람의 보상의 정도에도 관심을 갖고 상호 비교하여 만족과 불만족을 느끼게 되는데 일반적으로 불공정을 해소하기 위해서 다음과 같은 해결방안을 강구한다.

① **투입의 변경** : 작업의 질을 증가시키거나 감소시키는 방법을 통해 개인의 투입을 증대 또는 감소시킴으로써 불평등을 해소하고자 한다.

② **산출의 변경** : 임금이나 작업조건의 개선 등을 통해 개인의 산출을 증대시키고자 한다.

③ **투입 또는 산출에 대한 지각의 변경** : 투입과 산출을 실제로 변화시키기보다는 자신 또는 타인의 투입이나 산출에 대한 인지자체를 변화시킴으로써 불평등을 해소한다.

④ **비교대상의 변경** : 비교대상을 바꿈으로써 불공정을 감소시키고 공정상태로 돌아가고자 한다.

⑤ **현장으로부터의 이동(직장이동)** : 주어진 상황에서 도저히 불공정을 해소할 수 없는 경우 다른 부서로의 이동 또는 이직을 통해 불공정을 해소한다.

G. Locke의 목표설정 이론

Locke의 목표설정 이론에 기반을 둔 현대적 관리기법 중 최근 가장 주목받는 이론 중 하나가 '목표에 의한 관리(Management by Objectives : MBO)'이다. MBO가 처음 소개된 것은 Drucker(드럭커)의 1954년의 저술 '경영의 실제(the practice of management)'를 통해서였는데 MBO는 조직의 구성원들로 하여금 직무목표설정에 참여하게 하고, 직무권한을 위양함으로써 자율적으로 직무를 수행하게 하며, 직무성과에 대한 자기 평가를 실시하게 함으로써 효과적으로 목표를 달성하게 하는 관리기법이다. MBO의 근본 목적은 관리자와 구성원이 함께 공동의 목표를 설정하게 함으로써 조직체의 목적과 구성원 개인의 목적을 동시에 달성하도록 하는 것으로서 목표설정 이론에 의하면 막연하고 추상적인 목표보다는 구체적이고 명확한 목표, 달성하기 쉬운 목표보다는 도전할만한 목표(stretched goal), 그리고 성과에 대한 피드백이 주어질 때 조직의 성과가 높다.

MBO가 오늘날의 조직관리에 주는 시사점은 효과적인 목표달성을 위해서 관리자는 조직 구성원들이 직무를 수행함에 있어 달성해야 할 목표를 분명하게 설정하게 도와주고, 스스로 직무성과와 욕구만족과의 관계를 명확히 인식하게 함으로써 목적 지향적 동기행동을 유도하여야 한다는 것이다.

Working Manual

조직행동론의 개념

- 조직행동론의 필요성: 조직의 목적이나 목표를 효과적으로 달성하기 위해서는 조직 내 집단이나 개인의 자발적인 헌신이 요구되며 이를 위해서는 인간행동에 대한 이해가 선행되어야 함
- 조직행동론: 조직의 효과성을 제고하기 위하여 조직 구성원의 태도. 지각, 가치관, 그리고 행동 등을 이해 · 기술 · 예측 · 통제하는 학문
  - Duncan: 조직 내 인간행동의 모든 측면에 관한 연구
  - Kelley: 조직구성원의 행동과 태도, 지각 등에 미치는 조직의 영향과 조직에 대한 인간의 영향을 연구하는 학문
- 조직행동론의 효용: 조직의 효과성 및 효율성 증진
  - 조직효과성: 조직이 최종적으로 달성하고자 하는 조직목적의 달성 정도를 의미
  - 조직효율성: 조직목표 달성을 위해 투입된 시간이나 자원의 양을 의미

조직 구성원의 행동

- 인간의 행동은 유사한 공통성이 있음에도 불구하고 동일 상황에서 동일한 행동을 하는 것이 아니라 생리적 차이(육체적 및 정신적 능력 등) , 환경적 차이(가족, 문화, 계급 등), 그리고 심리적 차이 등에 의해 차별화 됨

<주요 심리적 변수>

1. 조직구성원의 가치관
2. 조직구성원의 태도
3. 조직구성원의 성격
4. 조직구성원의 학습
5. 조직구성원의 동기부여

조직구성원의 가치관(value system)

Q: 삶을 살아가면서 '이것은 옳지 않기 때문에 절대 하지 않겠다' 또는 '바람직한 삶을 살기 위해 나는 꼭 이렇게 하겠다' 라고 스스로 결심하고 있는 것은?

- 가치관: 인간이 삶이나 어떤 대상에 대해 무엇이 옳고, 무엇이 바람직한가를 판단하는 도덕적 취향
- Rokeach: 특정 해동방식이 다른 행동방식보다 개인적 또는 사회적으로 바람직하다고 생각하는 기초적인 신념
- 인간은 자신의 가치관에 기반하여 행동하기 때문에 조직구성원의 가치관은 조직의 효과성과 효율성에 막대한 영향을 미친다

조직구성원의 태도(attitude)

Q: 삶을 살아가면서 특히 마음에 들지 않는 대상, 집단, 또는 주제(혹은 특히 마음에 드는 대상, 집단, 주제)는 무엇인가?

- 태도: 특정 대상이나 집단, 주제 등에 대하여 긍정적 또는 부정적으로 비교적 일관되게 반응하는 학습된 경향으로 개인 행동을 결정하는 주요 요소
- 가치관과 유사하지만 보다 광범위하고 포괄적인 개념이며 도덕적 판단을 포함하지 않는 준거체계
- Schnake: 한 개인의 선호에 영향을 미치는 사람, 대상, 장소,사건 등에 관한 의견
- Steers: 주어진 환경 하에서 대상 또는 사람에게 좋다거나 싫다고 반응하는 경향

태도에 영향을 미치는 요인

Q: 지금까지 살아가면서 자신이 특정 태도를 극적으로 변화시킨 사건 또는 계기는?

- 태도에 영향을 미치는 요인
  - 성격: 유년기에 부모와의 관계를 통해 형성(Freud)
  - 사회적 성격: 자신이 속한 사회의 집단적 성격과 일치(Reich)
  - 학습: 자극-반응의 반복(Skinner)

태도 변화에 관한 대표적 이론

- Lewin의 장이론(field theory)
  - 태도는 고정적이거나 안정된 것이 아니라 실제로는 서로 상충되는 힘의 작용으로 동적인 세계에서 균형상태를 유지할 뿐이기 때문에 만일 어느 한쪽의 힘이 강해지거나 약해지면 이 균형상태에 변화가 일어나고 이로 인해 태도가 변화함

- Leon Festinger의 인지부조화이론(cognitive dissonance theory)
  - 인간의 태도와 행동에는 일관성이 있으며 인간은 자신의 태도와 행동 사이에 일관성이 결여될 때 심리적으로 불편함을 느껴 이를 극소화하려고 노력하게 되는데 이때 태도의 변화가 일어남

태도 변화의 방법론

- Lewin: 변화의 3단계

- 태도변화를 위한 교육방법

1) 자기분석: 자신의 기억과 경험을 분석하여 잘못된 태도의 근본적 원인을 파악하게 함으로써 긍정적인 태도를 갖게 함
2) 역할연기: 역할연기를 통해 상대방의 입장에서 자신을 바라봄으로써 자신의 왜곡된 성격과 태도를 스스로 교정함
3) 감수성 훈련: T그룹 훈련, 서로 알지 못하는 수십 명의 참가자들을 사회적 관계 그룹에서 분리시켜 일정기간 집단생활을 하게 함으로써 자신이 상대방에 미치는 영향과 타인에게 인지되는 자신의 이미지를 새로운 시각에서 경험하게 함

조직구성원의 성격(personality)

- 성격: 타인과 차별화되는 개인의 특성, 성향, 기질 등을 의미
- Maddi: "성격은 유전과 환경요인의 결합에 의해 형성된 안정된 특성, 성향, 기질"
- Alport: " 주어진 환경에 대하여 타인과 차별화되는 개인의 적응행동을 나타내는 심리적 및 신체적 시스템 체계"
- 성격은 표면상 관찰 및 측정 가능(vs. 태도)

<대표적 성격 검사법>

1) 성격목록법: 성격조사 설문지를 통해 개인의 성격을 측정(ex: 미네소타 다면적 퍼스넬리티 항목표(MMPI)
2) 심리투사법: 모호한 그림이나 잉크얼룩 등을 제시하고 이에 대한 개인의 반응 측정
3) 종합평가센터법(assessment center): 다수의 평가자들이 시뮬레이션, 인터뷰, 심리테스트 등의 다양한 방법을 통해 개인의 성격을 종합적 관점에서 평가

조직구성원의 학습(learning)

Q: 높은 학업 성과의 창출을 위해 가장 필요한 것은?

- Darwin: 강한 것이 살아남는 것이 아니라 살아남는 것이 강한 것이다
- 급변하는 시장환경 속에서 살아남기 위해서는 지속적인 학습이 요구됨
- 학습이란 반복적인 훈련이나 경험에 의해 이루어진 비교적 영구적인 행동의 변화로 인간은 학습을 통해 가치관, 태도, 성격, 지식, 기술 등의 변화를 가져옴
- 학습의 과정은 관찰이 불가능하기 때문에 행동변화를 통해 그 반응기제를 추론
- 그러므로, 인간의 학습과정을 이해하기 위해서는 주요학습이론에 대한 이해가 필요

대표적 학습이론

<행동론적 접근방법>

→ 행동의 변화는 특정자극(Stimulus: S)과 그에 따른 반응(Response, R)을 통해 일어난다고 보는 이론, S-R이론이라고 함

1) Pavlov의 고전적 조건화
- 반응을 유발하지 않는 중립자극(종소리)과 반응(무조건 반응, 침)을 일으키는 무조건 자극(음식)을 반복하여 짝지어줌으로써 중립자극을 조건자극(종소리)으로 변화시켜 조건 반사(침)를 불러일으키는 과정

2) Skinner의 조작적 조건화
- 고전적 조건화와 달리 개인의 반응여부가 결과에 많은 영향을 미침
- Skinner box안의 생쥐 시험
- S(stimulus)-R(Response)-C(consequence)이론
- 결과에 따른 보상이 바람직하다고 생각할 때 인간은 지속적으로 보상에 요구되는 행동을 반복하고 이것이 습관으로 정착됨으로써 학습이 이루어짐

(참고): 강화이론 vs. 약화이론

- 강화이론: 인간은 바람직한 결과가 따르는 행동은 반복하고,그렇지 못한 행동을 반복하지 않는 경향이 있기 때문에 긍정적 강화와 부정적 강화를 통해 바람직한 행위를 유도하는 것으로 Thondike의 효과의 법칙(law of effect)이 대표적

1) 긍정적 강화: 바람직한 행위에 대해 긍정적 결과를 부여함으로써 그 행위를 반복하게 하는 것(칭찬, 보상 등)

2) 부정적 강화: 바람직한 행위에 대해 부정적인 결과를 제거하거나 철회해 줌으로써 바람직한 행위를 유도하는 것(벌점 제거 등)

- 약화이론: 처벌과 소거를 통해 기존의 행동을 약화시키는 것

1) 처벌: 바람직하지 못한 행위에 대해 부정적 결과를 제공함으로써 그 행위를 줄이도록 유도하는 것(벌)

2) 소거: 부정적 강화: 바람직하지 못한 행위에 대한 긍정적인 결과를 철회함으로써 그 행위를 줄이도록 하는 방법(나태한 종업원의 특근 수당 줄이기 등)

2. 인지론적 접근방법 vs. 관찰학습

- 인지론적 접근법

-Tolman의 S-C-R이론: 자극과 반응 사이에는 인지(Cognition)라는 매개 변수가 존재함

- Stephen Coby: 자극과 반응 사이에는 선택의 자유가 있다

- 관찰 학습

-Bandura의 사회적 학습(social learning) : 행동주의적 접근법과 인지론적 접근법의 통합

-학습은 직접적인 경험뿐만 아니라 사회적 모델을 관찰함으로써 이루어질 수 있음

-관찰-인식-기억-연습-모방

-관찰자가 모방한 행위를 지속하기 위해서는 모방하는 행위에 대한 보상이 따라야함

조직구성원의 동기부여

- 동기(motivation)

-인간 내부에 존재하는 욕구, 욕망, 동인을 포함하는 개인의 내면적 추진력으로 인간 행동을 유발하는 내적인 심리상태임

- 동기부여

-1920년대부터 사용된 용어로서 인간의 특정행동을 불러 일으키는 요인을 의미함

-동기부여는 행동을 위한 동인과 자발적 의욕을 제공함으로써 인간으로 하여금 단순한 행동이 아닌 목표지향적인 행동을 일으키게 함

-Hall의 동기화 공식: P=f(M*A), 즉, Performance=f(Motivation*Ability)

-James: 동기부여 된 조직구성원은 개인 능력의 80~90%까지 발휘하지만 그렇지 못한 경우 20~30%만 발휘

1) Maslow의 욕구단계 이론

- 인간의 욕구는 계층별로 배열되어 있는데 상위 욕구로의 진행은 반드시 하위 욕구가 충족되어야만 함

- 인간은 충족하고자 하는 욕구가 있을 때 동기부여 되며, 이미 욕구가 충족되었을 때는 더 이상 동기부여 되지 않기 때문에 고성과 조직창출을 위해서는 구성원의 욕구수준을 정확하게 파악하여 그들의 동기유발을 지속적으로 유지하는 것이 중요함

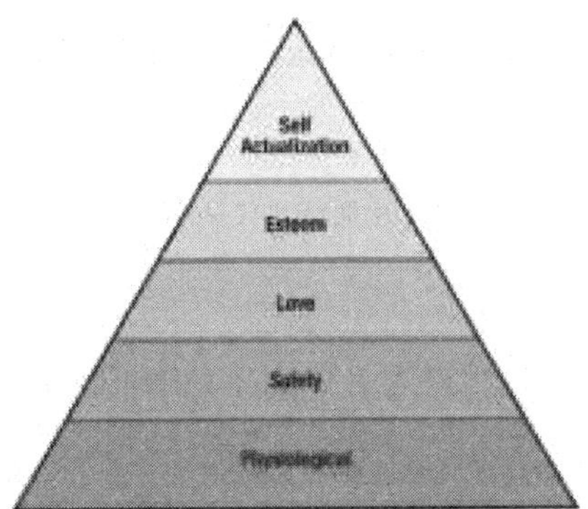

2) Herzberg의 2요인 이론

- 인간에게는 성장하고자 하는 욕구(동기요인, 만족요인)와 고통을 피하고자 하는 욕구(위생요인, 불만족 요인)가 있음
- 동기요인은 동기유발을 통해 직무만족을 느끼게 하는 반면 위생요인은 불만족만 해소시킬 뿐 적극적으로 구성원을 동기유발 하지 못함(조직구성원의 직무만족을 위해서는 위생요인의 기본적 충족과 동기요인에 대한 적극적인 관리가 요구됨)

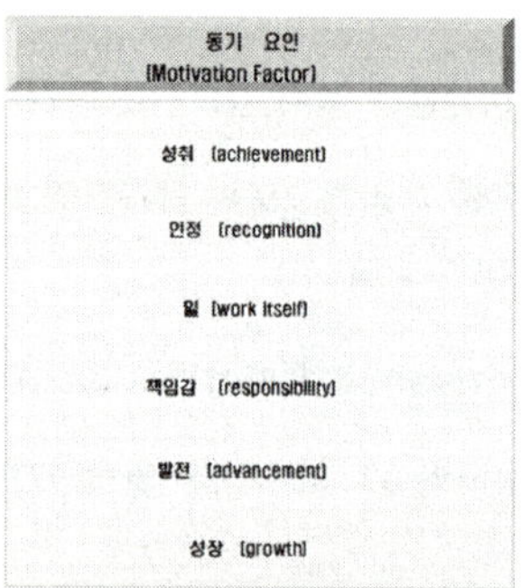

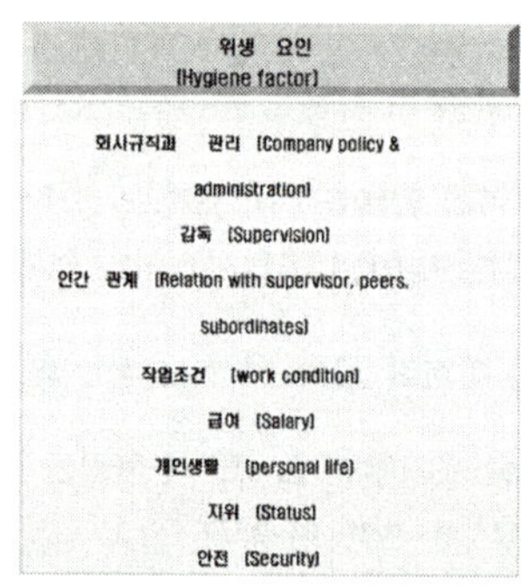

3) Alderfer의 ERG이론

- Maslow의 욕구단계를 단순화하여 인간의 욕구단계를 존재(Existence)욕구, 관계(Relatedness)욕구, 성장(Growth)욕구 등 3단계로 나눔
- 인간의 욕구는 저차원적 욕구에서 고차원적 욕구로 상승하는데 한 시점에서 한 단계의 욕구만 존재한다는 Maslow와 달리 한 시점에서 둘 이상의 욕구가 동시에 발생한다고 주장함으로써 현존 동기부여 이론 중 가장 타당성 있는 이론이라는 평가를 받음

1) 존재욕구: 인간의 삶을 영위하여 위하여 요구되는 모든 형태의 물질적, 생리적 요소들에 대한 욕구
2) 관계욕구: 만족스러운 인간관계 등 모든 사회지향적인 욕구를 통합하여 지칭
3) 성장욕구: 개인의 잠재력 개발과 능력발휘, 지속적인 성장에 관한 욕구 등

4) Vroom의 기대 이론

- 인간은 어떤 행동을 할 경우 그 행동에서 어떤 결과를 얻을 수 있을 것인가를 기대하고 그 기대에 따라 행동의 실행여부를 결정한다는 이론
- 즉, 인간은 본능적으로 행동하지 않고 행동의 결과에 대한 기대에 의해 행동함
- 동기부여(M)=기대(Expectancy)*수단성(Instrumentality)* 유의성(Valence)

1) 기대: 일정한 노력을 기울이면 특정 결과를 달성하리라고 믿는 가능성(0~1)
2) 수단성: 특정 수준의 성과가 바람직한 보상을 가져오리라고 믿는 정도(0~!)
3) 유의성: 주어진 보상이 얼마나 매력적인가를 나타내는 정도(-1~1)

- 성공적인 동기부여를 위해서는 기대, 수단성, 유의성이 적절히 조합되어야 하며 어느 하나의 요소도 0의 값을 가져서는 안됨
- 그러므로, 조직구성원의 동기부여를 위해서는 적절한 보상책이 마련되어야 함

5) Adams의 공정성 이론

- 개인의 행위는 다른 사람들과의 관계에서 공정성을 유지하는 쪽으로 동기부여 된다는 이론
- 조직구성원들은 자신의 투입 대비 산출의 비율을 다른 사람과 비교하여 공정하다고 지각할 때 만족을 느끼고 그렇지 않은 경우 불만족을 느끼고 이를 수정하려고 노력함

<불공정 해소방안>

1) 투입의 변경: 작업의 질을 증가시키거나 감소시킴
2) 산출의 변경: 임금이나 작업조건의 개선 등을 통해 개인의 산출을 증대시킴
3) 지각의 변경: 자신 또는 타인의 투입이나 산출에 대한 인지를 변화시킴
4) 비교대상의 변경: 비교대상을 바꿈
5) 이동: 주어진 상황에서 벗어남으로써 불공정을 해소함

Discussion

동기부여

❖ 지금까지 살아오면서 자기에게 가장 힘이 되는 한마디가 무엇이었는지 공유하라

❖ 예) 너는 늦게 피는 장미다! - LPGA 펄신

part 2

리더십이란 무엇인가?

제3장

리더십의 개념

1. 리더십의 정의
2. 리더십과 권력
3. 리더십과 관리
4. 리더십과 조직 효과성
5. 리더십의 관점과 리더십 효과성

제3장 리더십의 개념

 1 … 리더십(Leadership)의 정의

최근 들어 많은 연구들은 리더십이 조직 성과와 긴밀한 연관관계가 있기 때문에 조직을 효과적으로 관리하기 위해서는 리더십에 대한 이해가 반드시 필요하다고 주장하고 있다. 하지만 리더십에 대한 많은 관심에도 불구하고 리더십 과정에 대한 대중의 이해는 그에 미치지 못하고 있다.

리더십은 리더의 통솔력, 지도력, 지도성 등으로 설명될 수 있는데 일반적으로 권력, 감독, 통제, 관리 등의 용어와 명확히 구분되지 않고, 명확한 개념정의 없이 전문 학술용어로 편입되어 사용되고 있다. 그동안 리더십에 관한 수많은 연구에도 불구하고 리더십 정의에 대한 학술적 합의가 이루어지지 않는 가장 큰 이유는 리더십 과정의 모호성과 복잡성으로 인함이다. Bennis(베니스)는 리더십 개념의 모호성과 복잡성이 리더십의 이해를 어렵게 만든다고 주장하였는데 이와 함께 리더십에 관한 다양한 관심과 시각을 가진 연구자들로 인해 Stogdill이 지적한 것과 같이 리더십을 정의하려고 시도한 수많은 학자의 수만큼 상이한 리더십의 정의가 존재하는 것도 사실이다.

지난 60년 동안의 리더십 연구 동향을 살펴보아도 리더의 특성에 초점을 맞추는 연구, 리더의 행동에 초점을 맞추는 연구, 리더와 부하간의 관계에 관심을 갖는 연구, 리더가 처한 조직의 상황에 연구의 초점을 맞추는 연구 등으로 인해 리더십 정의에 대한 학술적 합의는 아직까지 요원한 실정이다. 하지만, 리더십 과정의 복잡성과 다양성에도 불구하고 많은 학자들의 리더십의 정의에서 발견되는 몇 가지 공통점이 있는데 이를 정리하면 다음과 같다.

① **리더십은 과정이다**(leadership is a process) : 리더십이 과정이라는 의미는 리더십이 위에서 밑으로 향하는(top-down) 일방적이 아니라 상호작용적이라는 의미이다. 즉, 리더가 구성원에게 영향을 미치기도 하고 그들에 의해 영향을 받기도 한다는 것이다.

② **리더십은 영향력과 관계가 있다**(leadership involves influence) : 리더십이 영향력과 관계가 있다는 것은 영향력이 리더십의 필수조건이며, 영향력이 미칠 수 없는 상황에는 리더십이 존재하지 않는다는 것을 의미한다.

③ **리더십은 집단 상황에서 발생한다**(leadership occurs within a group context) : 리더십이 집단상황에서 발생한다는 것은 리더십은 공동의 목표를 가진 구성원들로 이루어진 집단에 영향을 미치는 과정이기 때문에 집단이 리더십이 발생하는 현장이라는 뜻이다.

④ **리더십은 목표달성을 위한 과정이다**(leadership involves goal attainment) : 리더십이 목표달성을 위한 과정이라는 의미는 리더십은 공동의 목표를 달성하고자 노력하는 구성원들에게 절대적 영향을 미친다는 것이다.

리더십의 개념에 관한 대표학자들의 정의를 살펴보면;

- Bennis(**베니스**) : '리더십은 조직구성원에게 비전을 제시하고 구성원의 능력을 발휘하게 함으로써 비전을 실현하게 만드는 리더의 기술이다.'
- Stogdill(**스토그딜**) : '리더십이란 집단의 구성원들로 하여금 특정목표를 지향하게 하고 그 목표달성을 위해 실제행동을 하도록 영향력을 행사하는 것이다.'
- Tennenbaum(**탄넨바움**) : '리더십은 커뮤니케이션 과정을 통해 이루어지는 것으로서 주어진 상황에서 구체적인 목표들의 달성을 통해서 행사되는 대인적 영향력이다.'
- Jacobs(**제이콥스**) : '리더십은 한 사람이 다른 사람에게 그의 요구나 제안에 따라 행동하면 결과가 개선될 것이라는 확신이 들도록 정보를 제공해주는 사람들 간의 상호작용이다.'

마지막으로, 이와 같이 다양한 리더십 정의의 공통점을 재정리하면 리더십은

'공동의 목표를 달성하기 위하여 리더가 집단의 구성원들에게 영향을 미치는 과정(Leadership is a process whereby a leader influences a group of individuals to achieve a common goal)'으로 정의할 수 있을 것이다.

참고

임명적 리더십(Assigned Leadership)과 자생적 리더십(Emergent Leadership)

일반적으로 개인은 조직에서 공식적인 직위가 주어지는 경우에 리더의 역할을 수행하게 되지만 공식적인 직위가 주어지지 않아도 조직의 구성원들로부터 가장 영향력 있는 사람으로 지각되는 경우 직책(title)에 상관없이 리더십을 발휘하게 되는데 공식적인 직위가 주어져서 리더십을 발휘하는 것을 임명적 리더십(assigned leadership), 직책에 상관없이 리더십을 발휘하는 것을 자생적 리더십(emergent leadership)이라 부른다. 공장관리자, 부서장, 감독자 등은 조직 내 직위를 기반으로 리더십을 발휘하는 임명적 리더십의 대표적인 예지만, 리더십 직위에 임명을 받았다고 해서 모든 상황에서 효과적인 리더십을 발휘하는 것은 아니다. 그런 의미로 본다면 때론 자생적 리더십이 보다 효과적인 경우가 많은데 이와 같은 자생적 리더십의 발현을 가능하게 하는 것에는 여러 가지 요인이 있다. Fisher(피셔)에 의하면 개인의 긍정적인 의사소통행동(the positive communication behaviors)은 자생적 리더십의 발현에 중요한 역할을 한다. 긍정적인 의사소통 행동에는 서로 간에 긍정적인 말을 주고받는 것, 정보를 알려 주는 것, 다른 사람의 의견을 묻고 수용하는 것, 새로운 아이디어를 창출하는 것, 굳은 신념을 보이지만 경직되지 않는 것 등이 있다. 성격(personality) 역시 자생적인 리더십의 발현에 중요한데 Smith(스미스)와 Foti(포티)에 의하면 보다 지배적인 성격(dominant), 보다 높은 지능, 업무수행에 대한 보다 높은 자기 유능감(general self-efficacy)의 소유자가 조직 구성원들의 지지에 의해 자생적 리더로 부상할 가능성이 높다고 한다. 또한 Hogg(호그)의 사회적 정체성이론(social identity theory)에 의하면 개인의 정체성이 집단의 정체성과 합치하는 정도가 높을수록 자생적 리더로 부상할 가능성이 높아진다. 즉, 조직 구성원들로 하여금 특정 개인의 행동이 집단의 모범(a group prototype)과 가장 유사하다고 여겨질 때 또는 집단의 본보기가 될 때 그 개인은 집단의 리더로 부상하게 된다는 것이다.

2 … 리더십과 권력(Power)

앞에서 설명한 것과 같이 리더십은 영향력과 밀접한 상관관계를 가지고 있으며 영향력의 근원은 권력(power)에 있다. 따라서 리더십과 권력 역시 상당히 밀접한 상관관계가 있다. 일반적으로 권력(power)은 타인의 신념, 태도, 행동 방식 등에 대해 영향을 미칠 수 있는 능력이나 잠재능력(the capacity or potential to influence)을 의미하는데 '개인이 자신의 힘이나 자원, 지식, 정보 등을 이용하여 타인의 행위에 영향력을 행사할 수 있는 능력 또는 잠재능력'을 일컫는다. 일반적으로 영향력(influence)은 어떤 개인 또는 집단이 특정 개인이나 집단의 가치관, 태도, 행동 등의 변화를 유도하기 위해 특정 개인 또는 집단을 움직일 수 있는 힘의 총량을 의미하는 것으로서 영향력과 권력은 상당히 유사한 개념이지만 동일한 개념은 아니다. 권력과 영향력의 차이를 한마디로 요약하면, 권력은 영향력을 행사할 수 있는 능력이나 잠재력을 의미하며, 영향력은 그 잠재력을 실제 행동으로 옮기는 것을 의미한다. 즉, 권력은 개인 또는 집단을 의도한 방향대로 움직일 수 있도록 행동적, 심리적 효과를 부여하는 과정을 가리키는 것이다.

권력의 개념에 대한 대표학자들의 정의는 다음과 같다;

- Weber(**베버**) : '권력은 한 개인이 사회적 관계 속에 있는 다른 개인이나 집단의 저항에도 불가하고 자신의 의지를 관철시킬 수 있는 능력이다.'
- Nord(**노드**) : '권력은 우선순위가 주어지지 않은 여러 목표들 중에서 특정 목표의 달성을 위하여 가용자원을 분배하도록 영향력을 행사할 수 있는 능력이다.'
- Feffer(**페퍼**) : '권력은 행동에 영향을 주고, 행동방향을 변화시키며, 사람들의 업무수행에 있어 영향을 미칠 수 있는 잠재적 능력이다.'

이와 같은 권력에 대한 정의들을 종합하면 '권력은 특정 목표를 달성하기 위해서 개인이 특정 집단이나 집단 구성원의 행동에 영향을 미칠 수 있는 능력'이라고 정의할 수 있다.

권력의 원천에 관한 연구 중 가장 많이 인용되는 French(프렌치)와 Raven(레이븐)의 연구에 의하면 조직에서 사용되는 권력의 기반은 다음과 같은 다섯 가지 유형으로 구분할 수 있다.

① 보상적 권력(reward power)
② 강제적 권력(coercive power)
③ 합법적 권력(legitimate power)
④ 전문적 권력(expert power)
⑤ 준거적 권력(referent power)

이와 함께 Yukl(유클)은 권력의 원천을 조직 내의 직책을 기초로 하는 지위권력과, 개인적 특성 및 전문성을 기초로 하는 개인권력으로 분류하여 유형화하였는데 French와 Raven, 그리고 Yukl의 연구 등을 종합하면 권력의 원천은 다음과 같이 분류될 수 있다.

1) 지위 권력(position power)

지위권력이란 개인이 공식적 조직시스템 내에서 부여받은 직책이나 직위에 의해 갖게 되는 권력을 가리키는 말로서 보상적 권력, 강제적 권력, 합법적 권력 등이 있다.

① **보상적 권력** : 한 개인이 조직 구성원들이 원하는 보상을 제공할 결정권을 갖고 있는 경우 발생하는 권력으로서 일반적으로 임금인상, 상여금 지급, 승진 등을 조직 구성원들에게 제공할 수 있는 지위를 부여받았을 경우 보상적 권력을 갖게 된다.

② **강제적 권력** : 한 개인이 조직으로부터 위협, 처벌, 감봉, 좌천 등의 벌칙을 조직 구성원들에게 적용할 수 있는 결정권을 부여 받았을 경우 생겨나는 권력이다. 하지만 유능한 리더는 강제적 권력을 사용할 경우 구성원들의 분노 유발과 준거권력의 손상 가능성이 높기 때문에 좀처럼 강제적 권력을 이용하지 않으며 조직에 극히 해가되는 행동을 억제할 필요가 있는 경우에만 이용하는 특징이 있다.

③ **합법적 권력(권한)** : 구성원들 간의 약속에 의해 한 개인에게 특정 범위의 권력을 부여하였을 경우 발생되는 권력으로서 일반적으로 조직 구성원이 책임지고 있는 구체적인 업무 영역에 대해 지휘, 명령할 수 있는 결정권이 주어진다. 권한(authority)이라고 하는데 종종 다른 유형의 권력, 즉 보상적 권력이나 강제적 권력을 동반한다.

2) 개인 권력(personal power)

개인 권력은 조직 구성원들이 특정인의 개인적 특성에 대해 호감을 가지고 매력을 느끼는 경우 조직 구성원으로부터 얻게 되는 권력으로서 전문적 권력과 준거적 권력이 있다.

① **전문적 권력** : 특정 영역에 대한 전문적 지식이나 기술, 또는 능력으로 인해 얻게 되는 권력이다.

② **준거적 권력** : 존경심, 호감, 카리스마적 기질 등 개인적인 특성에 기반을 둔 권력으로서 준거적 권력이 높은 사람은 구성원이 호감을 가지고, 그와 동일시되고자 노력하며, 존경의 대상이 된다. 준거적 권력을 행사하는 가장 보편적인 방법은 '개인적 호소'와 역할모델(role modeling)'을 들 수 있는데 '개인적 호소'를 할 경우 리더의 특정 요구가 리더와 구성원 모두에게 매우 중요한 것임을 강조함으로써 적극적인 참여를 유도해야 한다. '역할모델'의 경우에는 일반적으로 조직 구성원들은 리더의 행동을 모방하고 동일시하려는 경향이 있기 때문에 의도적으로 구성원들에게 적절한 역할 행동의 모범을 보여야 하고, 헌신적이고 성실한 태도로 책임과 의무를 다 하여야 하며, 항상 긍정적인 태도를 가지고 솔선수범과 언행일치를 실천하여야만 한다.

권력(Power)과 권한(Authority)

권한이란 권력의 한 부분으로 조직의 목표 달성을 위해 자신이 담당하는 직무에 대해 스스로 의사결정을 하고, 자율적으로 업무를 수행하며, 다른 구성원에게 업무 수행을 위해 명령(command)을 내릴 수 있는 권리(the rights)로 또는 합법적 권력을 말한다.

Grimes(그림스)는 권한을 '합법적인 권력(legitimate power)'이라고 정의했으며, Barnard(버나드)는 권력을 '비공식적인 권한(informal authority)'이라고 개념화하였다.

또한, Ivancevich(이반세비치)와 Matteson(메트슨)은 '권한은 개인적 특성이 아닌 직위에 따라 부여되고, 구성원들이 합법적인 권리로 수용하여야 하며, 위에서 아래로 수직적으로 이동하는 특징이 있다'고 설명한다.

그러므로, 권한은 조직의 규범에 의하여 합법적으로 인정된 권력이라 할 수 있기 때문에 권력이 보다 포괄적인 개념이라고 할 수 있다.

3 … 리더십과 관리(Management)

리더십과 관리는 효과적인 목표달성을 지향하고, 목표달성을 위해 영향력을 행사한다는 관점에서는 매우 유사한 개념이지만 학자에 따라 상당히 상이하게 정의되는 개념이다. 리더십에 관한 연구가 Aristotle(아리스토텔레스)시대부터 시작된 것에 반해, 관리는 20세기 초 산업사회의 출현과 함께 새로이 부상된 개념으로서 급변하는 경영환경 속에서 조직을 보다 효과적이고 효율적으로 운영하기 위해서 창안된 일종의 경영기법이다.

Fayol(페이욜)에 의하면 관리의 목적은 조직의 질서와 안정성의 추구에 있으며 주요 관리기능에는 계획(planning), 조직화(organizing), 충원(staffing), 통제(controlling)

등이 있다. 하지만 리더십은 변화에 대한 적응과 조직의 건설적인 발전을 추구하기 때문에 기본적인 기능 역시 조직의 변화와 발전에 있다. 따라서 리더십과 관리는 상당한 유사한 개념상 특징에도 불구하고 추구하는 목적의 이질성으로 인해 오랫동안 서로 배타적인 개념으로 인식되어 온 것이 사실이다. 리더십과 관리를 상호배타적인 개념으로 설명하는 대표적인 학자로는 Zaleznik(잘레즈닉), Bennis와 Nanus(베니스와 나누스) 등이 있는데 이들의 주장에 의하면 리더와 관리자는 서로 양립할 수 없는 가치와 성향을 가지고 있는 존재이기 때문에 같은 시점에 동일한 개인에게 리더십과 관리가 동시에 발생할 수 없다는 것이다. 즉, 리더와 관리자는 기본적으로 상이한 유형의 사람들이기 때문에 관리자이면서 동시에 리더가 되기는 어렵다는 것이다. 특히 Zaleznik은 관리자는 문제해결을 위해서는 안전성이 확보된 기존의 방법을 선호하고, 경우의 수를 제한하려고 노력하며, 정서적 몰입 없이 객관적으로 목표를 보고, 기존의 질서와 안정을 유지하려고 노력하는 반면 리더는 새로운 아이디어를 창출하고자 노력하는 전향적인(proactive) 특성을 가지고, 장기적인 안목에서 활용 가능한 선택의 폭을 확대하고자 하며, 능동적이고 정서적으로 몰입하고, 위험을 무릅쓰고 변화의 기회를 모색하기 때문에 리더와 관리자는 절대 양립할 수 없다고 주장한다. Bennis와 Nanus 또한 리더와 관리자를 양극의 성격을 가진 이질적인 존재로 규정하였는데 그들에 의하면 관리자가 안정, 질서, 효율성, 절차, 통제 등을 중시하고 업무수행방식에 관심을 갖는 존재인 것에 반해 리더는 비전, 변화, 도전, 창의를 중시하고 업무가 조직 구성원에게 의미하는 바에 관심을 갖고 그것이 왜 중요한 것인지에 대해 구성원들의 동의를 이끌어 내려고 노력하는 존재라고 리더와 관리자를 차별화하였다.

Bennis와 Nanus는 리더와 관리자의 차이를 다음과 같이 정리하였다.

① 관리자는 관리를 하지만, 리더는 혁신을 한다.

② 관리자는 모방하지만, 리더는 새로운 것을 창조한다.

③ 관리자는 현상을 유지하지만, 리더는 이에 도전한다.

④ 관리자는 시스템과 구조에 초점을 맞추지만, 리더는 사람들에게 초점을 맞춘다.

⑤ 관리자는 통제에 의존하지만, 리더는 신뢰를 고취시킨다.
⑥ 관리자는 단기적인 관점을 가지고 있지만, 리더는 장기적인 관점을 가지고 있다.
⑦ 관리자는 '언제, 어떻게'를 요구하지만, 리더는 '무엇을, 왜'를 요구한다.
⑧ 관리자는 수직적이지만, 리더는 수평적이다.
⑨ 관리자는 자신에게 주어진 일을 모범적으로 수행하는 훌륭한 병사지만, 리더는 주체성을 가지고 몸소 행동한다.
⑩ 관리자는 일을 올바르게 하지만, 리더는 올바른 일을 하는 사람이다(managers are people who do things right and leaders are people who do the right things)

한편, Zaleznik 및 Bennis와 Nanus가 리더와 관리자를 상호배타적인 관점에서 바라본 것과 달리 Kotter(코터)는 통합적 관점에서 리더와 관리자를 바라보고 이들을 구별하기 보다는 이들의 역할을 구별함으로써 효과적인 리더가 동시에 효율적인 관리자가 될 수 있음을 주장하였다.

Kotter에 따르면 관리와 리더십은 다음과 같은 차이가 있다.

① 관리는 기존의 질서를 유지하고 기대하는 결과를 안정적으로 산출하는 것에 초점을 맞추고, 리더십은 성공적인 변화의 산출에 초점을 맞춘다.
② 관리는 복잡한 상황에 효율적으로 대처하는 기능이지만, 리더십은 변화에 대처하는 기능이다. 즉, 관리의 주된 활동이 조직의 복잡한 기능을 체계적으로 운영하는 것인 것에 반면, 리더십의 주된 활동은 조직이 나아갈 방향을 설정하고 건설적인 변화를 시도하는 것이라는 의미이다.
③ 관리의 초점이 통제와 문제해결을 통해 조직의 목표가 달성될 수 있도록 하는데 있는 반면, 리더십의 초점은 구성원들의 동기유발을 통해 조직의 비전을 실현시키는데 있다.

하지만 Kotter는 리더십과 관리의 이와 같은 차이점에도 불구하고 관리와 리더십은 서로 배타적인 관계가 아니라 상호보완적 관계라고 주장한다. 즉 리더십 없는 관리는 도전과 혁신을 방해하고, 관리 없는 리더십은 조직의 질서와 효율성을 와해시킬 수 있기 때문에 효과적인 리더십의 발휘를 위해서는 조직의 상황에 맞게 리더십과 관리를 조화롭게 통합해야 함을 강조한다.

1) Quinn(퀸)의 관리자 역할모델

최근 들어 관리자의 역할은 기존의 감독자(supervisor), 부서장(department head), 일반 관리자(general manager)의 역할에서 벗어나 팀 리더(team leader), 조정자(coordinator), 그리고 코치(coach)의 역할로 확대되고 있다. 즉, 오늘날 관리자의 역할은 기존의 단순 지시나 통제 등의 전통적 역할에서 벗어나 조직 구성원들에게 도움이나 지원을 제공하는 새로운 역할이 부여되는 것이다. 관리자의 역할에 대한 대표적 연구로는 Quinn의 관리자 역할모델이 있는데 Quinn의 관리자 역할 모델은 크게 '유연성-통제의 축'과 '외부지향-내부지향의 축'을 중심으로 총 4개의 영역으로 이루어져 있으며, 각 4개의 영역에 각기 다른 2개의 역할 모델을 제시함으로써 총 8개의 관리자 역할모델을 제시하였다.

〈Quinn의 관리자 역할모델〉

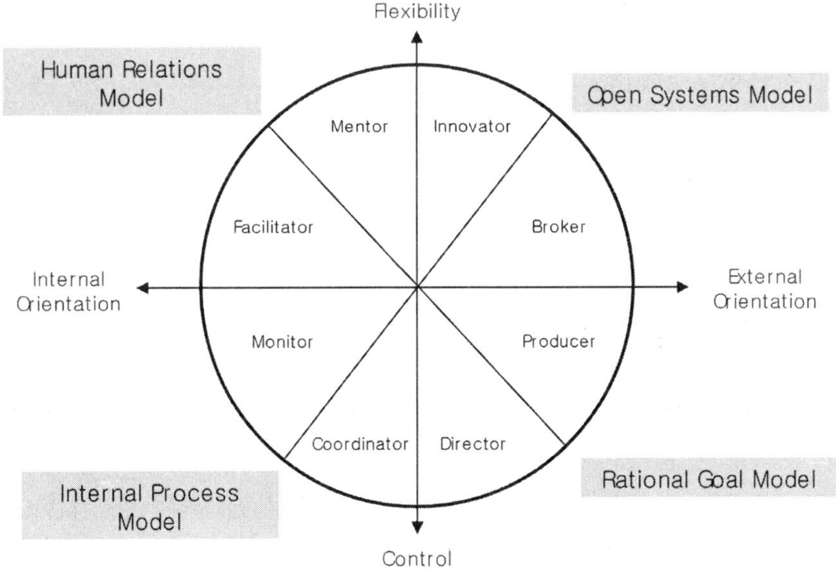

Quinn의 모델을 구체적으로 살펴보면, '유연성-통제의 축'은 그림 상부에 위치한 '조직구조의 유연성을 강조하는 점(flexibility)'으로 부터 하부에 위치한 '통제를 강조하는 점(control)'까지 수직으로 이어지는 축이고, '외부지향-내부지향의 축'은 왼쪽에 위치한 '개인의 발전을 추구하는 내부지향점(internal orientation)'에서부터 오른쪽에 위치한 '조직의 발전을 추구하는 외부지향점(external orientation)'까지 수평으로 이어지는 축이다. 또한 그림에서 제시된 네 개의 모델 중 '대인관계 모델(human relations model)'은 자율과 내부지향적인 영역으로서 멘토(mentor) 역할과 촉진자(facilitator) 역할이 포함되며, '개방 시스템 모델(open system model)'은 자율과 외부지향적인 영역으로 혁신가(innovator) 역할과 브로커(broker) 역할로 구성되어 있다.

또한 '내부프로세스 모델(internal process model)'은 통제와 내부지향적인 영역으로서 모니터(monitor) 역할과 조정자(coordinator) 역할로 구성되어 있으며, 마지막 '합리적 목표 모델(rational goal model)'은 통제와 외부지향적인 영역으로서 감독자(director) 역할과 프로듀서(producer) 역할로 이루어져 있다.

(1) 대인관계 모델

① **촉진자**(facilitator) : 조직 구성원들 간의 갈등을 감소시키고, 조직 응집력과 사기를 높임으로써 효과적으로 팀워크를 구축하는 역할.

② **멘토**(mentor) : 인정하고 격려하며, 효과적인 커뮤니케이션을 통해 구성원들과 신뢰관계를 구축하고, 그들의 개발에 관심을 기울이는 역할.

(2) 개방시스템 모델

① **혁신가**(innovator) : 변화하는 환경에 귀를 기울이고, 창조적 사고를 통해 변화를 촉진하는 역할.

② **브로커**(broker) : 외부자원을 획득하고, 강력한 설득력과 영향력을 통해 구성원들의 몰입을 유도하는 역할.

(3) 내부 프로세스 모델

① **모니터(monitor)** : 문서화, 자료분석, 정보관리 등의 업무를 수행하는 역할.
② **조정자(coordinator)** : 조직의 안정과 위기수습을 하는 역할.

(4) 합리적 목표모델

① **감독자(director)** : 비전, 계획, 목표 등을 수립하고 설정하는 역할.
② **프로듀서(producer)** : 구성원들의 스트레스를 관리하고, 목표달성을 위해 이들을 동기부여함으로써 조직의 생산성을 제고하는 역할.

4 … 리더십과 조직 효과성(Organizational Effectiveness)

2005년, 4,500명의 글로벌 리더를 대상으로 실시된 미국의 DDI의 조사결과에 의하면 응답자의 66%가 기업경영의 핵심이슈로서 리더십 달란트(leadership talent)를 선정하였다. 즉, 66%의 글로벌 리더들이 리더십 달란트의 확보와 개발이 조직 효과성 제고에 있어서 가장 핵심적인 역할을 한다고 믿고 있다는 의미이다. 일반적으로 조직 효과성은 '과업성과의 달성'과 '구성원들의 만족'을 통해 평가되는데 이는 조직의 핵심 기능인 '과업기능'과 '유지기능'의 분류와 매우 유사한 개념이다. 즉, 조직의 효과성을 제고를 위해서 리더는 기본적으로 조직의 과업완수와 성과창출을 가능하게 하여야 하고 조직구성원들의 직무만족을 이끌어낼 수 있어야 한다는 것이다. 과업기능과 유지기능은 상호 연관되어 있는데 조직의 과업기능(과업성과 달성)이 높으면 구성원들의 유지(구성원들의 만족)가 보다 용이해지며, 조직이 지속적으로 유지되면 과업성과를 달성하는 것이 보다 용이해지는 경향이 있다

조직의 과업성과는 순이익, 매출증가, 시장점유율, 생산성 등의 객관적 지표

를 통해 평가되는데 많은 연구결과에 의하면 리더십은 이들 지표에 긍정적 영향을 미치는 것으로 나타난다. 한편 조직 구성원의 만족은 일반적으로 다음과 같이 직무만족도, 조직몰입도, 조직시민행동, 리더에 대한 만족도 등을 통해 측정된다.

① **직무만족도** : 직무만족은 조직 구성원들이 자신의 직무나 직무경험에 대해서 긍정적인 감정을 갖는 것으로서 많은 연구결과에 의하면 효과적인 리더십은 구성원들의 직무만족에 긍정적인 영향을 미친다고 한다.

② **조직몰입도** : 조직몰입은 정서적 몰입, 규범적 몰입, 그리고 지속적 몰입 등 세 가지 유형으로 분류되는데 많은 연구결과들에 의하면 효과적인 리더십은 구성원들의 정서적 몰입, 규범적 몰입, 지속적 몰입 등에 대해 긍정적 영향을 미친다.

③ **조직 시민행동** : Baterman(베이트먼)과 Organ(오르간)은 조직시민행동을 '조직의 공식적 보상시스템에 의해 인정받지 못하는 자발적 행동, 하지만 조직의 효과적 운영에 깊이 공헌하는 개인의 행동'으로 정의하였다. 많은 연구결과에 의하면 효과적인 리더십의 발휘는 구성원들로 하여금 자기 자신의 성과보다 다른 사람들의 성과 창출에 관심을 가지게 하고 궁극적으로는 조직 전체의 성과를 향상시키는 선순환 효과를 가지고 온다.

④ **리더에 대한 만족도** : 리더에 대한 만족도는 '조직의 구성원들이 자신의 리더들에 대해 만족하는 정도'를 의미하는데, 리더에 대한 만족도는 효과성의 지표로서 중요한 의미를 지닌다.

또한, 리더십은 환경에 대한 조직의 적응력을 증진시키는 기능을 하는데 일반적으로 조직이 성공적으로 목표를 달성하기 위해서는 반드시 변화하는 환경에 적응해야 하며 이를 위해서는 조직의 변화능력 및 적응능력 제고가 무엇보다 중요하다. 연구결과에 의하면 리더십은 이러한 조직의 적응능력과 혁신능력을 향상시키는데 있어 긍정적인 역할을 담당하는 중요한 구성요인이다.

5 … 리더십의 관점과 리더십 효과성

지난 60년 동안 수많은 리더십 연구에도 불구하고 아직까지도 리더십이 선천적으로 타고나는 것인지, 아니면 후천적으로 학습되는 것인지에 대한 명확한 답은 제시되지 않고 있다. 리더십이 천부적으로 타고나는 것이라는 '특성론'적 관점에서 보면 리더는 선천적으로 리더가 될 수 있는 특성이나 자질을 가지고 태어나며, 리더와 비리더는 이와 같은 선천적 특성이나 자질의 차이에서 구별된다고 한다. 하지만 리더십이 후천적으로 학습될 수 있다고 주장하는 '과정론'적 관점에서 살펴보면 리더십은 상황 속에 존재하는 현상이며 후천적으로 학습에 의해 습득될 수 있기 때문에 누구나 효과적인 리더십 발휘는 가능하다.

리더십에 대한 본격적인 연구는 1900년대 특성론을 중심으로 시작되었는데 '리더십특성이론(leadership trait theory)'이 그 대표적이다. 리더십 특성이론은 리더십의 효과성에 있어 가장 큰 영향을 미치는 것이 리더의 자질과 특성이라는 전제하에 이를 과학적으로 규명하려는 이론으로서, 리더십 특성이론에 의하면 리더의 본질은 개인의 자질 또는 특성에 있으며 이는 선천적으로 타고나는 것이지 후천적인 학습에 의해 습득되는 것이 아니라고 주장한다. 리더십 특성이론은 개인의 자질 또는 특성을 측정하고자 LTQ(Leadership Trait Questionnaire)라는 진단도구를 개발하여 리더의 개인적 자질 또는 특성과 리더십 효과성과의 상관관계를 규명하고자 노력하였지만 성공적인 결과를 도출하지는 못하였다.

1950년~1960년대에는 Stogdill을 비롯한 많은 학자들은 리더십 특성이론의 한계점을 극복하고 과정론적인 접근을 통해 조직의 효과성에 직접적인 영향을 미치는 리더의 행동유형을 규명하고자 노력하였으며 그 결과 '리더십행동이론(leadership behavior theory)'이 제기되었다. 리더십행동이론은 리더십의 효과성은 리더의 행동유형에 따라 결정된다는 가정 하에 리더십 진단도구인 BDQ(Leadership Behavior Description Questionnaire)를 통해 모든 조직상황에서 보편타당하게 적용될 수 있는 이상적인 리더십 유형을 찾고자 시도하였지만 특성이론과 마찬가지로 리더의 행동유형과 리더십 효과성과의 상관관계를 실증적으로 검증하지 못하였다.

한편, 1970년대와 1980년대의 리더십 연구는 조직 상황과 리더십 효과성을 연결시키는 '리더십 상황이론'에 모든 관심의 초점이 쏠리게 되는데 리더십 상황이론은 리더의 역할, 기능, 행동, 부하의 특성 등 리더십과정에 영향을 미치는 다양한 상황적 변수에 연구의 초점을 맞추고 효과적인 리더십은 조직의 상황에 따라 변화되어야 함을 주장하였다. 특히, 리더십 상황이론은 조직구성원(follower)과 환경적 상황요소의 적합이 리더십의 효과성을 좌우한다고 강조하였는데 대표적인 이론으로는 Fiedler(피들러)의 '상황적합 이론(contingency theory),' Hersey(허시)와 Blanchard(블랜차드)의 '상황대응이론(situational leadership theory),' 그리고 House(하우스)의 '경로-목표이론(path-goal theory)' 등이 있다. 특히, Fiedler의 상황적합이론은 리더의 특성과 상황변인들 간의 적합성 규명에 초점을 두고 LPC(Least Preferred Co-worker) 척도를 통해 리더십 효과성을 측정하고자 했다. 하지만 LPC 척도가 개인의 인식과 리더십 효과성과의 상관관계를 설득력 있게 제시하지 못함으로써 신뢰성 있는 측정도구로서의 자리매김에 실패하였다.

1990년대 들어서도 리더십의 효과성에 대한 연구는 활발하게 진행되었으며 대표적 연구로는 '변혁적 리더십(transformational leadership)'이 있다. 변혁적 리더십은 진단도구인 MLQ(Multifactor Leadership Questionnaire)를 통해 리더십의 효과성에 영향을 미치는 네 가지 요인들(이상적 영향력, 영감적 동기부여, 지적 자극, 개별적 배려)을 측정하였는데 네 가지 요인들 간의 높은 상관관계 등으로 인해 진단도구로서의 신뢰도에 많은 논란이 제기되고 있는 것이 사실이다 최근 들어 리더십 연구는 연구의 관심과 초점을 다양한 영역으로 확대하여 셀프 리더십, 서번트 리더십, 멘토링 리더십 등 새로운 이론들이 제기되고 있지만 아직까지 학술적으로 그 가치가 인정된 연구는 없는 상황이다.

Working Manual

리더십의 개념

- 리더십은 권력, 권한, 관리, 통제, 감독 등의 용어들과 비슷한 의미로 활용되고 있음
- Stogdill: "리더십에 대한 정의는 리더십을 연구하는 학자의 수만큼 많다"
- 리더십 정의에 대한 다양성은 리더의 확인과 리더십 과정에 대한 연구자들 간의 의견 차이 때문으로 연구대상과 연구결과에 대한 상이한 해석이 주요 원인임

<리더십을 바라보는 주요 관점>

- 전통적 관점: "집단의 목표를 달성하기 위해 리더가 구성원을 동기부여 시키고, 그들에게 영향력을 행사하는 과정" (리더의 중요성 강조)
- 현대적 관점: "리더십이란 조직과 집단의 목표 달성을 위하여 각 구성원들이 다른 구성원들에게 영향을 미치고, 동기부여 시키는 교환적 과정" (리더, 부하, 상황변수들을 통합적으로 반영)

리더십의 정의

Bass (베스)

리더십이란 부하를 변화시키고, 목표달성을 위해 비전을 창출하여 부하들이 이 목표를 달성하도록 비전을 선포하는 것

Stogdill (스토그딜)

집단의 구성원들로 하여금 특정 목표를 지향하게 하고, 그 목표 달성을 위해 실제 행동을 하도록 영향력을 행사하는 것

Tannenbaum (탄넨바움)

주어진 상황에서 구체적인 목표들의 달성을 통해서 행사되는 대안적 영향력으로 커뮤니케이션 과정을 통하여 행사되는 것

Katz & Kahm (카츠 & 칸)

조직의 일상적인 지시에 기계적으로 순응하는 것을 넘어서도록 영향력을 행사하는 것이다

Northouse

Leadership is a process whereby an individual influences a group of individuals to achieve a common goal

리더십의 정의의 공통점

① 리더십은 과정이다(leadership is a process).

② 리더십은 영향력과 관계가 있다(leadership involves influence).

③ 리더십은 집단 상황에서 발생한다(leadership occurs within a group context).

④ 리더십은 목표달성을 위한 과정이다(leadership involves goal attainment).

- 리더십은 과정이다: 리더십이 위에서 밑으로 향하는(top-down) 일방적인 것이 아니라 상호작용적이라는 의미. 리더가 구성원에게 영향을 미치기도 하고 영향을 받기도 함을 의미.
- 리더십은 영향력과 관계가 있다 : 영향력은 리더십의 필수조건이며, 영향력을 미칠 수 없는 상황에서는 리더십이 존재하지 않는다는 것을 의미.
- 리더십은 집단상황에서 발생한다 : 리더십은 공동의 목표를 가진 구성원들로 이루어진 집단에 영향을 미치는 과정이며, 집단이 리더십이 발생하는 현장이라는 뜻.
- 리더십은 목표달성을 위한 과정이다: 리더십은 공동의 목표를 달성하고자 노력하는 구성원들에게 영향을 미치는 현상이라는 의미

리더십의 구성요소

<조직과 집단의 구성원>

- 조직구성원은 크게 리더와 부하로 나누며 리더는 공식적 리더와 비공식적 리더로 구분
- 공식적 리더: 조직 내에서 권한과 책임이 부여된 사람
- 비공식적 리더: 직책과 상관없이 리더십을 발휘하는 사람

<리더십의 구성 요소>

- 리더: 관리자, 상사 등
- 부하: 구성원, 팔로워(follower)등
- 상황: 리더십에 영향을 주는 환경적 요소

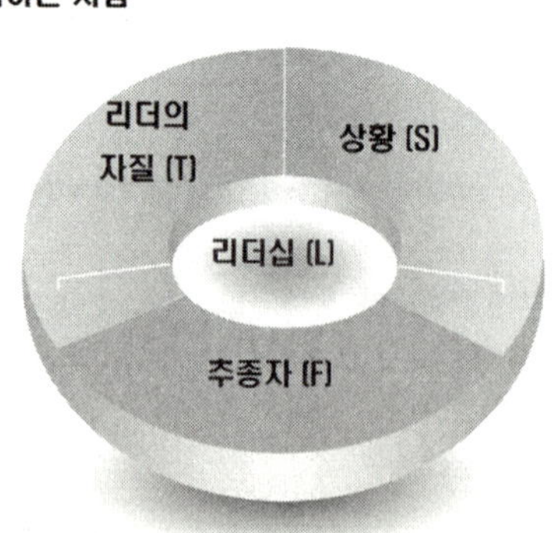

리더십의 관점

[리더십 특성론]

- He is born to be a leader
- 어떤 사람들은 리더가 될 수 있는 특별한 천부적 특성이나 자질을 가지고 태어난다는 시각

[리더십 과정론]

- 리더십은 상황 속에 존재하는 현상이며, 리더십 발휘는 누구나 가능
- 리더십은 후천적으로 학습에 의해 습득될 수 있다는 시각

리더십과 권력(영향력)

- 권력(영향력)이란 다른 사람들의 신념, 태도 및 행동 방식에 영향력을 행사하는 과정의 일부분이기 때문에 리더십과 관련된 개념이다

[권력의 유형]

Reward Power [보상적 권력]

Referent Power [준거적 권력]

Legitimate Power [합법적 권력]

Coercive Power [강제적 권력]

Expert Power [전문적 권력]

- 공식적 리더(임명적 리더십) vs. 비공식적 리더(자생적 리더십)

(참고: French & Raven, 1959)

권력의 유형

1) 지위 권력(position power) : 한 개인이 공식적 조직시스템 내에서 부여된 직책이나 직위에 의해 얻게 되는 권력을 가리키는 말

① 보상적 권력: 개인이 조직 구성원들이 원하고 있는 보상을 제공할 결정권을 가지고 있는 경우 발생. 임금인상, 상여금 지급, 승진 등을 구성원들에게 제공할 수 있는 지위를 부여 받은 것에서 비롯됨.

② 강제적 권력: 개인이 위협, 처벌, 감봉, 좌천 등 구성원들에게 벌칙을 적용하고 처벌할 수 있는 결정권을 가지고 있기 때문에 생겨나는 권력. 유능한 리더는 구성원들의 분노 유발과 준거권력의 손상 가능성으로 인해 좀처럼 강제적 권력을 이용하지 않으며 조직에 극히 해가되는 행동을 억제할 경우에만 이용.

③ 합법적 권력: 구성원들 간의 약속에 의해 개인에게 특정 범위의 권력을 부여하였을 경우 발생하는 권력으로 일반적으로 개인이 책임지고 있는 구체적인 업무 영역에 대해 하급자에게 지휘, 명령할 수 있는 결정권이 주어짐. 권한(authority)이라고 하는데 종종 보상적 권력이나 강제적 권력을 동반.

2) 개인 권력(personal power) : 개인적 특성으로 인하여 구성원들이 특정인에 대해 호감을 갖고 매력을 느끼는 경우 구성원으로부터 얻게 되는 권력

① 전문적 권력: 특정 영역에 대한 전문적 지식이나 기술, 또는 능력으로 인하여 얻게 되는 권력.

② 준거적 권력: 존경심, 호감, 카리스마적 기질 등 개인적인 특성에 기반을 둔 권력으로 준거적 권력이 높은 경우 구성원이 호감을 갖고, 그와 동일시되고자 노력하며, 존경의 대상이 됨. 준거적 권력을 행사하는 가장 보편적인 방법은 '개인적 호소'와 역할모델(role modeling)'을 들 수 있음

리더십과 관리

- Mangers are people who do things right and leaders are people who do the right thing (Bennis & Nanus)

(Leadership & Management)

(Leadership)		(Management)
"변화와 발전의 추구"		"질서와 일관성의 추구"
장기적 · 미래지향적		단기적 · 현실안주
효과성 추구		효율성 추구
✓ 비전과 방향성 설정		✓ 계획과 예산
✓ 구성원들 정렬 및 비전전파		✓ 조직과 집행
✓ 비전달성을 위한 동기유발		✓ 통제와 문제해결

☞ 조직이 번창하기 위해서는 관리와 리더십 모두가 필수적이다. 리더십없는 강한 관리는 관료적이 될 것이며, 관리없는 강한 리더십은 변화를 위한 변화, 방향없는 변화로 나타날 것이다(Kotter, 1990)

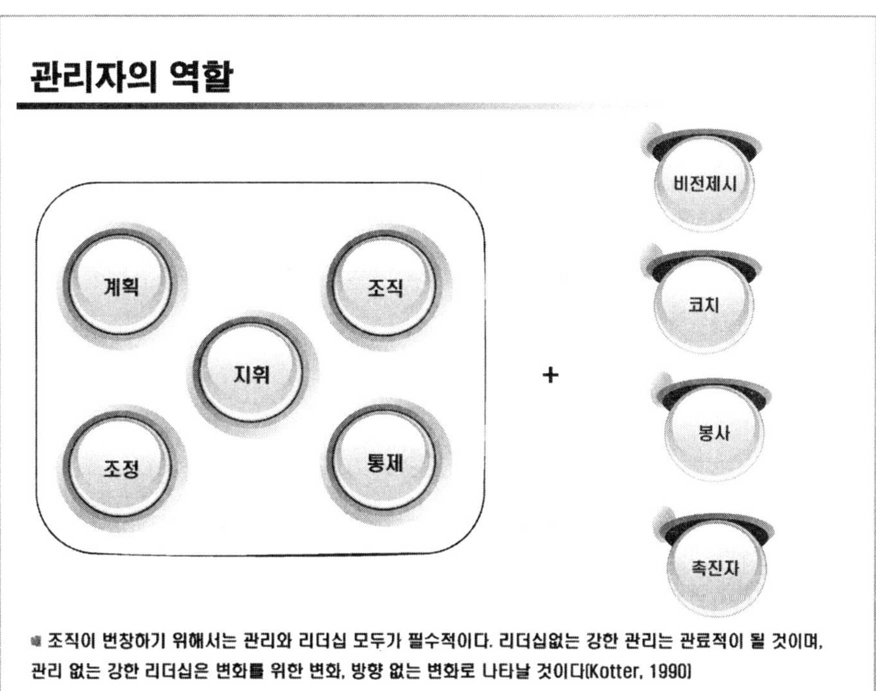
관리자의 역할
계획
조직
지휘
조정
통제
+
비전제시
코치
봉사
촉진자
조직이 번창하기 위해서는 관리와 리더십 모두가 필수적이다. 리더십없는 강한 관리는 관료적이 될 것이며,
관리 없는 강한 리더십은 변화를 위한 변화, 방향 없는 변화로 나타날 것이다(Kotter, 1990)

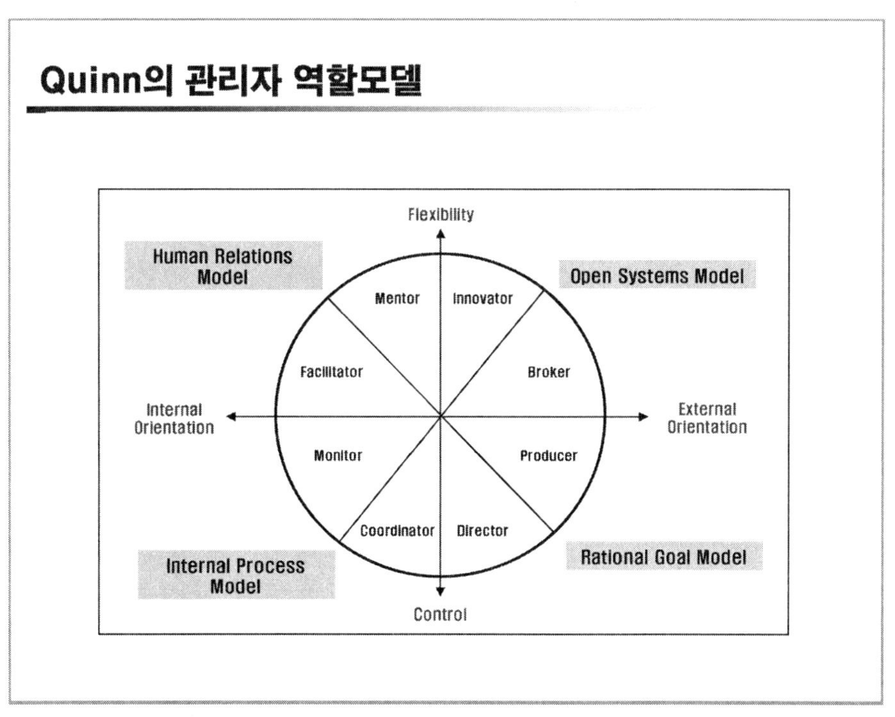
Quinn의 관리자 역할모델
Flexibility
Human Relations Model
Open Systems Model
Mentor
Innovator
Facilitator
Broker
Internal Orientation
External Orientation
Monitor
Producer
Coordinator
Director
Internal Process Model
Rational Goal Model
Control

리더십 효과성

<리더십 효과성 측정변수>

- 객관적 측정변수: 선포된 조직비전과 목표를 달성한 정도(매출액, 순이익, 시장점유율, 투자수익률, 주가 등)
- 주관적 측정변수: 직무, 조직, 리더에 대한 구성원의 태도(직무만족도, 직무몰입도, 이직의도, 직무 스트레스 등)
- 기타 측정변수: 환경에 대한 적응력(조직 및 개인의 혁신)

<리더십 연구>

1900년대	1950~1960년대	1970~1980년대	1990년대 ~
특성접근 연구	행동접근 연구	상황접근 연구	통합접근 연구

Discussion

난파선 게임

침몰하는 난파선에 다음과 같이 10명의 생존자가 있다. 하지만 이들을 구할 수 있는 구명보트는 단지 3개뿐! 이들 중 누구를 구할 것인지 팀 토의를 통해 결정하시오

구분	나의 순위	팀 순위	I 팀순위-나의 순위 I
1) 우리 나라 대통령			
2) 유명한 (이성) 연예인			
3) 임신 8개월의 신혼 주부			
4) 최근에 실직한 내 친구			
5) 수학 올림피아드에서 금상을 받은 중학생			
6) 유능한 정치인			
7) 솔선수범하는 사회 운동가			
8) 존경받는 선생님			
9) 빈민 교회 목사님			
10) 대기업 CEO			
합 계 : ( )			

제4장

리더십 특성이론(Leadership Trait Theory)

1. 리더십 특성이론의 개요
2. 리더십 특성이론의 시사점
3. 리더십 진단

제4장 리더십 특성이론(Leadership Trait Theory)

1 … 리더십 특성이론의 개요

19세기 초에 시작되어 19세기 말까지 학문적 리더십 연구의 중심이 되었던 '리더십 특성이론'은 최초의 리더십연구로서 '위대한 리더는 선천적으로 우수한 자질 또는 특성을 소유한다'는 가정 하에 사회적, 정치적, 군사적으로 뛰어난 리더들의 비리더들과 차별화되는 자질 또는 특성의 파악에 초점을 맞춘 '위인이론(great man theory)'에 그 기반을 두고 있다. 따라서 리더십 특성이론의 초기 연구는 리더십의 원천은 리더의 자질과 특성에 있으며, 이는 선천적으로 타고나는 것이지 후천적으로 습득되는 것이 아니라는 리더십 특성론에 기반을 두고 유능한 리더의 자질과 특성을 파악하여 이를 리더십의 주요 자질요인으로 규명하고자 노력하였다.

하지만 '위인이론'에 바탕을 두었던 초기의 특성연구는 1900년대 중반에 들어 다양한 실증연구들로 인하여 많은 반론이 제기되었는데 대표적 학자로는 Stogdill(스토그딜)이 있다. Stogdill은 1948년과 1976년에 두 차례에 걸쳐 진행되고 있던 리더십 특성연구들을 종합 검토하고 리더십 특성이론을 검증하고자 하였다. 1948년 Stogdill은 1904년부터 1947년 사이에 이루어졌던 총 124편의 리더십특성연구들을 분석함으로써 리더십 특성이론의 유효성을 검증하고자 하였다. Stogdill은 총 124편의 리더십 특성연구 중 3편 이상의 연구에서 공통적으로 제시된 리더십 특성요인들을 추출하여 이를 신체적 특성, 사회적 배경, 지능과 능력, 성격, 과업관련 특성, 그리고 사회적 특성 등의 6개영역으로 분류하였다.

1) 신체적 특성

Stogdill은 124편의 리더십 연구에서 가장 빈번하게 제시된 리더십 특성 중 활동성 · 에너지, 연령, 외모, 신장, 그리고 체중 등 총 5개 특성을 '신체적 특성' 영역으로 분류하고, 각 특성에 관하여 긍정적인 결과를 나타낸 연구와 부정적 또는 관련없는 결과를 나타낸 연구를 분류 · 분석하였다. 분석결과 총 5개의 신체적 특성 중 활동성 · 에너지만이 124편의 연구 중 많은 연구결과에 의하여 유효성이 검증됨으로서 주요 리더십 특성 목록으로 확인되었다.

2) 사회적 배경

'사회적 배경' 영역에는 추출된 리더십 특성 중 교육수준, 사회적 지위, 그리고 이동성 등 3개의 특성이 포함되었는데 각 특성에 관하여 긍정적인 결과를 나타낸 연구와 부정적 또는 관련없는 결과를 나타낸 연구를 분류 · 분석한 결과 이동성을 제외한 나머지 특성들은 유효성이 검증되지 않았다. 이동성의 경우 많은 연구 결과들에 의하면 리더는 비리더에 비해 사회활동에 보다 많이 참여하고, 사회적 이동을 더 많이 하는 성향이 있는 것으로 조사되었다. 하지만 이동성을 리더의 주요 특성으로 확신하기에는 총 124편의 연구 중 이동성을 리더십 특성으로 제시한 연구의 수가 충분하지 못하다는 한계가 있다.

3) 지능과 능력

Stogdill은 총 124편의 리더십 연구에서 추출한 리더십 특성 중 리더십 지능, 판단력 · 결단력, 지식, 그리고 언변 등 총 4개의 특성을 '지능과 능력' 영역에 포함시키고 각 특성에 관하여 긍정적인 결과를 나타낸 연구와 부정적 또는 관련없는 결과를 나타낸 연구를 분류 · 분석하였다. 그 결과 지능을 제외한 판단력 · 결단력, 지식, 그리고 언변 등 총 3개의 특성은 리더의 중요한 리더십 특성으로 검증되었다.

4) 성격

'성격' 영역에는 수용성, 적응성, 공격성·독단성, 기민성, 우월성·지배력, 정서적 균형·통제력, 열의, 외향성, 독립성, 객관성·현실성, 독창성·창의성, 성실성·윤리성, 수완성, 자신감, 신념의 강도, 스트레스 내성 등 총 16개의 리더십 특성이 포함되었는데 각 특성에 관하여 긍정적인 결과를 나타낸 연구와 부정적 또는 관련 없는 결과를 나타낸 연구를 분류·분석한 결과 총 16개의 리더십 특성 중 수용성, 기민성, 독창성·창의성, 성실성·윤리성, 자신감, 신념의 강도 등 총 6개 요인이 중요한 리더십 특성으로 검증되었다.

5) 과업관련 특성

'과업관련 특성'으로는 성취욕구, 책임욕구, 진취성·주도성, 끈기·지속성, 목표에 대한 책임감, 과업지향성 등 6개 특성이 검토되었는데 각 특성에 관하여 총 124편의 연구결과를 비교·검토해 본 결과 진취성을 제외한 나머지 5개 요소들 모두가 중요한 리더십 특성요인으로 검증되었다.

6) 사회적 특성

'사회적 특성' 영역에는 협력을 구하는 능력, 관리능력, 매력, 협력성, 돌봄(nurturance), 인기·명성, 사교성·대인관계 능력, 사회적 참여, 재치·외교술 등 총 9개의 특성이 포함되었는데 이 중 협력을 구하는 능력, 협력성, 인기·명성, 사교성·대인관계 능력, 사회적 참여, 재치·외교술 등 총 6개의 특성이 리더가 가져야 할 중요한 리더십 특성으로 검증되었다.

Stogdill은 리더십특성연구에 관한 그의 첫 번째 연구결과를 통해 비록 개인이 선천적으로 뛰어난 리더십 자질과 특성을 가졌다고 하여도 모든 상황에서 효과적인 리더가 되는 것은 어렵다는 점을 강조하고, 리더십은 개인이 선천적으로 가지고 태어난 자질이라기보다는 사회적 상황 속에서 사람들과의 상호작용을 통해 발생하는 것임을 강조하였다. 즉, 특정한 리더십 자질과 특성을 가지고 있다고 해서 반드시 효과적인 리더가 되는 것이 아니라 효과적인 리더가 되기 위해서는 리더의 개인적 특성이 조직 상황과 부하들의 특성, 그리고 조직의 목표 등과 적절하게 연계되어야 한다는 것이다. 또한, Stogdill은 그의 첫 번째 연구를 통해 기존의 '위인이론'을 부정하고 리더와 비리더를 구별하는 일관된 특성은 존재하지 않음을 주장하였다. Stogdill의 첫 번째 연구는 향후의 리더십연구가 리더의 행동과 리더가 처한 상황(leadership behavior and leadership situations)에 보다 초점을 맞추게 되는 계기를 제공하게 된다.

1948년의 첫 번째 연구에 이어 1974년에 Stogdill은 1948년부터 1970년까지 실시된 총 163건의 리더십 특성연구를 종합하여 그 결과를 첫 번째 연구결과와 비교・분석하였다. Stogdilll의 첫 번째 연구의 결론이 '리더십의 효과성은 개인의 성격특성에 의한 것이 아니라 상황요인들에 의해 결정된다'는 것이었다면, 그의 두 번째 연구의 결론은 '성격특성과 상황요인 모두가 리더십의 주요 결정요인이다'라는 것이다. Stogdill은 두 번째 연구에서 리더십에 영향을 미치는 몇 가지 중요한 리더십특성을 확인하였는데 이는 다음과 같다.

① 과업완성을 위한 책임감과 추진력(drive for responsibility and task completion)
② 목표추구에 있어서 활력과 지속성(vigor persistence in pursuit of goals)
③ 문제해결에 있어서 모험성과 독창성(venturesomeness and originality in problem solving)
④ 사회적 상황에서의 솔선・주도성의 발휘(drive to exercise initiative in social situation)
⑤ 자신감과 자기정체감(self-confidence and sense of personal identity)
⑥ 의사결정 및 활동의 결과를 수용하려는 자발성(willingness to accept consequences of decision and action)
⑦ 대인간의 스트레스 완화를 위한 준비성(readiness to absorb interpersonal stress)
⑧ 욕구불만과 지연을 참아내는 수용성(willingness to tolerate frustration and delay)
⑨ 다른 사람의 행동에 영향을 미치는 능력(ability to influence other person's behavior)
⑩ 목표를 위해 사회적 상호작용시스템을 구조화하는 역량(capacity to structure social interaction system to the purpose at hand) 등이다.

한편, 리더십 특성연구의 대표적 학자 중 한명인 Mann(만)은 1959년에 총 1,400건의 리더십 특성연구를 검토하여 리더와 비리더의 차이점을 분석하였는데, 그의 연구결과에 따르면 개인의 성격특성은 리더와 비리더를 구분하는 중요한 기준으로 작용되는데 리더는 비리더에 비해 지능(intelligence), 남성적 기질(masculinity), 적응성(adjustment), 지배성(dominance), 외향성(extroversion), 보수기질(conservatism) 등이 강하다고 주장하였다. 또한, Mann의 연구결과를 재평가하기 위해서 실시된 Lord(로드)와 그의 동료연구자들의 1986년의 연구결과를 살펴보면 지능, 남성적 기질, 그리고 지배성 등은 리더와 비리더를 구분하는 중요한 리더십 특성요인임을 다시 한번 확인할 수 있었다.

1900년대 전반을 걸쳐서 실시된 리더십 특성연구는 수많은 학자들에 의해 다양한 리더십 특성목록이 제시되었지만, 모든 연구에서 공통적으로 제시되는 리더십 특성목록은 존재하지 않는다. 하지만 리더십 특성연구에서 가장 빈번히 제시되는 리더십 특성 요인은 다음과 같다.

① **지적 능력**(intelligence) : 일반적으로 리더는 비리더에 비해 보다 높은 지적능력을 가지고 있는데 강력한 언어능력, 지각능력, 그리고 추리력 등이 유능한 리더의 특징이다.

② **자신감**(self-confidence) : 다수의 연구 결과에 의하면 리더는 비리더에 비해 보다 높은 자신감을 가지고 있다. 자신감은 자신의 유능성이나 역량(competencies and Skill)을 스스로 확신하는 것으로서 자존감, 자기신뢰 등을 포함한다.

③ **결단력**(determination) : 리더는 비리더에 비해 보다 높은 결단력을 가지고 있다. 결단력이란 스스로 결정적인 판단을 내리거나 또는 단정을 내릴 수 있는 능력을 의미하는 것으로서 진취성, 지속성, 지배성, 추진력 등과 같은 특성을 포함한다.

④ **성실성**(integrity) : 많은 연구 결과에 의하면 리더는 비리더에 비해 보다 높은 성실성을 가지고 있는데, 성실성은 일관된 원칙을 가지고 개인의 행동에 책임을 지는 자세로서 정직성과 신뢰성을 포함한다.

⑤ **사교성**(sociability) : 리더는 비리더에 비해 보다 사교적이다. 사교적이라는 것은 원활한 인간관계를 구축함을 의미하는데, 사교적인 사람은 타인과 쉽게 사귀는 성향을 가진다.

1900년대 전반을 걸쳐 연구되던 리더십 특성이론은 한동안 리더십 상황이론에 밀려 학문적 관심을 받지 못하였지만 최근 들어 다시 많은 학자들이 관심을 갖고 지속적으로 연구하는 영역으로 부각되고 있다. 하지만 최근의 리더십 특성 연구는1900년대의 인물 중심 리더십 연구에서 벗어나 다양한 심리적 측정도구를 활용하여 리더의 특성을 도출하고 있으며 리더의 특성과 리더십 효과성과의 상관관계를 규명하기 위해 최선의 노력을 기울이고 있다.

2 … 리더십 특성이론의 시사점

리더십 특성이론은 복잡한 리더십 과정을 설명함에 있어서 오로지 리더의 특성과 자질에만 연구의 초점을 맞추고 다른 상황변인에는 관심을 두지 않았기 때문에 다른 이론들에 비해 비교적 이론의 구성이 단순한 편이다. 또한 19세기 전반에 걸쳐 학문적 리더십 연구의 중심축으로 진행된 연구이기 때문에 리더십 특성요인에 대한 방대한 실증자료가 있다. 하지만 오랜 시간에 걸쳐 진행된 연구임에도 불구하고 모든 연구 결과에서 공통적으로 제시된 리더십 특성요인이 없는 것은 리더십 특성이론의 한계점으로 지적된다. 즉, 리더십 특성에 관한 수많은 연구들에도 불구하고 유능한 리더가 되기 위해 요구되는 '결정적인 리더십 특성목록'을 제시하지 못하고 있다. 바꾸어 말하면 과거 일세기 동안 수많은 리더십 특성 연구가 이루어졌지만 각 연구들의 결과는 불명확하거나 모호한 리더십 특성목록의 제시에 불과하였다는 것이다.

리더십 특성이론이 '결정적인 리더십 특성목록'을 제시하지 못하는 가장 중요한 이유 중 하나는 각 연구자가 연구의 전제가 되는 리더십특성을 결정함에 있어서 매우 다양하고 주관적인 선택을 하였기 때문이다. 또한 리더십 특성연구이 리더의 특성과 자질에만 초점을 맞추고 리더가 처한 상황적 변인을 전혀 고려하지 않았기 때문에 일반이 쉽게 목격할 수 있는 '특정 상황에서 유능한 리더가 다른 상황에서 유능하지 못한 이유'를 명확하게 설명하지 못한다. 또한, 리더십 특성연구는 유능한 리더가 가지고 있는 리더십 특성들의 확인하였을 뿐 그 특성들과 조직 효과성과의 상관관계를 규명하려는 노력은 기울이지 않았다는 것이다. 따라서 리더십 특성연구는 오랜 시간에 걸친 깊이 있는 연구에도 불구하고 리더십훈련이나 개발을 위해 유용하게 적용하기는 어렵다는 것이 기업 교육을 담당하는 HRD(Human Resource Development) 전문가들의 주장이다. HRD 전문가에 의하면 만약 리더십 특성연구를 통해 '결정적인 리더십특성 목록'이 제시되었다 하더라도 개인의 성격특성은 비교적 고정된 심리구조이기 때문에 효과적인 리더가 되기 위해 기존의 특성을 버리고 새로운 특성을 습득하도록 교육시키는 것은 매우 어렵다는 것이다.

하지만 위와 같은 리더십 특성이론의 단점에도 불구하고 리더십 특성연구는 가치있는 리더십 연구로서 중요한 의미를 가지고 있다.

첫째, 리더십 특성연구는 오직 리더에만 초점을 맞추고 있기 때문에 다른 리더십 연구들과는 달리 유능한 리더의 성격특성에 관한 보다 깊이 있고 심오한 이해를 가능하게 한다.

둘째, 리더십 특성이론은 '유능한 리더는 그렇지 않은 리더들과 반드시 큰 차이가 있고 이와 같은 차이는 리더를 비리더와 차별화하는 유능한 리더들의 리더십 자질과 특성 때문일 것'이라는 일반의 믿음에 부응하기 때문에 직관적으로 상당한 흥미를 불러일으키는 강점이 있다.

따라서, 비록 리더십 특성이론이 오랜 기간의 연구에도 불구하고 명확하고 결정적인 리더십 특성목록을 제시하지 못했다고 하더라도 오랜 기간에 걸쳐 진행된 깊이 있는 연구결과들로 인해 유능한 리더에게 요구되는 다양한 리더십 특성을 파악하게 하기 때문에 리더십 연구로서 학술적 의미는 크다고 하겠다.

3 … 리더십 진단

리더십 특성이론은 개인의 리더십 특성을 측정하기 위해서 리더십특성설문지(Leadership Traits Questionnaire : LTQ)를 개발하여 사용하고 있는데 LTQ는 각 리더십 특성항목에 대한 리더 자신의 지각과 주위 관찰자들의 지각을 비교・분석함으로써 리더 자신의 성격 특성 및 리더십의 강점과 약점을 파악할 수 있게 한다.

1) 리더십 진단 설문지(LTQ)

LTQ는 주어진 각 문항에 대한 리더 자신의 지각과 함께 리더에 대한 주위 관찰자들의 지각을 비교하여 계량화한 것으로, 리더 자신 또는 리더를 친숙하게 알고 있는 주위 관찰자(R1, R2, R3... 등)들에 의해 작성되는데 측정 기준은 다음과 같은 Likert 5점 척도를 사용한다.

① : 전혀 그렇지 않다
② : 그렇지 않다
③ : 보통이다
④ : 그렇다
⑤ : 매우 그렇다

〈리더십 특성 설문지 : LTQ〉

■ 다음에 제시된 각 형용사와 문장이 리더(작성자가 리더인 경우 자신)의 특성을 얼마나 정확하게 설명하고 있는지 Likert 5점 척도를 참조하여 1부터 5까지의 숫자 중 해당하는 숫자 위에 O표를 하시오.	
① 설명이 명확한(다른 사람들과 효과적으로 의사소통을 한다)	1 2 3 4 5
② 지각력이 날카로운(식별력이 있고 통찰력이 있다)	1 2 3 4 5
③ 자신감 있는(자기 자신이나 자신의 능력을 믿고 있다)	1 2 3 4 5
④ 침착한(의심이 없고 확신에 차 있다)	1 2 3 4 5
⑤ 지속적이고 끈질긴(방해에도 불구하고 목표에 집착한다)	1 2 3 4 5
⑥ 결심이 굳고 단호한(확고한 입장으로 확실하게 행동한다)	1 2 3 4 5
⑦ 신뢰할 수 있는(믿음직스럽게 행동한다)	1 2 3 4 5
⑧ 믿을 만한(일관성이 있고 신뢰할 만하다)	1 2 3 4 5
⑨ 친절한(친절과 온화함을 보이고 있다)	1 2 3 4 5
⑩ 사교적인(스스럼없이 대화하고 다른 사람들과 잘 지낸다)	1 2 3 4 5

2) 진단 결과의 해석

진단 결과는 리더의 자기평가 점수와 주위 관찰자들(R1, R2, R3...등)의 평균 점수를 비교한 후 자신의 리더십에 대한 리더의 지각과 주위 관찰자들의 지각의 차이를 파악한다. 예를 들면, 만일 첫 번째 문항(설명이 명확한)의 경우 주위 관찰자의 평균점수는 3점인 반면 리더 자신의 점수는 3.8점으로 나타났다면 '리더 자신은 자신의 설명력에 대해 주위 관찰자들 보다 높게 평가하고 있다'라고 해석할 수 있다. 또한, 만일 세 번째 문항(자신감 있는)의 경우 주위 관찰자들의 평균점수는 4.2점인 반면 리더의 점수는 4점으로 나타났다면 이는 리더 스스로가 자신의 '자신감' 수준을 주위 관찰자들에 비해 낮게 평가하고 있다는 것이다.

〈LTQ 결과 분석표〉

	R1	R2	R3	R4	R5	평균	자신	차이
1. 설명이 명확한								
2. 지각력이 날카로운								
3. 자신감 있는								
4. 침착한								
5. 지속적이고 끈질긴								
6. 결심이 굳고 단호한								
7. 신뢰할 수 있는								
8. 믿을 만한								
9. 친절한								
10. 사교적인								

Working Manual

리더는 태어나는 것인가? 만들어지는 것인가?

리더십 특성연구(trait approach)

- 최초의 리더십 이론: 1900년대 초 위인이론(great man theory)에서 시작
- 성공적인 사람은 평범한 사람이 가지지 못한 특성과 기술을 가지고 있다는 전제
- 훌륭한 지도자 및 리더가 평범한 사람들과 구별되는 특성 파악(身言書判)
- 1900년대 중반 Stogdill의 연구를 시작으로 체계화

〈1차 연구(1948)〉

- 1904~1947년까지의 124편의 리더십 특성연구 종합
- 개인이 특정한 특성을 가진다고 해서 반드시 리더가 되는 것은 아님을 강조
- 개인의 특성보다는 상황변수(부하, 목표)의 중요성 강조

〈2차 연구(1976)〉

- 1949~1970년까지의 163편의 연구 종합
- 특정한 특성들과 기술을 가지고 있으면 효과적인 리더십을 보일 가능성이 높아지지만 특정 특성과 기술을 가진 것이 리더십의 효과성을 보장하는 것은 아님을 강조
- 즉, 성격특성과 상황변수 모두가 중요함을 강조

리더의 주요 특성

- 지능, 자신감, 결단력, 성실성, 사교성을 겸비하라!

지능 (Intelligence)
강력한 언어 능력
지각 능력
추리력

자신감 (Self-Confidence)
유능성이나 기량에 대한 확신
자존감
해낼 수 있다는 믿음

결단력 (Determination)
일을 완성해 보이겠다는 욕망
진취성, 지속성, 지배성, 추진력
전향성

성실성 (Integrity)
정직성
신뢰성

사교성 (Sociability)
즐거운 사회적 관계를 추구하는
리더의 성향

리더십 특성연구(Steve Jobs)

http://www.youtube.com/watch?v=2jZ2ixfoT38

Stay Hungry, Stay Foolish!

리더십 특성연구의 효용성

1. 특성연구의 강점
   - 쉽게 공감대 형성
   - 오랜 기간 많은 학자들의 관심으로 리더십의 주요요소임이 검증
   - 오랜 연구로 인한 방대한 자료
   - 리더가 갖추어야 항목에 대한 해답 제시
2. 특성연구의 한계점
   - '결정적인 리더십 특성 목록' 의 범위와 한계를 제시 못함
   - 상황 변수에 대한 이해 부족
   - 리더십 효과성과의 관련성에 대한 이해 부족
   - 리더십 훈련과 개발에 제한적
3. 최근의 리더십 특성연구: 카리스마 리더십, 변혁적 리더십 등

리더십 특성 진단(LTQ)

	R1	R2	R3	R4	R5	평균	자신	차이
1. 설명이 명확한								
2. 지각력이 날카로운								
3. 자신감 있는								
4. 침착한								
5. 지속적이고 끈질긴								
6. 결심이 굳고 단호한								
7. 신뢰할 수 있는								
8. 믿을 만한								
9. 친절한								
10. 사교적인								
11. 면밀한								
12. 근면한								
13. 감수성이 강한								
14. 감정 이입하는								

리더십 진단

1. 팀 평균에 비해 가장 낮은 문항을 파악한다(본인)

2. 그 이유를 추론한다(본인)

3. 개선방안을 모색한다(팀원)

Discussion

타고난 리더? 만들어진 리더?

1. 팀별 토의를 거쳐 전형적인 '타고난 리더'와 '만들어진 리더'를 선정하고 그 이유를 설명한다

제5장

리더십 행동이론(Leadership Behavior Theory)

1. 리더십 행동이론의 개요
2. 리더십 행동이론의 시사점
3. 리더십 진단

제5장 리더십 행동이론(Leadership Behavior Theory)

1 … 리더십 행동이론의 개요

리더십 행동이론은 외면적으로 발현되기 어려운 리더십 성격적 특성을 측정하는 리더십 특성이론과는 달리 관찰 가능한 리더의 행동에 연구의 초점을 맞추고 리더의 행동유형과 리더십 효과성간의 상관관계를 규명 및 어떠한 상황에서도 일관되게 적용될 수 있는 보편적인 리더십 유형의 도출을 그 목적으로 하고 있다. 리더십 행동이론은 크게 두 가지 유형의 리더행동, 즉 과업행동(task behavior)과 관계성행동(relationship behavior)에 초점을 맞추고 있는데 과업행동이란 목표달성을 촉진하는 리더의 행동으로서 조직 구성원들의 과업목표 달성을 지원하는 행동을 의미하며, 관계성행동은 조직 구성원들 간의 원활한 인간관계 구축을 지원하는 리더의 행동을 의미한다.

리더십 행동연구는 1940년대 말에 미국 오하이오 주립대학교(the ohio state university)의 연구팀에 의해 최초로 실시되었는데 오하이오 주립대학교의 리더십 행동이론은 비슷한 시기에 진행된 미시간대학교(university of michigan)의 연구, 그리고 1960년대 초에 실시된 Blake(블레이크)와 Mouton(마우톤)의 연구와 함께 리더십 행동이론의 대표적인 연구로 손꼽히고 있다.

1) 오하이오 주립대학교(Ohio State University) 연구

리더십 행동이론의 최초 연구는 1945년 오하이오 주립대학교 경영연구소에 의해 처음 시작되었다. 오하이오 주립대학교 경영연구소 리더십 연구팀은 Stogdill의 리더십 특성연구의 결과에 기초하여 '조직의 효과성을 제고하는 바람직한 리더의 행동유형'을 규명하고자 시작된 연구이다. 따라서 초기 리더십 행동연구의 주된 관심사는 '리더십 과정에서 나타나는 리더들의 다양한 행동유형(leadership style) 분석'에 있었다.

오하이오 주립대학교의 리더십 연구팀은 리더의 행동유형을 분석하기 위해 총 300여명의 폭격기 탑승원을 대상으로 그들의 리더(사령관)들의 행동을 기술하게 하고 이를 체계적으로 분석한 뒤 이를 기반으로 총 1,800여 가지 리더십 행동목록을 작성하였다. 또한 연구팀은 이렇게 작성된 1,800개의 리더십행동목록을 정리하여 공통적 행동유형을 중심으로 몇 개의 리더십 행동그룹으로 통합·분류하고, 최종 정리된 150개의 중요한 리더십 행동들을 총 150문항의 서술문으로 정리되었는데 이것이 리더행동기술 설문지(LBDQ : Leader Behavior Description Questionnaire)의 기초가 되었다.

리더의 행동유형을 측정하기 위한 설문지(LBDQ)를 개발한 뒤 오하이오 주립대학교 연구팀은 교육, 군대 및 산업 조직 종사자 100여명을 대상으로 사전조사(pilot test)를 실시한 뒤 리더십 행동유형을 크게 두 가지 유형으로 범주화하였는데 구조주도(initiating structure)행동과 배려(consideration)행동이 그것이다. 구조주도행동은 리더가 목표달성을 위해 자신과 구성원들의 역할을 구조화하고 업무의 조직, 역할 및 책임의 명확화, 계획수립, 정보전달 등과 같은 과업행동을 지휘하는 것을 의미한다. 반면 배려행동은 구성원들 간의 원활한 인간관계 구축, 구성원의 아이디어에 대한 존중과 배려, 상호신뢰 등을 포함하는 리더의 관계성 행동을 의미한다.

구조주도행동과 배려행동은 상이한 개념임에도 불구하고 오하이오 주립대학교 연구팀은 구조주도행동과 배려행동을 단일 차원의 두 점으로 보지 않고 별개의 독립체로 보았다. 즉, 리더가 하나의 행동유형(구조주도행동 또는 배려행동)을 보이고 있는 정도는 다른 행동유형을 보이는데 있어서 어떠한 영향도 주지 않는다는 것이다. 오하이오 주립대학교 연구팀은 또한 리더의 리더십행동유형과 상황변인들 간의 상관관계 규명을 위해 많은 노력을 기울였다. 하지만 이러한 노력에도 불구하고 연구팀의 다양한 시도들에 대한 연구결과가 상이하게 나타난 이유로 어떤 상황에서 배려행동이 효과적이고, 어떤 상황에서 구조주도행동이 효과적인지, 그리고 또 어떤 상황에서 두 가지 행동유형 모두가 유효한 것인지를 밝혀내지 못함으로써 리더십 행동유형과 상황변인들 및 조직 효과성 간의 상관관계를 명확하게 설명하지 못했다는 한계가 있다.

2) 미시간 대학교(University of Michigan)의 연구

1940년대 말부터 1950년대 초까지 오하이오 주립대학교 연구팀이 LBDQ를 통해 리더의 행동유형을 이론화하고 있는 비슷한 시기에 미시간대학교 서베이센터(survey center) 연구팀은 효과적인 관리자의 리더십행동유형을 파악하기 위해서 리더십행동연구에 몰두하였다. 초기 미시간 대학교 연구팀은 다양한 조직의 관리자와 부하들을 대상으로 현장조사를 실시한 뒤 이를 분석하여 효과적인 관리자와 비효과적인 관리자의 행동 상의 차이점을 비교하였는데, 그 연구결과에 의하면 효과적인 관리자는 비효과적인 관리자에 비해 보다 빈번하게 '종업원지향(employee orientation)행동'과 '생산지향(production orientation)행동'을 한다는 것이다.

미시간대학교 연구팀이 제시한 '종업원지향행동'은 오하이오주립대학교 연구팀이 제시한 '배려행동'과 매우 유사한 개념으로서 조직구성원들 간의 원활한 인간관계를 구축하고자 노력하는 리더의 리더십행동을 가리키는데, 일반적으로 높은 종업원지향행동을 보이는 리더는 조직 구성원들에 대한 관심이 높고, 그들의 능력을 인정하며, 구성원 개개인의 욕구에 관심을 갖고 그들을 배려하며 지지한다고 한다. 한편 '생산지향행동'은 오하이오주립대학교 연구팀의 '구조주도행동'과 유사한 개념으로서 과업의 완성과 조직 성과를 강조하는 리더의 리더십행동을 가리키는데 일반적으로 과업완성을 위한 계획수립, 업무조정, 필요한 자원과 기술의 지원 등이 포함된다.

오하이오주립대학교의 연구와 미시간대학교의 연구는 상당히 유사한 연구결과에도 불구하고 크고 작은 차이점을 갖고 있는데 그 중 가장 큰 차이점은 미시간대학교 연구팀의 초기 연구결과가 오하이오 주립대학교 연구팀의 연구결과와는 달리 종업원지향행동과 생산지향행동을 단일연속체(a single continuum) 상의 양극단에 있는 두 개의 점으로 개념화한 것이다. 즉, 미시간 대학교 연구팀의 초기 연구에 의하면 높은 종업원지향행동을 보이는 리더는 낮은 생산지향행동을 하고. 높은 생산지향행동을 하는 리더는 낮은 종업원지향행동을 보인다고 주장한 것이다. 하지만 미시간대학교 연구팀은 연구가 진행됨에 따라 초기 연구결과의 모순점을 발견하여 이를 수정·보완하였는데 연구결과에 의하면 종업원지향적 행동과 생산지향적 행동은 오하이오 주립대학교의 연구결과와 같이 하나의 연속체 위에 있는 양극의 두 점이 아니라 두 개의 독립된 리더십행동이다. 즉, 미시간대학교 연구팀은 재개념화 작업을 통해 리더는 생산지향적 행동을 함과 동시에 종업원지향적 행동을 할 수 있음을 주장한 것이다.

3) Blake(블레이크)와 Mouton(마우톤)의 리더십그리드(leadership grid) 연구

1960년대 초, 텍사스 대학교(university of texas)의 Blake와 Mouton은 리더십 행동연구의 효과성을 제고하고자 오하이오 주립대학교의 연구모델을 기초로 리더의 행동유형을 보다 구체화하고 이를 통해 관리격자모델(the managerial grid model)을 제시하였다. 초기의 관리격자모델은 이후 여러 차례의 개정작업을 걸쳐 리더십격자모델(leadership grid model)로 명칭이 변경되었다. 리더십격자모델(또는 리더십그리드모델)은 오늘날까지 조직의 리더십개발이나 관리자훈련을 위해 유용하게 활용되고 있다.

Blake와 Mouton의 연구 초점은 어떻게 하면 리더가 '생산을 위한 관심(concern for production)'과 '사람을 위한 관심(concern for people)'을 적절하게 조합하여 조직의 목표를 달성할 수 있도록 구성원을 지원할 것인가에 있다. Blake와 Mouton이 제시한 리더십그리드모델을 살펴보면, 그리십그리드모델은 크게 '생산을 위한 관심'을 수평축으로 하고 '사람을 위한 관심'을 수직축으로 하여 두 축을 중심으로 리더의 행동유형을 다섯 가지로 분류하였는데 Blake와 Mouton에 의하면 가장 이상적인 리더십 유형은 팀형이다.

〈리더십 그리드 모델〉

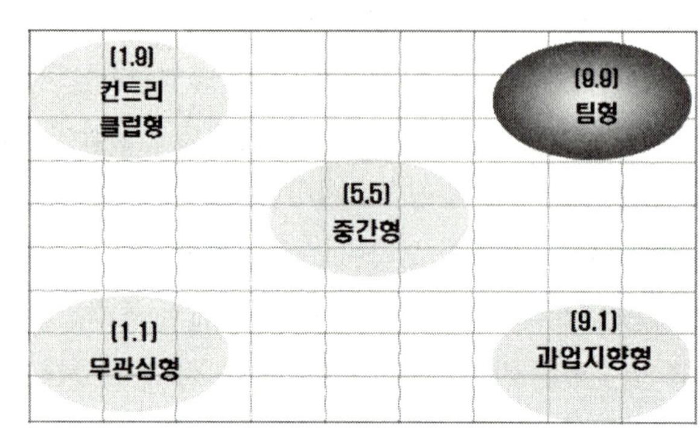

리더십그리드 모델이 제시한 '생산을 위한 관심'과 '사람을 위한 관심'은 리더십행동이론에서 일관되게 주장하는 '과업행동'과 '관계성행동'과 개념상으로 상당히 일치한다. 즉, '생산을 위한 관심'은 리더십행동이론이 주장하는 '과업행동'과 매우 유사한 개념이고 '사람을 위한 관심'은 '관계성행동'과 매우 유사하다. Blake와 Mouton에 의하면 '생산을 위한 관심'은 '조직의 목표달성을 위한 리더의 노력'을 가리키는 것으로서 정책결정, 생산과정상의 문제해결, 업무분담, 판매량 등과 관련된 리더행동을 포함한다. 한편 '사람을 위한 관심'은 '목표달성을 위해 노력하는 구성원들에 대한 리더의 배려'를 의미하는 것으로서 리더가 조직에 대한 조직 구성원들의 헌신을 인정하고, 개인 가치의 실현을 지원하며, 보다 좋은 작업환경을 제공하고, 공정한 임금구조를 유지 등의 리더행동이 포함된다.

리더십 그리드모델은 '생산을 위한 관심' 축과 '사람을 위한 관심' 축 등 두 개의 교차선(two intersection axes)을 중심으로 구성되는데 각 축선은 9점 척도로 구성되어 있다. 척도상의 1은 최소의 관심을 나타내고 9는 최대의 관심을 나타낸다. 따라서 이론적으로 볼 때 총 81가지의 리더십행동유형이 가능하지만 리더십 그리드 모델은 이를 단순화하여 다음과 같이 다섯 가지의 행동유형으로 분류하였다.

각 리더십유형을 점수로 표시하면 권한순응형(authority-compliance)은 (9.1), 컨트리클럽형(country club management)은 (1.9), 방관형(impoverished management)은 (1.1), 중도형(middle-of-the-rode management)은 (5.5), 팀 형(team management)은 (9.9) 등이다.

① **권한순응형(9,1)** : 권한순응형 리더는 조직 구성원들에 대한 관심이 매우 낮고, 구성원을 목표달성의 수단으로 여기며 생산에만 관심을 보인다. 일반적으로 권한순응형 리더는 독단적으로 의사결정을 하고, 통제적이며, 구성원들에게 작업과 관련된 지시 외에는 의사소통의 필요성을 느끼지 않는 경향이 있다. '전제적 리더십'이라고도 한다.

② **컨트리클럽형(1,9)** : 이 유형의 리더는 과업에 대한 관심은 낮지만 구성원들의 욕구에 많은 관심을 갖고 이를 충족시키기 위해 노력한다. 구성원들간의 신뢰관계 구축을 강조하고 건설적 조직분위기를 조성하기 위해 노력하기 때문에 '사교형'이라고도 한다.

③ **방관형(1,1)** : 방관형 리더는 과업 또는 구성원의 욕구 등에 대하여 최저의 관심을 보이며 조직에서 일어나는 모든 일에 대해 무관심한 태도로 일관한다. 일반적으로 방관형 리더는 업무에 대해 필요한 지시만 내리고, 업무의 과정과 결과에 대해서는 무책임하며, 문제가 발생하거나 의사결정이 필요한 경우 애매한 태도를 보이는 경향이 있다. 특히, 방관형 리더는 조직 구성원들과의 의사소통이나 개인적인 관계 구축을 위해서는 아무런 노력을 기울이지 않는 유형의 리더이다.

④ **중도형(5,5)** : 중도형은 '절충형 리더(compromisers)'라고도 하는데 과업수행 및 조직구성원의 욕구 충족에 대해 중간 정도의 관심을 보인다. 일반적으로 중도형 리더들에게 가장 중요한 것은 '균형 감각'으로서 중도형 리더들은 주어진 목표를 달성하려 노력하되 가능한 구성원들과의 갈등을 피하고자 하기 때문에 이들을 '적당주의 리더' 또는 '편의주의 리더'라고 표현하기도 한다. 중도형 리더들은 조직 구성원들에게 자신의 주장이나 특성을 뚜렷하게 부각시키지 못하기 때문에 우유부단한 리더로 보여지기도 한다.

⑤ **팀형(9,9)** : 팀형 리더는 과업활동 및 조직 구성원의 욕구충족 모두에 있어서 최고의 관심을 보이는 리더로서 리더십그리드에서 가장 이상적인 리더의 유형으로 제시되는 리더이다. 일반적으로 팀형 리더는 업무의 목표와

나아갈 방향, 우선순위 등을 명확히 함으로써 효과적으로 과업을 달성하고 구성원들이 효과적으로 업무를 수행할 수 있도록 적극적으로 지원하기 때문에 구성원들로부터 높은 헌신과 팀워크를 이끌어낸다. 따라서 리더십그리드 훈련프로그램은 팀형 리더(9,9)의 양성을 그 목적으로 한다.

한편, Blake와 MaCanse(맥캔스)는 리더십 그리드모델을 수정하여 두 가지 리더십 행동유형을 추가하였는데 이는 다음과 같다.

① **온정주의 리더**(paternalism) : 온정주의형 리더는 권한순응형과 컨트리클럽형을 결합한 것으로 '9+9'로 표시된다. 일반적으로 온정주의 리더는 두 가지 유형의 리더십을 모두 활용하되 그 둘을 통합하지 않는 리더로서 조직 구성원들의 바람직한 행동을 할 경우에는 과감한 보상을 하지만 만일 그렇지 않은 경우 냉혹하게 처벌함으로써 '자비로운 독재자'라고도 불린다.

② **임기응변적 리더**(portunism) : 임기응변적 리더는 그때 그때 상황에 따라 리더십 그리드의 5가지 유형들을 적절히 조합하여 리더십을 발휘하는 리더를 말한다.

4) Mismi(미스미)의 PM이론

일본의 Mismi(미스미)는 오하이오 주립대학교의 리더십행동이론을 기반으로 리더의 행동과 집단의 기능을 연계시켜 PM이론을 제시하였다. Mismi에 의하면 집단은 '목표달성 기능' 및 '유지기능' 의 두 가지 기능이 있는데 집단의 '목표달성 기능'은 Performance(성과)의 첫글자인 P를 따서 'P기능'이라고 하고, '유지기능'은 Maintenance(유지)의 첫 글자인 M을 따서 'M기능'이라고 한다. '목표달성 기능'을 위한 리더의 역할은 효과적으로 업무를 지시하고 조직 구성원들의 업무 수행상 요구되는 기술과 자원을 지원하는 것에 있으며, 효과적인 '유지기능'의 수행을 위해서 리더는 원활한 인간관계를 구축하고 구성원들의 욕구에 관심을 갖고 그것의 충족을 위해 노력하여야 한다.

PM이론의 리더십모델은 총 4개의 리더십 유형으로 구성되어 있는데 '목표달성 기능'과 '유지기능'의 강약에 따라 대문자와 소문자로 구분된다.

① **Pm형** : '목표달성기능'이 강하고, '유지기능'이 약한 경우로 이 유형의 리더는 부하에 대한 배려심이 낮고 과업에만 모든 관심을 집중하는 유형이다.

② **pM형** : '목표달성기능'이 약하고 '유지기능'이 강한 경우로 구성원들 간의 원활한 인간관계 구축과 화목한 업무환경의 유지에만 모든 관심을 집중하는 유형이다.

③ **pm형** : '목표달성기능'과 '유지기능' 모두가 약한 유형으로 과업에 대한 관심도 없고 구성원에 대한 배려도 없는 무관심한 리더 유형이다.

④ **PM형** : '목표달성기능'과 '유지기능' 모두가 강한 유형으로 조직의 목표를 달성하기 위해 과업달성 및 구성원들 간의 신뢰관계 구축 모두를 위해 최고의 관심을 기울이고 적극적으로 업무를 지도하며 구성원을 배려하는 유형이다. Mismi는 Blake와 Mouton의 팀형(9,9) 리더와 같이 PM 유형을 조직 구성원의 만족도가 가장 높은 유형은 제시하였다.

2 … 리더십 행동이론의 시사점

리더십행동연구는 리더십의 효과성에 영향을 미치는 바람직한 리더의 행동유형을 찾고자 시도된 연구로서 궁극적인 목적은 조직의 목표 달성에 영향을 미치는 리더의 행동유형을 분석함으로써 리더십과정의 복잡성을 파악하는 것에 있다. 하지만 연구의 목적과는 달리 리더십행동연구는 리더십특성연구와 마찬가지로 리더의 행동유형과 리더십효과성과의 상관관계를 명확하게 설명하지 못하고 있다. 리드십그리드 연구 역시 팀형을 바람직한 리더의 행동유형으로 제시하고 있지만 팀형 리더십의 효과성을 실증적 연구를 통해 검증하지 못함으로써 리더십 행동이론이 목표했던 '모든 상황에서 일관되게 적용되는 효과적인 리더십유형'을 찾아내지 못했다는 한계점이 있다.

하지만 이러한 한계점에도 불구하고 리더십행동이론은 바람직한 리더의 행동유형을 제시하고, 효과적인 리더십 발휘를 위해 요구되는 리더십행동의 중요 구성요소를 제시함으로써 리더십특성이론에 비해 보다 조직화된 리더십개발방안을 제공하고 있다는 장점을 있다. 또한 리더십행동연구는 많은 후속연구들에 의해 '리더십과정의 핵심은 과업행동과 관계성행동의 조화에 있다'는 기본 전제가 검증되었으며 광범위한 연구결과물들로 인해 학문적 이론으로서의 신뢰성을 확보하였다는 것에 학술적 의미가 있다.

3 … 리더십 진단

리더십 행동유형의 측정도구들 중에서 가장 일반적으로 사용되는 측정도구는 LBDQ(Leadership Behavior Description Questionnaire)와 리더십그리드(leadership grid)이다. 리더십그리드는 리더의 행동유형을 측정하기 위한 연구수단으로 개발된 LBDQ와는 달리 리더십훈련과 개발을 위해 설계되었는데 90년대 초 국내의 많은 리더십개발훈련 현장에서 사용되었다. 아래에 제시된 리더십측정 설문지(LBDQ는 개인의 과업지향성과 관계지향성을 측정하는 총 20개 문항으로 구성되었는데 LBDQ에서 과업점수(the score for task)는 조직구성원들의 과업수행을 돕는 리더의 지원행동의 정도를 나타내고, 관계성점수(the score for relationship)는 조직의 원활한 인간관계의 구축을 위해 리더가 기울이는 노력의 정도를 가리킨다.

1) 리더십 측정설문지

리더십행동유형 설문지는 리더와 리더 주위의 4~5명의 관찰자들로 하여금 리더의 행동유형에 대해 설문지를 작성하게 하고 리더의 자기 리더십 진단 결과와 리더에 대한 관찰자들의 진단 결과를 비교 분석하는데 측정 기준은 Likert 5점 척도를 사용한다.

설문지의 채점은 홀수문항들의 점수를 합산하여 과업지향성을 측정하고, 짝수

문항들의 점수를 합산하여 관계지향성을 측정한 후 다음의 기준에 따라 리더의 리더십 행동유형을 해석한다.

〈리더십행동 설문지 : LBDQ〉

■ 다음의 각 문항을 주의 깊게 읽고 귀하가(또는 귀하가 평가하고 있는 그 사람이) 어느 정도로 자주 문항에서 표현된 행동을 하는지 1부터 5까지의 숫자 중 해당하는 숫자위에 O표를 하5시오.	
① 집단성원들에게 해야 할 일에 대해 구체적으로 말한다.	1 2 3 4 5
② 집단성원들을 친절하게 대한다.	1 2 3 4 5
③ 집단성원들에게 업적기준(업적목표)을 설정해준다.	1 2 3 4 5
④ 다른 사람들을 도와 집단 내에서 만족을 느끼도록 한다.	1 2 3 4 5
⑤ 문제해결을 위해 제안을 한다.	1 2 3 4 5
⑥ 다른 사람들이 내놓은 제안에 대해 호의적인 반응을 한다.	1 2 3 4 5
⑦ 자신의 생각이나 관점을 다른 사람에게 분명히 제시한다.	1 2 3 4 5
⑧ 다른 사람들을 대할 때 불편부당하지 않고 공정하다.	1 2 3 4 5
⑨ 자신이 직접 집단을 위해 행동계획을 작성한다.	1 2 3 4 5
⑩ 집단성원들이 예측가능하게 행동한다.	1 2 3 4 5
⑪ 집단성원 각자에게 역할책임을 확정해 준다.	1 2 3 4 5
⑫ 집단성원들과 적극적으로 의사소통을 한다.	1 2 3 4 5
⑬ 집단 내에서 자신의 역할이 무엇이라는 것을 분명히 한다.	1 2 3 4 5
⑭ 다른 사람들의 개인적 복지에 대한 관심을 보인다.	1 2 3 4 5
⑮ 작업이 어떻게 수행되어야 하는가에 대한 계획을 세운다.	1 2 3 4 5
⑯ 의사결정에서 융통성을 보인다.	1 2 3 4 5
⑰ 집단의 업적 기대치나 업적기준을 설정해준다.	1 2 3 4 5
⑱ 집단성원들에게 자신의 생각이나 감정을 털어놓는다.	1 2 3 4 5
⑲ 집단성원들이 작업의 질을 높이도록 고무한다.	1 2 3 4 5
⑳ 집단성원들이 서로 간에 잘 지내도록 도와준다.	1 2 3 4 5

① 45~50 : 매우 높은 범주

② 40~44 : 높은 범주

③ 35~39 : 중간 정도의 높은 범주

④ 30~34 : 중간 정도의 낮은 범주

⑤ 25~29 : 낮은 범주

⑥ 20~24 : 매우 낮은 범주

따라서 만일 리더 본인의 과업행동 점수가 43이고, 관계행동점수가 26이면 '높은 과업지향성을 보이되, 낮은 관계지향성을 보이는 과업지향적 리더'라고 해석하면 된다.

 Working Manual

리더십 행동이론(the style approach)

1. Stogdill(1948)의 연구를 바탕으로 리더의 행동유형 연구
2. 1940년대 말 오하이오 주립대와 미시간대학교 주도
3. 리더의 주요 행동유형: 과업지향적 행동 & 관계지향적 행동(후일 변화지향적 행동 추가)
4. 1960년대 초, Blake & Mouton에 의해 관리격자(managerial grid)이론으로 발전: '조직 내 관리자는 과업지향적 행동과 관계지향적 행동을 어떻게 하고 있나?' 가 주요 관심사
5. 후일 일본의 미스미(Mismi) 쥬지에 의해 PM이론으로 확장됨
6. 특성연구 vs. 유형연구 : '누가 효과적인 리더인가?' vs. '효과적인 리더는 어떻게 행동하는가?'
7. 유형연구의 의의 : 리더십개발 및 훈련의 지표 제공(부족한 부분의 행동을 교육훈련할 수 있는 지표 제공)

리더십 행동이론의 특징

① 리더십 행동이론의 초점은 리더의 행동

② 리더십 행동이론에서 행동유형은 과업지향적 행동, 관계지향적 행동, 그리고 변화지향적 행동으로 분류

③ 리더십 행동연구에 의해 부족한 리더십 행동유형을 개선할 수 있는 훈련개발이 가능해짐

④ 한계점은 특정 상황에 효과적인 보편적인 리더십 행동유형을 찾지 못한 것

<리더십 행동유형>

1. 과업지향적 행동: 계획수립, 역할과 목표의 명료화, 운영 및 성과에 대한 점검
2. 관계지향적 행동: 상호신뢰, 협력, 직무 및 조직만족을 위한 지원, 개발, 인정

리더십 행동이론의 주요 연구

1. 오하이오(Ohio) 대학교 연구

- 1940년대 후반 미시간 대학과 비슷한 시기에 연구 시작 : Stogdill 주도
- 리더십 행동의 범주를 확인하고 특정 행동에 대한 리더의 행동 빈도수 측정을 위한 설문지 개발에 연구 초점
- 300여명의 폭격기 탑승원을 대상으로 1800여개의 리더십 행동목록 도출
- 150문항의 서술문으로 구성된 리더십 설문지 개발 : LBDQ
- 미시간 대학교 연구와 공통점 및 차이점

<리더십 유형>

① 구조주도: 리더가 목표달성을 위해 자신 및 구성원의 역할을 정의하고 구조화하는 정도(구성원 간의 관계 규정, 조직화, 공식적 의사소통 경로 및 목표달성 방법 제시)

② 배려: 직무관계에서 상호 신뢰, 아이디어 존중, 감정존중 등이 이루어지는 정도(구성원의 위안, 안녕, 지위, 만족에 관심)

리더십 행동이론의 주요 연구

2. 미시간 대학교(university of Michigan) 연구

- 오하이오 주립대학 연구와 비슷한 시기에 행해짐
- 연구의 초점: 리더행동, 집단과정, 집단성과와의 관계성 파악(효과적 리더와 비효과적 리더의 구분을 위해 집단의 생산성을 객관적으로 측정할 수 있는 변수 사용)

<리더의 유형>

① 직무중심적 리더: 집단의 과업 달성에 초점, 생산방법과 절차 등 세부사항에 관심 집중, 공식적 권한과 권력에 의존하여 부하를 감독하는 유형(구성원은 집단 목표를 달성하기 위한 수단으로 생각)

② 종업원중심적 리더: 부하와의 관계 중시, 권한 위임, 지원적 업무환경 조성, 부하에 대한 배려(대인관계 강조 및 구성원의 개인차 인정)

- 1차 연구 결과 vs. 2차 연구 결과
- 일반적으로 종업원 중심적 리더에 대한 높은 만족도와 높은 생산성 보임

리더십 행동이론의 주요 연구

3. Blake와 mouton의 managerial grid 연구

- 1964년대 '사람을 위한 관심' 과 '생산을 위한 관심' 을 양 축으로 하는 관리자 격자 이론 제시: 후일 리더십그리드(leadership grid)로 변경
- 오하이오 주립대와 미시간대 연구를 발전시킨 개념으로 리더십 개발/훈련의 지침

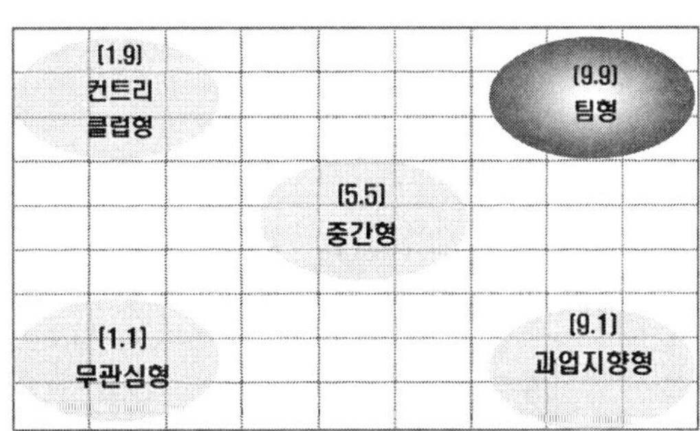

- 사람과 성과 모두에게 최고의 관심을 기울이는 팀형 리더가 되어라!

PM이론 연구모형

- 일본의 미스미쥬지가 개발한 리더십 훈련 프로그램으로 집단에는 성과지향 기능과 유지지향 기능이 있는데 리더는 두 가지 기능을 모두 수행해야 함을 전제

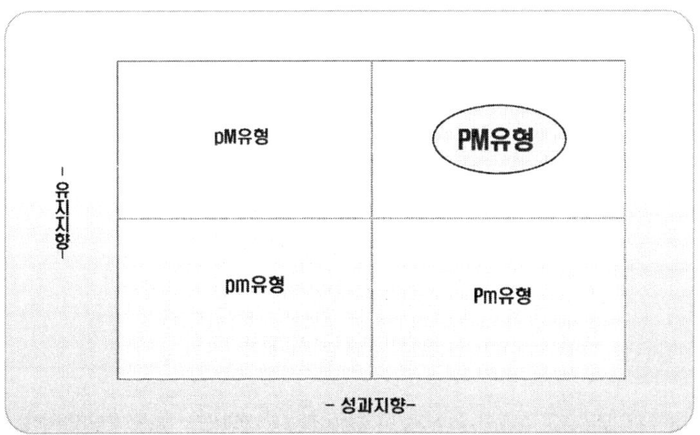

- P: Performance Orientation(성과지향 : 목표 달성을 위한 지시 및 지도)
- M: maintenance Orientation(유지지향: 원활한 인간관계를 위한 배려 및 지원)

LBDQ 측정

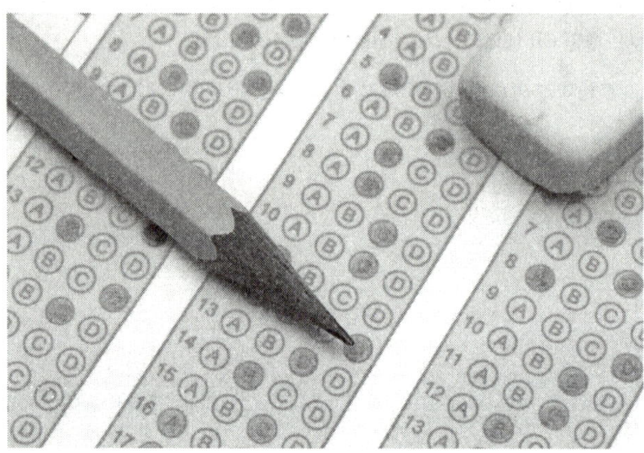

LBDQ 해석

- **홀수문항들의 점수 합산: 과업지향성**
- **짝수문항들의 점수 합산: 관계지향성**

① **45~50: 매우 높은 범주**

② **40~44: 높은 범주**

③ **35~39: 중간 정도의 높은 범주**

④ **30~34: 중간 정도의 낮은 범주**

⑤ **25~29: 낮은 범주**

⑥ **20~24: 매우 낮은 범주**

※ 만일 본인의 과업행동 점수가 43이고, 관계행동점수가 26이면 '높은 과업지향성을 보이고 낮은 관계지향성을 보이는 과업지향적 리더' 라고 해석

 Discussion

나의 Role Model

1. 내가 생각하는 가장 바람직한 Role Model은?
2. Role Model의 행동상의 특징은?
3. Role model이 현재 나의 생각과 행동에 미친 영향은?

제6장

리더십 상황적합이론 (Contingency Theory)

1. 리더십 상황적합이론의 개요
2. 리더십 상황적합이론의 시사점
3. 리더십 진단

제6장 리더십 상황적합이론 (Contingency Theory)

1 … 리더십 상황적합이론의 개요

1940년대부터 1960년대까지 진행된 리더십 특성연구와 행동연구는 조직의 효과성에 영향을 미치는 뛰어난 리더의 보편타당한 특성과 행동을 파악하고자 노력하였음에도 불구하고 수많은 실증연구를 통해 '어떠한 상황에서도 효과적인 리더의 특성이나 행동은 존재하지 않으며, 리더십의 효과성은 여러 상황적 요인에 따라 달라진다'는 사실을 확인했을 뿐이다. 이에 1960년대 후반부터 리더십 연구의 초점은 '리더십의 효과성은 리더와 상황변인 간의 적합성에 달려있다'는 전제하에 리더의 특성(또는 행동)과 상황변인과의 적합성 규명을 목적으로 하는 '리더십상황이론'에 맞추게 된다.

리더의 특성(또는 행동)과 상황변인과의 상관관계를 규명하고자 실시된 리더십 상황이론 중 가장 대표적인 연구는 Fiedler(피들러)의 '상황적합이론(contingency theory),' Hersey(허시)와 Blanchard(블랜차드)의 '상황대응이론(situational leadership),' House(하우스)의 '경로-목표이론(path-goal theory)'이 있다. 3개의 리더십상황이론은 '리더십의 효과성은 상황적 요인에 의해 상이하다'는 동일한 전제를 가지고 출발함에도 불구하고 연구 관점에서 상당한 차이점을 보이고 있는데 특히, Fiedler의 상황적합이론은 리더의 행동과 상황변인 간의 적합성 규명에 초점을 맞추고 있는 Hersey와 Blanchard의 상황대응이론 및 House의 경로-목표이론과는 달리 리더의 특성과 상황변인 간의 적합성 규명에 초점을 맞추고 있다.

1964년 제시된 Fiedler의 상황적합이론은 상황적 변인을 고려한 리더십이론으로서 1950년 초부터 십여 년간 다양한 집단의 리더들을 대상으로 체계적인 실증적 연구를 수행함으로써 리더십 상황이론 중 가장 인정받고 있는 리더십이론으로서 리더십상황이론의 개념적 틀을 확립하였다. 특히, Fiedler는 리더의 특성과 상황변인 간의 적합성을 측정하기 위해 LPC(Least Preferred Co-worker) 척도를 개발하여 리더의 특성을 분석하였는데 연구결과에 의하면 리더십 과정에 영향을 미치는 주요요인은 리더-구성원 관계(leader-member relation), 과업구조(task-structure), 리더의 지위권력(position power) 등의 세 가지 요소가 있으며 리더십의 효과성은 이 세 가지 상황변수들의 조합에 의해 결정된다. 또한 리더의 행동이 아닌 특성에 초점을 맞춘 Fiedler의 연구결과에 의하면 개인의 특성은 쉽게 변화하기 어렵기 때문에 조직 효과성의 제고를 위해서는 리더의 특성과 부합되는 상황에 리더를 배치하는 것이 가장 중요하다고 한다.

1) 리더-구성원 관계

'리더-구성원 관계'는 집단의 분위기, 리더에 대한 구성원들의 호감 및 신뢰, 충성도 등의 정도를 가리킨다. Fiedler에 의하면 리더십의 효과성에 영향을 미치는 세 가지 상황변수들 중 가장 중요한 구성요소는 '리더-구성원 관계'이며 리더-구성원 관계, 과업구조, 리더의 직위권력 등 세 가지 상황변수 각각의 가중치는 4:2:1이라고 규정하였다.

2) 과업구조

과업구조는 조직 구성원에게 주어진 과업의 내용 및 수행 절차에 대한 명확성의 정도를 가리키는 것으로서 명확하고 체계화된 과업은 과업구조가 높고, 모호하고 불분명한 과업은 과업구조가 낮다. Fiedler의 연구에 의하면 과업구조는 ① 과업상의 요구가 분명하게 기술되어 있어서 구성원들이 과업내용을 명확하게 이해하고 있을 경우, ② 과업달성의 방법이 분명하게 제시될 경우, ③ 과업의 완성 여부를 객관적으로 쉽게 확인할 수 있는 경우에 높다.

3) 지위 권력

지위권력은 리더가 자신의 지위로 인하여 구성원들을 보상하고 처벌할 수 있는 권한의 양(the amount of authority)을 가리키는 말이다. 리더의 지위권력은 일반적으로 합법적 권력(legitimate Power)을 포함하는데 리더가 구성원들을 자율적으로 보상하고 처벌할 수 있는 권한을 가지고 있을 경우 강한 지위권력이라고 하고, 구성원들에 대한 보상 및 처벌권을 가지고 있지 않을 경우에는 약한 지위권력이라고 한다.

Fiedler는 이상과 같이 리더십의 효과성에 영향을 미치는 상황변인들을 세 가지로 분류하고, 세 가지 상황변인들을 다시 각각 이등분하고 이들을 조합함으로써 총 여덟 개의 상황을 제시하였는데 상황 1번에서 상황 8번까지 각각의 상황이 리더십 발휘에 미치는 영향의 정도를 '상황의 유리성(favorableness of the situation)'이라고 명명하였다.

〈리더십 상황적합 모델〉

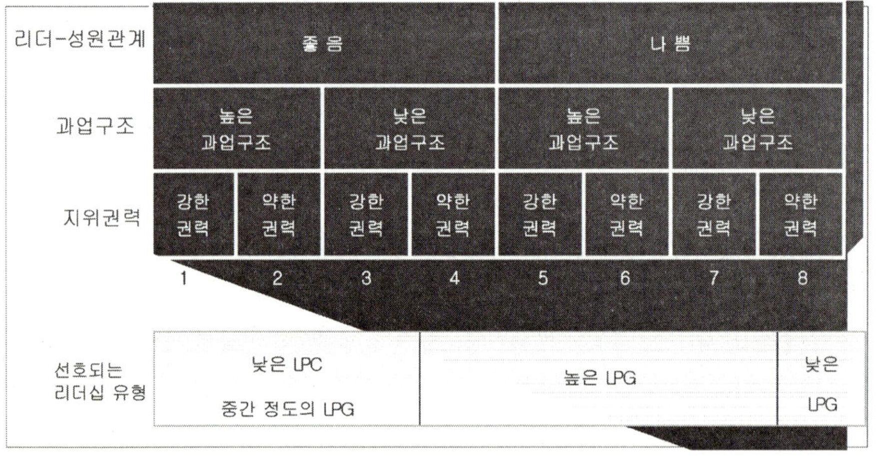

Fiedler에 의하면 '유리성이 가장 높은 상황(most favorable situation)'은 리더-구성원의 관계가 좋고, 과업구조가 높으며, 지위권력이 강한 리더십상황으로 상황 1번이다. 그리고 '가장 유리하지 않는 상황(least favorable situation)'은 상황 8

번으로 리더-구성원의 관계가 나쁘고, 과업구조가 낮으며, 리더의 지위권력이 낮은 상황이다. 즉, Fiedler의 리더십상황적합 이론에 따르면 리더와 구성원간의 관계가 양호하고, 과업의 구조화 정도가 높으며, 리더가 실질적인 직위 권력을 갖고 있을 경우가 리더에게 가장 유리한 상황이 되고 리더 구성원의 관계가 나쁘고, 과업의 구조화 정도가 낮으며, 리더가 직위권력을 갖고 있지 못할 경우는 리더에게 가장 불리한 상황이 된다. Fiedler는 일반적으로 상황 1번과 2번 그리고 3번은 리더에게 유리한 상황이고, 상황 8번은 불리한 상황이며, 상황 4번과 5번 그리고 6번과 7번은 중간정도의 유리한 상황이라고 설명하였다.

또한, Fiedler는 각 상황에서 효과적인 리더십유형을 설명하였는데 그에 의하면 리더십 발휘가 유리한 상황(1번, 2번, 3번)에서는 과업지향적 리더(낮은 LPC)와 사회독립적 리더(중간 LPC)가 효과적이고, 불리한 상황(8번)에서는 과업지향적인 리더(낮은 LPC)가 효과적이며, 중간정도로 유리한 상황(4번, 5번, 6번, 7번)에는 관계지향저인 리더(높은 LPC)가 보다 효과적임을 강조하였다.

2 … 리더십 상황적합이론의 시사점

리더십 상황적합이론은 '리더십 효과성의 제고를 위해서는 리더의 특성과 조직의 상황변인들을 적절하게 조화시켜야 한다'는 것을 전제로 LPC 척도를 사용하여 리더의 특성을 측정함으로써 리더십 상황이론의 기본틀(framework)을 제공하였다. Fiedler에 의하면 리더가 '가장 함께 일하기 싫은 동료'에 대해 파악하고, 그의 특성에 대해 기술하는 방식은 곧 리더의 특성을 말해준다고 한다. 하지만 LPC척도가 리더 자신에 대한 평가가 아니라, 리더가 '자신이 함께 일하기 싫은 동료'의 특성을 평가하게 함으로써 측정도구로서의 신뢰성에 몇 가지 모순점을 가지게 된다. 특히, LPC 척도는 리더의 리더십을 측정하는데 있어 자신이 아닌 타인의 특성에 대한 지각을 측정하게 하고 그를 통해 자신의 리더십 유형을 결정하는 과정에 대한 설명력이 부족하다는 단점으로 제기된다. 또한, LPC 측정도구와 리더의 리더십십 행동유형과의 연관성이 불명확하고, 세 가지 상황변수들의 선정과정에 대한 설명도 충분하지 않다는 것이 리더십상황적합이론이 가지고 있는 한계점으로 가장 빈번히 지적되고 있다. 또한, LPC 척도를 사용함에 있어 '가장 함께 일하기 싫은 동료'에 대한 설명이 불명확하기 때문에 '가장 같이 일하기 싫은 동료'와 '가장 싫어하는 동료'를 혼동하는 경우가 많으며 세 가지 상황변수(리더-구성원 관계, 과업구조, 지위권력)들의 측정을 위해 각기 다른 측정도구를 사용해야 하는데 그 과정의 복잡성으로 인해 LPC 척도의 사용이 상당히 번거로운 것이 사실이다. 이런 이유로 리더십훈련현장에서 LPC 척도는 자주 사용되지 않는 경향이 있다.

상황적합이론이 제시하는 리더십 효과성의 제고방안 역시 조직상황에 적용하기에는 많은 어려움이 있다. Fiedler는 리더십 효과성의 제고를 위해서는 리더십 개발이나 훈련보다는 리더의 행동유형에 맞게 조직상황을 변화시키는 '상황 엔지니어링(situational engineering)이 보다 효과적이라고 주장하는데, 현실적으로 볼 때 승진, 직무순환, 직무확대 등 리더의 역할변화가 빈번하게 일어나는 오늘날의 기업환경에서 리더의 리더십유형에 맞춰 조직상황을 변화시킨다는 것은 거의 불가능한 일이고 Fiedler 역시 상황 엔지니어링을 어떻게 시도할 것인지에 대해 명확하게 설명하지 못함으로써 실천적 리더십이론으로서는 많은 한계점을 가지게 된다. 또한, Fiedler는 유리성이 높은 상황과 낮은 상황에서는 과업지향적 리더십이 효과적이고, 중간 정도 유리한 상황에서는 관계지향적 리더십이 보다 효과적이라고 주장하였지만 그 이유에 대한 설명이 불충분하다는 것도 또 다른 한계점으로 지적된다.

하지만, 상황적합이론의 경우 '모든 상황에서 효과적인 리더십 유형은 없으며, 리더가 자신의 리더십이 주어진 상황과 잘 조화될 경우 효과적인 리더십을 발휘하지만 그렇지 못할 경우 리더십의 효과성을 훼손시켜 조직의 목표달성에 지장을 초래한다'는 가정을 수많은 실증연구를 통해 검증하였다는 것에 있어서 학술적 의미가 큰 연구이다. 즉, 리더십 상황적합 이론은 오랜 기간에 걸쳐 축적된 방대한 연구결과들로 인해 LPC 척도가 갖는 많은 한계점에도 불구하고 학문적 연구로서의 타당성과 신뢰성을 인정받고 있는 것이다.

마지막으로 리더십상황적합이론의 가장 큰 의의는 조직의 HR 담당자에게 주어진 상황에서 가장 효과적인 리더십행동유형에 대한 유용한 정보를 제공해 줌으로써 특정 리더십유형을 가진 리더가 특정 조직 상황에서 배치되었을 경우 효과적인 리더십을 발휘할 수 있을지의 여부를 예측할 수 있게 하기 때문에 조직의 HR 담당자로 하여금 인력 배치의 중요성을 일깨워주는 것에 있다. '모든 상황에 적합한 리더십유형은 없으며, 효과적인 리더십 발휘를 위해서는 주어진 상황을 변화시켜야 한다'는 상황적합이론의 주장으로 인해 조직의 HR 담당자들은 인력배치의 중요성을 인식하고 리더의 행동유형과 상황변수가 적합되지 않을 경우 상황변인을 변경시키거나 다른 상황(그 리더의 리더십유형과 적합되는 상황)으로 리더를 이동시켜야 한다는 책임을 느끼게 되고 우수한 인재를 최적의 상황에 배치시키고자 노력하게 되는 효과가 있는 것은 사실이다.

3 … 리더십 진단

리더십 상황적합이론에서는 리더의 특성을 측정하기 위해 LPC 척도를 사용하고 있다. LPC의 측정 방법은 자신의 조직 경험에서 '가장 함께 일하기 싫은 동료'를 떠올린 후, LPC 설문지에서 주어진 18문항이 '가장 함께 일하기 싫은 동료'의 특성을 얼마나 잘 표현하고 있는지에 대해 8점 척도로 평가하는 것이다.

LPC척도는 각 문항의 합산 점수에 따라 리더의 특성을 과업지향적 리더(task-oriented style)와 관계지향적 리더(realtionship-oriented style), 그리고 사회독립적 리더로 분류하는데 LPC 점수가 낮은 경우는 과업지향적 리더이고, 중간인 경우 사회독립적 리더이며. 높은 경우에는 관계지향적 리더이다. Fiedler에 따르면 과업지향적 리더는 '가장 함께 일하기 싫은 동료'에 대해 부정적이고 비판적인 평가를 하는 경향을 가지고 있으며, 사회독립적 리더는 '가장 함께 일하기 싫은 동료'에 대해서 중간정도의 평가를 하며, 관계지향적 리더는 '가장 함께 일하기 싫은 동료'에 대해서도 긍정적인 평가를 하는 경향을 가진다.

〈LPC 척도 : Least Preferred Co-worker Scale〉

■ 지금까지 함께 일한 동료들 중 가장 함께 일하기 어렵고 불유쾌했었던 사람을 생각하고 다음의 측정 기준에 따라 각 설문 문항에 답하시오.

(다음)

① : 전혀 그렇지 않다 ② : 상당히 그렇지 않다 ③ : 꽤 그렇지 않다
④ : 약간 그렇지 않다 ⑤ : 약간 그렇다 ⑥ : 꽤 그렇다
⑦ : 상당히 그렇다 ⑧ : 매우 그렇다

평가 기준			점수
쾌활한	8 7 6 5 4 3 2 1	쾌활하지 못한	
친절하고 다정한	8 7 6 5 4 3 2 1	불친절하고 다정하지못한	
거부적인	1 2 3 4 5 6 7 8	수용적인	
긴장하고 있는	1 2 3 4 5 6 7 8	긴장을 풀고 여유있는	
거리를 두는	1 2 3 4 5 6 7 8	친근한	
냉담한 사람	1 2 3 4 5 6 7 8	다정한	
지원적인	8 7 6 5 4 3 2 1	적대적인	
따분해 하는	1 2 3 4 5 6 7 8	흥미가 있어 하는	
싸우기 좋아하는	1 2 3 4 5 6 7 8	화목하고 잘 조화하는	
우울한	1 2 3 4 5 6 7 8	늘 즐거워하는	
서슴지 않고 개방적인	8 7 6 5 4 3 2 1	주저하고 폐쇄적인	
험담을 잘 하는	1 2 3 4 5 6 7 8	너그럽고 관대한	
신뢰할 수 없는	1 2 3 4 5 6 7 8	신뢰할 만한	
사려 깊은	8 7 6 5 4 3 2 1	사려 깊지 못한	
심술궂고 비열한	1 2 3 4 5 6 7 8	점잖고 신사적인	
마음에 맞는	8 7 6 5 4 3 2 1	마음에 맞지 않는	
성실하지 않은	1 2 3 4 5 6 7 8	성실한	
친절한	8 7 6 5 4 3 2 1	불친절한	
총점 ( )			

LPC 점수는 18점에서 144점까지 분포되는데 점수의 해석은 다음과 같다.

① 57점 이하 : 낮은 LPC로 과업지향적 리더이다.

② 58점~63점 : 중간 정도의 LPC로 사회독립적 리더이다.

③ 64점 이상 : 높은 LPC로 관계지향적 리더이다.

Working Manual

상황이론

1. 리더십 특성이론 및 행동이론의 공통점: 조직의 효과성을 제고하는데 적합한 이상적 리더십 유형이나 행동을 발견하려는 시도

2. 리더십 상황이론: 특성이론과 행동이론의 실패로 인하여 어떤 상황에서도 효과적인 리더십 유형을 찾는 것을 포기하고, 리더십의 효과성과 유효성을 리더가 처한 상황과 연결시키고자 노력

3. 상황이론의 대전제: 리더가 구성원에게 주는 영향력이나 효과는 상황에 따라 상이하다(또는, 상이한 상황은 상이한 유형의 리더십을 요구한다)

4. 리더십 상황이론은 리더의 특성이나 행동유형이 구성원과 조직에 미치는 영향을 조절해주는 변수들을 파악하여 상황적합 관계를 설명하는 이론(그러므로, 리더십 상황이론에서는 리더의 특성이나 행동의 영향력을 증감시키는 상황조절변수의 파악이 중요)

5. 주요 상황이론으로는 ① 상황적합이론, ② 상황대응 이론, ③ 경로-목표 이론 등

상황조절변수

- 상황조절변수(situational moderator vaariable)란 리더의 특성이나 행동의 영향력을 증감시키는 변수를 의미

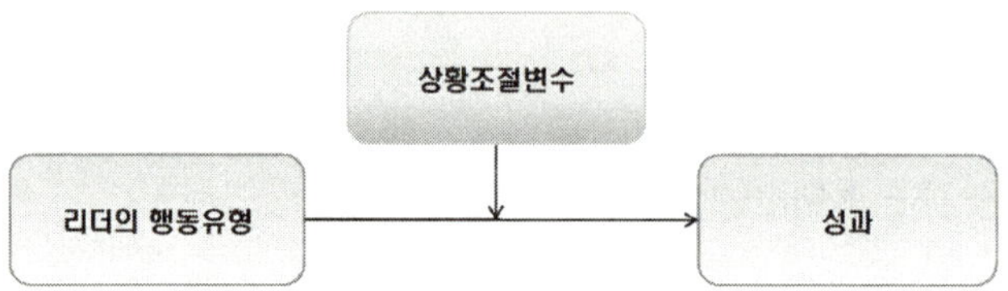

<대표적 상황조절변수>

1. 리더 및 구성원의 행동특성: 성격, 욕구, 동기, 경험, 강화작용 등
2. 집단 및 과업특성: 과업의 구체성과 명확성, 집단의 규범, 구성원 간의 응집력 등
3. 조직차원의 요소: 리더의 권력기반, 조직구조, 조직문화, 의사결정 체계 등
4. 리더-구성원 간의 관계

리더십의 상황조절 변수

- L = f (T · F · S) : 리더십이란 리더의 자질(trait)과, 부하(Followers), 상황요인(Situation)들의 함수관계이다

[리더십 구성요소]

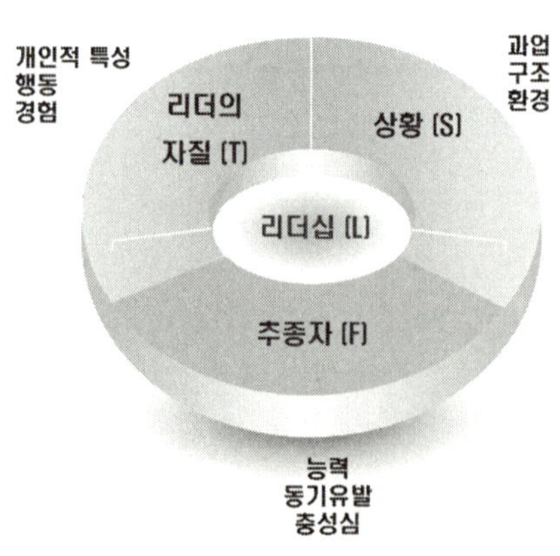

1. Fiedler 의 상황적합이론(1964)

1. Fiedler의 Contingency theory(또는, leader-match theory)가 대표적: 리더가 자신의 리더십을 상황에 적합시켜야 함을 의미
2. 1950년대 초, 동료 작업자에 대한 리더의 자각이 리더십 유효성과 관련이 있음을 인식하고 LPC척도를 사용하여 이를 측정하고자 시도: 이후 10여년의 연구를 거쳐 상황적합이론 완성
3. Fiedler연구의 성과: 리더십 유형과 상황변인들을 효과적으로 적합시키는 틀 제공
4. 상황적합이론의 전제: 집단의 성과는 리더십 유형과 상황의 호의성 간의 상호작용의 결과이며 이에 따라 리더십의 효과성이 결정됨
5. 리더십 유형 측정을 위해 성격측정 도구인 LPC(Least Preferred Co-worker) 개발

2. 리더십 유형

- LPC(Least Preferred Co-worker scale): 가장 함께 일하고 싶지 않은 동료를 생각하고 그에 관하여 18개 항목 평가
- 리더십 유형: 과업지향적 리더, 관계지향적 리더, 사회독립적 리더

<리더 유형별 특징>

1. 과업지향적 리더: 가장 일하고 싶지 않은 동료에 대해 가혹한 평가를 내리는 경향
2. 관계지향적 리더: 가장 일하고 싶지 않은 동료에 대해 관대한 평가를 내리는 경향
3. 사회독립적 리더: 중간 정도의 평가

<LPC 척도의 특징>

- ❖ 성격측정으로 시간이 지나도 쉽게 변하지 않는 경향이 있음
- ❖ 낮은 LPC와 높은 LPC의 효과성은? 상황에 따라 다름(즉, 특정상황에서는 과업지향적 리더가, 다른 상황에서는 관계지향적 리더가 효과적일 수 있음)

2. 상황변수

1. Fiedler 상황이론: 조직상황이 리더에게 호의적인지 비호의적인지에 따라 리더십 효과성이 좌우됨
2. 리더에게 호의적, 비호의적 상황은 리더-구성원관계, 과업구조, 리더의 지위권력에 따라 결정됨

<상황변수의 정의>

상황변수	정의
리더-구성원 관계	집단분위기, 리더에 대한 신뢰 정도, 호감도, 충성도
과업구조	과업내용의 명확도, 수행절차의 공식화, 구조화 정도
지위권력	구성원의 고용, 해고, 징계, 승진, 임금결정 등에 미치는 리더의 영향력

상황적합 이론

- 리더-성원관계, 과업구조, 지위권력의 상황에 따라 보다 효과적인 리더를 배치하라!
- 리더십유형이 상황에 맞지 않을 경우 리더가 처한 상황을 변화시켜라!

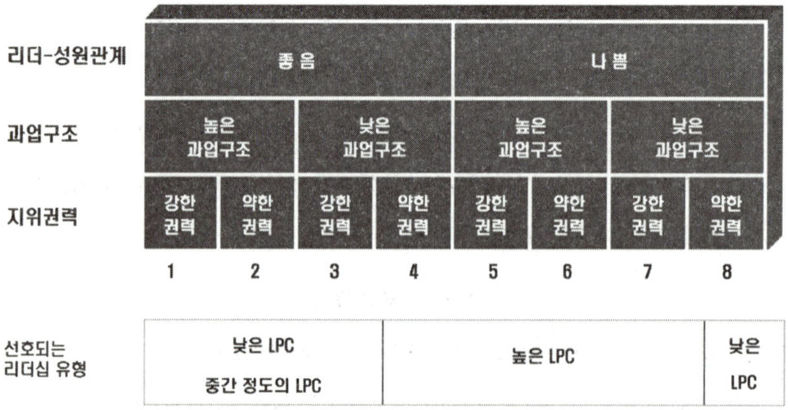

리더-성원관계	좋음				나쁨			
과업구조	높은 과업구조		낮은 과업구조		높은 과업구조		낮은 과업구조	
지위권력	강한 권력	약한 권력	강한 권력	약한 권력	강한 권력	약한 권력	강한 권력	약한 권력
	1	2	3	4	5	6	7	8
선호되는 리더십 유형	낮은 LPC 중간 정도의 LPC		높은 LPC					낮은 LPC

리더십 Tip: 이순신과 징기스칸

http://www.youtube.com/watch?v=yz0ulvMGav8&feature=related http://www.youtube.com/watch?v=GfMlPosFXqE

상황적합이론의 특성

<상황적합이론의 강점>

1. 상황이 리더에 미치는 영향을 강조한 최초의 이론
2. 수많은 실증연구
3. 모든 상황에 효과적인 리더가 없음을 강조하고 각 상황에 맞는 리더십의 효과성을 예측하고 관리할 수 있게 함
4. 리더십 효과성 제고 방법을 제시함

<상황적합이론의 한계점>

1. LPC척도의 표면 타당성과 실행 가능성에 대한 의문: "측정치가 측정하는 것을 정확히 측정하고 있나?"
2. 세가지 상황변수 측정과 상황 분석에 있어서 주관성 배제가 어려움
3. 상황엔지니어링의 어려움

LPC척도

쾌활한	8 7 6 5 4 3 2 1	쾌활하지 못한
친절하고 다정한	8 7 6 5 4 3 2 1	불친절하고 다정하지못한
거부적인	1 2 3 4 5 6 7 8	수용적인
긴장하고 있는	1 2 3 4 5 6 7 8	긴장을 풀고 여유있는
거리를 두는	1 2 3 4 5 6 7 8	친근한
냉담한 사람	1 2 3 4 5 6 7 8	다정한
지원적인	8 7 6 5 4 3 2 1	적대적인
따분해 하는	1 2 3 4 5 6 7 8	흥미가 있어 하는
싸우기 좋아하는	1 2 3 4 5 6 7 8	화목하고 잘 조화하는
우울한	1 2 3 4 5 6 7 8	늘 즐거워하는
서슴지 않고 개방적인	8 7 6 5 4 3 2 1	주저하고 폐쇄적인
험담을 잘 하는	1 2 3 4 5 6 7 8	너그럽고 관대한
신뢰할 수 없는	1 2 3 4 5 6 7 8	신뢰할 만한
사려 깊은	8 7 6 5 4 3 2 1	사려 깊지 못한
심술궂고 비열한	1 2 3 4 5 6 7 8	점잖고 신사적인
마음에 맞는	8 7 6 5 4 3 2 1	마음에 맞지 않는
성실하지 않은	1 2 3 4 5 6 7 8	성실한

LPC점수의 해석

- **LPC 점수는 18점에서 144점까지 분포되는데 점수의 해석은 다음과 같다.**

① 57점 이하: 낮은 LPC로 과업지향적 리더이다.

② 58점~63점: 중간 정도의 LPC로 사회독립적 리더이다.

③ 64점 이상: 높은 LPC로 관계지향적 리더이다.

Discussion

나는 누구인가?

1. "나는 ---한 사람입니다"

2. "나는 ---한 사람이 되고 싶습니다"

제7장

리더십 상황대응이론 (Situational Leadership Theory)

1. 리더십 상황대응이론의 개요
2. 리더십 상황대응이론의 시사점
3. 리더십 진단

제7장 리더십 상황대응이론

Situational Leadership

1 … 리더십 상황대응이론의 개요

리더십 상황대응이론(The Situational Leadership Theory)은 기업의 리더십훈련과 개발에 가장 많이 활용되고 있는 리더십 이론 중 하나로 1969년 Hersey(허시)와 Blanchard(블랜차드)에 의해 개발되었다. Hersey와 Blanchard는 Reddin(레딘)의 3-D 관리유형이론(3-D management style theory)을 기반으로 리더십 상황대응이론을 제시하였는데, '상이한 상황은 상이한 유형의 리더십을 필요로 한다(different situations demand different kinds of leadership)'는 전제를 기본으로 하고 있다. Reddin의 3-D 관리유형이론은 기존의 관계성 차원과 과업 차원에 효과성 차원을 추가시킨 개념으로 효과성 차원이란 리더십이 발휘되는 리더의 조직환경을 의미한다.

리더십 상황대응이론은 효과적인 리더십발휘를 위해서는 다양한 조직 상황에 맞춰 개인의 리더십 유형을 적절하게 변경시켜야하는데, 리더십 상황대응이론이 제시하는 리더십 유형은 크게 지시적 차원(directive dimension)과 지원적 차원(supportive dimension)으로 나누어진다. 또한, 리더십 상황대응이론은 리더의 리더십 유형은 하위자의 유능성(competence)과 헌신성(committment)의 정도에 따라 결정하여야 한다고 주장한다. 리더십 상황대응이론에 의하면 하위자의 유능성과 헌신성은 시간의 경과와 함께 변화되기 때문에 리더십의 효과성 제고를 위해서는 하위자들의 유능성과 헌신성의 수준에 맞춰 리더의 지시적 행동의 정도 및 지원적 행동의 정도를 적절히 변화시켜 나가야 한다는 것이다. 따라서 리더십상황대응이론에서 제시하는 유능한 리더는 하위자의 유능성과 헌신성의 수준에 맞춰 자신의 리더십행동유형을 적절히 변화시키는 나가는 리더이다.

리더십 상황대응이론의 연구모형은 1969년에 처음 발표된 이후 수차례의 수정・보완 작업을 거쳐 1985년에 Situational Leadership Ⅱ(SLⅡ) 모형으로 확대・개선된 후 오늘날까지 리더십개발훈련 현장에서 가장 광범위하게 활용되고 있다. 리더십 상황대응이론의 연구모형에 따르면 리더십의 효과성에 영향을 미치는 주요 구성요소는 리더의 리더십유형(leadership style)과 하위자의 발달수준(development level of subordinates)으로 각각에 대한 설명은 다음과 같다.

1) 리더의 리더십 유형

리더의 리더십 유형은 크게 지시적(과업) 행동과 지원적(관계성) 행동으로 나눌 수 있는데 지시저 행동은 목표를 설정하고, 업무 지시를 히며, 업무성과를 평가하는 방법을 강구하고, 근무시간 및 작업시간 등을 설정하며, 하위자들의 역할을 설정하고, 목표달성의 방법을 가르쳐주는 등 과업달성과 관련된 리더 의 행동을 의미한다. 일반적으로 지시적 유형이 하위자에게 조직 목표를 달성하기 위해서는 어떤 업무를, 어떤 방법을 통해, 그리고 어떻게 수행하여야 하는지 등에 대해 일방적으로 의사소통(one-way communication) 하는 것에 반해 지원적 유형은 하위자들로 하여금 자신의 업무는 물론 업무환경 및 동료들에 대해서도 만족을 느낄 수 있도록 사회적 지원(social support)과 정서적 지원(emotional support)을 제공하는 하는 유형이다. 일반적으로 지원적 행동은 쌍방향의 의사소통(two-way communication) 방법을 통해 리더와 구성원 간의 원활한 의사소통이 이루어지며 하위자들에게 문제해결을 위한 의견이나 아이디어의 창출을 요청하거나 이를 수렴하며, 중요한 정보의 공유, 적극적인 경청 및 칭찬 등을 통해 구성원들의 자발적인 업무수행을 독려한다.

리더십 상황대응이론에서는 리더의 지시적 행동과 지원적 행동의 정도에 따라 이를 조합하여 다음의 네 가지 범주로 리더십 유형을 분류하고 있다.

① **지시적(S1) 리더**(sirecting style) : '높은 지시적-낮은 지원적 행동'의 리더로서 조직의 목표달성을 강조하고 하위자들의 작업 활동 감독 등에 관

심의 초점을 맞춘다. 지시형 리더의 경우 대부분의 의사소통은 목표달성에 관한 일방적인 지시이다.

② **코치형(S2) 리더**(coaching style) : '높은 지시적-높은 지원적 행동'의 리더로서 관심의 초점이 조직의 목표달성과 하위자에 대한 사회적 · 정서적 지원 모두에 맞추어져 있다. 일반적으로 코치형 리더는 의사결정을 할 경우 하위자들의 참여와 아이디어 제출을 독려하고, 팀 정신을 강조하며, 하위자들의 의견을 수렴하기 위해 노력하지만 최종 결정은 본인이 내리는 경우가 많다.

③ **지원적(S3) 리더**(supporting style) : '높은 지원적- 낮은 지시적 행동'의 리더로서 목표달성보다는 하위자들의 동기유발을 중요시 한다. 경청, 칭찬, 인정, 의견 수렴, 피드백의 제공 등을 통해 하위자들이 자신의 능력을 최대한 발휘할 수 있도록 지원한다.

④ **위임적(S4) 리더**(delegating style) : '낮은 지원적- 낮은 지시적 행동'의 리더로서 목표달성이나 하위자에 대한 사회적 · 정서적 지원 등에 관심을 기울이기보다는 하위자의 스스로가 자신감을 갖고, 자율적으로 업무를 수행하며, 목표달성을 위해 동기부여되는 것을 중요시 한다. 세밀한 목표설정, 계획, 그리고 통제 등의 활동을 최소화하고 일단 구성원과의 업무에 대한 합의가 이루어지면 업무 수행방법의 결정 및 업무완성의 책임 등을 모두 하위자들에게 위임하고 가능한 작업상황에 개입하는 것을 삼가 한다.

참고

권한 위임

리더의 권한위임은 조직 구성원에게 새로운 일을 할당하고 이를 수행하기 위한 공식적인 책임과 권한을 부여하는 것을 말한다. 권한위임을 통해 리더는 새로운 과업 및 전략적 활동에 보다 많은 시간을 할애할 수 있고, 구성원들이 가진 잠재력을 발굴함과 동시에 구성원들의 동기수준과 만족도를 높여 줌으로써 궁극적으로는 조직성과 및 효과성을 제고할 수 있다. 하지만 권한 위임으로부터 얻을 수 있는 많은 장점에도 불구하고 다음과 같은 이유로 조직에서 권한위임은 적절하게 이루어지지지 않는다.

(리더가 위임을 하지 않으려는 이유)
- ▸ 자신이 보다 빨리, 보다 정확하게 처리할 수 있다고 믿는다.
- ▸ 구성원들은 아직 충분한 기술과 지식이 없다고 믿는다.
- ▸ 어느 누구에게도 위임해서는 안 되는 일들이 있다고 생각한다.

(구성원이 위임을 받지 않으려는 이유)
- ▸ 업무가 과중해질 것을 우려한다.
- ▸ 업무완수를 위한 능력과 경험이 부족하다고 생각한다.
- ▸ 잘못될 경우 책임 추궁이 두렵다.
- ▸ 일은 늘어나는데 월급은 늘어나지 않는다고 생각한다.

그러므로, 효과적인 권한위임을 위해서는 다음과 같은 사항에 유의해야 한다.

① 얼마만큼 권한을 위임해야 하는지를 결정할 것.
② 구성원들의 동의를 얻을 것
③ 구성원들의 역할과 책임에 대해 정확하게 전달할 것.
④ 구성원들의 업무수행과정을 면밀하게 관찰하고 필요한 지원을 제공할 것.
⑤ 구성원들의 과도한 의존성을 피할 것.

〈리더십 상황대응 모델〉

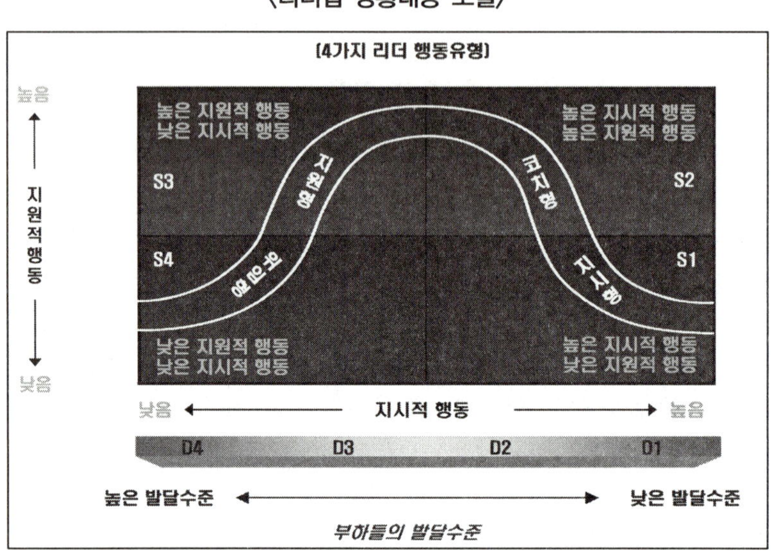

2) 하위자의 발달수준

하위자의 발달수준은 주어진 과업이나 활동을 완성하는 데 필요한 하위자의 유능성 및 헌신성의 정도에 따라 결정된다. 리더십 상황대응이론의 초기 연구는 하위자의 발달 수준을 성숙도(maturity)의 정도로 보고 직무수행능력과 자발성의 조합에 따라 하위자의 발달 수준을 M1, M2, M3, M4 등의 네 가지 수준으로 분류한 것에 반해 후기 연구에서는 이를 D1, D2, D3, D4 등으로 변경하였다. 초기 연구와 후기 연구의 차이점을 살펴보면 다음과 같다.

〈하위자의 발달수준 비교〉

수준	초기연구		후기 연구	
1	M1	비자발적이고 능력이 없음	D1	낮은 유능성과 높은 헌신성
2	M2	자발적이며 능력이 없음	D2	약간의 유능성과 낮은 헌신성
3	M3	비자발적이며 능력이 있음	D3	높은편인 유능성과 낮은 헌신성
4	M4	자발적이며 능력이 있음	D4	높은 유능성과 높은 헌신성

SLII에서는 하위자의 발달수준을 유능성과 헌신성의 조합에 의해 D1, D2, D3, D4 등 네 가지 범주로 분류하는데 D1의 조직구성원이 가장 발달수준이 낮고, D4의 조직구성원이 발달수준이 가장 높다.

① D1 : 이 유형의 하위자는 유능성이 낮은 반면 헌신성은 높다. 즉, 주어진 직무를 수행할 충분한 기술이나 역량을 가지지는 못했지만 열심히 하고자 하는 자발심과 동기유발의 정도는 높은 부류이다.

② D2 : 이 유형의 하위자는 업무를 수행함에 있어 약간의 유능성을 가지고 있지만 헌신성이 부족한 경우이다. D2 유형의 하위자는 조직 점차 적응하고 조금씩 업무 수행 방법을 습득해 나가면서 자신이 수행하는 업무에 대해 약간의 기술이나 역량을 가지지만 업무 초기에 가졌던 도전의식이나 흥미를 많이 상실한 부류이다.

③ D3 : 중간~약간 높은 정도의 유능성(moderate to high competence)을 가지고 있으나 헌신성은 여전히 낮은 경우로, 주어진 업무를 수행하기 위한 기술이나 능력은 어느 정도 습득하고 있으나 업무수행에 대한 자발심과 자신감은 여전히 낮은 부류이다.

④ D4 : 유능성의 정도가 높고 헌신성도 높은 최고의 발달수준을 가지고 있는 부류로서 업무수행을 위한 기술이나 능력도 충분히 가지고 있고 업무를 완성하고자 하는 동기유발의 수준도 높은 유형이다.

리더십 상황대응이론에 의하면, 하위자들의 발달수준은 상황에 따라 높아지기도 하고 낮아지기도 하기 때문에 효과적인 리더십 발휘를 위해서는 하위자들이 발달수준을 정확히 파악하고 하위자의 발달수준에 맞게 자신의 리더십 유형을 유연성있게 변경시켜 나가야 한다. 특히, 유능한 리더가 되기 위해서는 과업의 특성, 하위자가 가지고 있는 기술과 능력, 그리고 의욕의 정도 등을 종합해서 하위자의 발달수준을 정확히 파악하는 것이 중요한데 예를 들면, 하위자의 발달수준이 D1이라면 리더는 지시적 리더십유형(S1)을 선택하여야 하고, 하위자가 D4 수준이라면 위임형(D4) 리더십유형을 선택해야 한다는 것이다.

2 … 리더십 상황이론의 시사점

리더의 리더십 행동이 상황에 따라 달라져야 한다는 리더십 상황대응이론은 개인의 리더십 특성은 쉽게 변하지 않는다는 것을 전제로 하나의 고정된 리더행동유형을 주장하는 리더십 상황접근이론과는 근본 가정에서부터 상당한 차이점이 있다. 특히, 리더의 리더십유형과 주어진 상황이 맞지 않을 경우 주어진 상황을 변화시켜야 한다는 리더십 상황접근이론과 달리 SLII는 리더의 리더십유형을 변화시켜야 한다는 점에서 같은 리더십상황이론임에도 불구하고 리더십 상황대응이론은 리더십 상황적합이론과 상당히 차별화되는 이론이다.

리더십상황대응이론의 장점을 살펴보면 다음과 같다;

① 리더십 상황대응이론은 오늘날 기업의 HR 담당자들에게 가장 유용성을 인정받고 있는 리더십 이론인데 그 원인은 리더십개발과 훈련에 있어서 가장 실제적이고 실천적인 리더십 훈련모델을 제시하고 있기 때문이다. Hersey와 Blanchard에 의하면 포천 500대 기업 중 400개 이상의 기업에서 구성원들의 리더십개발훈련을 위해서 리더십 상황대응이론이 제시하는 리더십훈련 모델을 적용하여 리더십개발 프로그램을 개발하고, 이를 통해 조직의 효과성을 높이는데 상당한 성공을 거두었다고 한다.

② 리더십 상황대응이론은 다른 리더십이론에 비해 상대적으로 이론에 대한 이해가 용이하고 리더십 행동의 측정이 단순하기 때문에 회사, 학교, 가정 등 다양한 조직 상황에서 쉽게 적용할 수 있다.

③ 리더십 상황대응이론에 의하면 효과적인 리더십 발휘를 위해서는 하위자의 특성에 따라 리더십 행동유형을 달리함으로써 하위자로 하여금 보다 나은 업무수행이 가능하게 하도록 그들을 지원하는 것이 무엇보다 중요하다. 리더십 상황대응이론은 바람직한 리더의 행동을 단순히 기술(description) 하는 것에 그치지 않고 각 상황에서 리더가 해야 할 행동과 하지 말아야 할 행동을 처방(prescription)해 주고 있다. 즉, 하위자의 발달수준이 매우 낮을 경우(D1)에는 리더에게 지시적 행동유형을 처방해주고,

매우 높은 경우(D4)에는 위임적 리더행동유형을 처방해 주는 등 구체적인 리더십 개발방안을 제시해 줌으로써 리더십 효과성 제고에 유용한 지침을 제공해 준다.

하지만 리더십 상황대응이론은 앞에서 설명한 다른 리더십 이론과 마찬가지로 실증연구를 통해 그 기본 가정을 학술적으로 검증받지 못했다는 한계점이 있다. 또한 하위자의 발달수준을 유능성과 헌신성의 조합으로 판단했다고 하지만 유능성과 헌신성의 조합에 대해 그 근거를 명확하게 제시하지 못함으로써 하위자의 발달단계의 개념이 모호해지는 문제점을 야기시켰다. 특히, 하위자의 발달단계에 대한 개념이 모호한 것은 헌신성의 개념이 명확하지 못한 점에서 기인하는 바가 크다. 리더십 상황대응이론에 의하면 하위자의 헌신성은 자신감(confidence)과 동기유발(motivation)의 조합으로 이루어지는데 그 조합에 대한 설명 역시 명확하지 않는 실정이다. 특히, 헌신성의 정도가 낮은 수준에서 출발하여 높은 수준으로 가는 연속선상에 있는 것이 아니라 D1에서 높았던 헌신성이 D2와 D3에서는 낮아지고, D4에서 다시 높아지는 것에 대한 명확한 설명이 필요하다는 것이다. 또한, 연구초기의 M1, M2, M3, M4의 분류를 D1, D2, D3, D4 등으로 변경하였는데 그 이론적 근거 역시 정확히 제시하지 못하고 있다.

리더십 상황대응이론은 부하의 발달수준 분류에 대해서 '일반적으로 업무초기의 하위자(D1)들은 충분히 동기유발되어 열심히 노력하지만, 어느 정도 시간이 지나고 반복되는 업무에 대해 실망감이나 타분함을 느끼게 되면 업무에 대한 기술이나 능력은 향상되어도 업무에 대한 권태감은 쉽게 없어지지 않는다(D2, D3). 하지만 상당한 시간이 흘러 자신의 업무수행 능력에 대해 확신이 들고 또 주위로부터 인정받기 시작하면 다시 자신감과 동기유발이 높아지게 된다(D4)'라고 설명한다. 하지만 이와 같은 주장이 설득력을 가지기 위해서는 보다 다양한 인구통계적 변인들을 고려한 실증연구를 통해 그 가정을 학술적으로 검증할 필요가 있다.

리더십 상황대응이론의 마지막 한계점은 효과적인 리더십 발휘를 위해서는 하위자들의 발달수준과 리더의 리더십행동을 적절히 적합시켜야 한다고 주장하지만 그 대상이 리더와 하위자와의 일대일 관계를 의미하는지 아니면 리더와 전체 집단과의 관계를 의미하는 것인지가 분명하지 않다는 점이다. 리더십 상황이론의 후속 연구들 중 이와 같은 의문에 대해 명확한 해답을 제시한 연구는 아직까지 없었다.

3 … 리더십 진단

리더십 상황대응이론에서 대부분의 리더십은 과업과 관련된 12~20개의 상황을 제시하고 응답자들로 하여금 각 상황에 따른 네 가지 유형(리더십 유형) 중 본인이 가장 선호하는 리더십유형을 선택하게 하는 방식을 택하고 있었다. 따라서 리더십 상황대응이론에서는 응답자로 하여금 설문지에 제시된 각 상황을 읽고 하위자들의 발달수준을 파악하도록 하고, 그 발달수준에 맞춰 자신이 선호하는 리더십 유형을 선택하도록 한다. 리더십 상황대응이론에서 리더십의 진단은 응답자가 선택한 리더십유형을 분석함으로써 이루어지는데, 리더십유형의 분석을 통해 응답자의 일차적 리더십 유형과 이차적 리더십 유형을 파악하게 되고 그 선택 범위를 분석함으로써 리더십의 융통성을 측정하게 된다. 즉, 전체 문항에 대해 응답자가 가장 많이 선택한 리더십의 유형이 본인의 일차적 리더십 유형이며 만일 응답자가 각 문항에 관해 다양한 리더십 유형을 선택했다면 리더십의 융통성이 높은 것으로 간주된다는 의미이다. 또한, 응답자의 상황분석 능력과 리더십유형 선택과의 정확도(각 문항에 적합한 리더십 유형을 선택한 빈도수)에 따라 응답자의 리더십 효과성과 상황진단능력을 측정할 수 있는데, 각 문항에서 제시한 상황을 정확히 파악하여 상황에 적합한 리더십형태를 선택한 빈도수가 높다면 리더의 상황판단이 정확한 효과적인 리더라고 할 수 있다.

리더십 상황대응이론에서 리더십 진단은 응답자 스스로가 자신의 리더십유형에 대해 직접 측정할 수 있을 뿐만 아니라 응답자의 상사, 동료, 또는 하위자들로 하여금 같은 상황에서 응답자가 어떻게 행동하는지를 물어봄으로써 응답자의 리더십유형에 대한 주위 사람들의 지각을 측정할 수 있다. 또한, 응답자의 설문결과와 주위의 설문결과를 비교 · 분석함으로써 응답자의 리더십유형에 관한 보다 광범위한 피드백을 제공해 줄 수 있다. 하지만, 진단 설문지가 응답자로 하여금 각 상황에 대해 응답자가 선호하는 리더십 유형을 자유롭게 선택할 수 있는 것이 아니라 이미 리더십 상황대응이론이 제시하고 있는 네 가지의 리더십유형(directing, coaching, supporting, delegating) 중 하나만을 선택하도록 구성되어 있기 때문에 응답자의 선택의 폭이 극히 제한점이라는 단점이 있다.

(리더십 진단 설문지)

■ 아래에 제시된 네 가지의 리더십 상황을 읽고 각 상황에서 하위자의 발달 수준을 분석한 뒤 주어진 보기(A, B, C, D) 중에서 하위자의 발달수준에 가장 적합한 리더십유형을 선택하시오.

〈상황 1〉

현재 당신은 부서 예산상의 문제로 구조조정을 시행하고자 부서의 직원들 중에서 가장 유능하고 경험이 풍부한 직원 한명을 선택하여 그 구조조정의 책임을 맡기려 하고 있다. K씨는 부서의 모든 분야에서 일한 경험이 있고, 모든 스탭 직원들로부터 신뢰와 존경을 받고 있다. 그리고 그는 부서를 돕고자 하는 자발성을 가지고 있으며 아주 기꺼이 구조조정 작업을 맡아 도와줄 것이다. 이런 경우 당신은 어떻게 행동하겠는가?

A. 구조조정 프로젝트의 책임과 수행방법을 전적으로 K에게 맡기고 K가 스스로 알아서 결정하고 시행하도록 한다.
B. K에게 과업을 맡기되 과업수행을 위해 필요한 업무를 상세하게 지시하고 작업의 진행사항을 엄밀하게 감독한다.
C. K에게 과업을 맡기고 필요할 때마다 지원을 제공하고 격려한다.
D. K에게 과업을 맡기고 해야 할 일을 자세하게 지시하되, K의 제안은 적극적으로 반영한다.

■ 하위자의 발달단계 :
■ 바람직한 리더행동 :

〈상황 2〉

최근 당신은 신설된 지역사무소의 소장으로 임명되어 부서의 모든 직원들에 대해 파악하는 중이다. 그런데 부서원들 중 유독 경험이 없는 H가 자기에게 주어진 목표를 달성하지 못하고 있음을 알게 되었다. H가 비록 목표달성에는 실패했지만 자기의 직무에 매우 열성적이고 조직 내에서 남보다 앞서고 싶어 하는 의욕이 강한 직원이라면 당신은 어떻게 할 것인가?

A. H와 상담하여 그와 같은 문제를 해결하기 위한 대안적 방법을 찾아본다.
B. 과업완수를 위해 H가 해야 할 일이 무엇인지를 구체적으로 알려주고 그가 제시한 제안을 수용하여 반영한다.
C. H에게 주어진 과업을 완성하는 데 필요한 업무수행의 단계를 자세하게 지시하고 그의 업무수행을 수시로 감독한다.
D. H에게 노력의 결여를 지적하고 그가 자신의 업무수행을 개선할 수 있도록 보다 많은 시간을 제공한다.

■ 하위자의 발달단계 :
■ 바람직한 리더행동 :

〈상황 3〉

당신은 매우 새롭고 중요한 프로젝트의 수행을 위해 지난 3개월 동안 부서의 직원들이 개인의 역할과 책임을 잘 이해하고 열심히 노력해 왔다는 점을 알고 있다. 그런데 최근 들어 갑작스런 프로젝트의 진행상 차질로 인해 직원들이 실망하고 사기가 떨어지고 있으며 업무수행성적도 저하되고 있다. 어떻게 할 것인가?

A. 직원들의 업무수행을 직접 지도하고, 엄밀하게 감독한다.
B. 직원들에게 좀 더 시간을 주고 진행상의 차질을 만회하도록 하되 진행상황은 때때로 점검한다.
C. 계속해서 직원들이 수행해야 할 과업수행이 무엇인지를 명백히 말해주고 의사결정에 그들을 좀 더 많이 참여시키며 그들의 아이디어를 의사결정에 적극 반영한다.
D. 직원들과 좀 더 많은 접촉을 가지고 진행상의 차질을 만회하려는 그

들의 노력을 격려하고 지원한다.

■ 하위자의 발달단계 :
■ 바람직한 리더행동 :

〈상황 4〉

현재 당신은 판매부서의 부장으로 B에게 새로운 판매캠페인의 책임을 맡기고자 한다. 당신은 여러 경험상 B가 성공적인 업무수행을 해낼 지식과 경험이 있다는 것을 알고 있지만, 그는 자신이 그 같은 일을 해낼 만한 능력이 있는지 매우 불안해하고 있다. 어떻게 할 것인가?

A. 새로운 판매캠페인을 B에게 맡기고 스스로 처리해나가도록 한다.
B. 새로운 과업을 위한 목표를 설정해 주되 B를 의사결정과정에 참여시킨다.
C. B의 관심사를 경청하고 그가 스스로 그 직무를 잘해낼 수 있음을 확신할 수 있도록 지원한다.
D. 새로운 판매캠페인의 내용과 B에게 기대하는 것이 무엇인지를 정확하게 알려주고 그의 업무수행을 엄밀하게 감독한다.

■ 하위자의 발달단계 :
■ 바람직한 리더행동 :

Working Manual

Herseyと Blenchard의 상황대응 이론(1969)

1. Reddin(1967)의 3-D 관리유형에서 유래

   - Situation, Role/demand, Behavior

2. 상황대응 이론의 대전제: 리더십 유형은 부하의 성숙도 정도에 따라 상이해야 함

3. Hersey와 Blenchard에 의해 개발되었으며 '리더십 일생주기이론(life cycle theory of leadership)' → '상황적 리더십이론(Situational Leadership; SL)' 으로 명명

4. 일반적으로 '상황대응 리더십이론,' '성숙도 이론' 등으로 알려짐

5. Blenchard & Blenchard 에 의해 상황대응 리더십이론II(SL II)로 발전: 이 책에서는 SLII 모형을 설명함

리더십 유형

- Situational Leadership II의 구성요소: 리더십 유형, 부하의 발달수준
- 리더십 유형은 오하이오 대학교 연구에서 제시된 과업지향 행동과 관계지향행동의 두 축을 중심으로 지시형, 코치형, 지원형, 위임형 등 네 가지 유형으로 분류

<리더십 유형>

1) 지시형(directing style: S1): 높은 지시-낮은 지원
   - 일방적 의사소통, 목표달성, 목표기준, 작업방법 제시, 작업활동 감독 등에 관심
2) 코치형(coaching approach: S2): 높은 지시-높은 지원
   - 쌍방향 의사소통, 목표달성 및 정서적 지원 모두에 관심
3) 지원형(supporting approach: S3): 낮은 지시-높은 지원
   - 과업행동보다 관계행동에 보다 집중
4) 위임형(delegating approach: S4): 낮은 지시-낮은 지원
   - 불필요한 지원과 지원을 줄이고 부하에게 위임

상황변수

- 상황변수는 부하의 발달수준을 의미함: 초기에는 구성원의 '능력' 과 '의지' 를 기준으로 부하의 발달수준 측정
- SLII모형에서는 '유능성(competence)' 과 '헌신성(commitment)'
- 유능성: 특정 과업을 수행하기 위해 필요한 기술이나 역량을 가지고 있는 정도
- 헌신성: 과업수행을 하는 긍정적 태도와 자신감, 그리고 동기유발 등

<구성원의 발달수준: SLII>

D4	D3	D2	D1
높은 유능성 높은 헌신성	중간~높은 유능성 낮은 헌신성	약간의 유능성 낮은 헌신성	낮은 유능성 높은 헌신성
S4 리더(위임형)	S3 리더(지원형)	S2 리더(코치형)	S1 리더(지시형)

<참고: 초기 연구>

M4	M3	M2	M1
높은 능력 높은 의지	높은 능력 낮은 의지	낮은 능력 높은 의지	낮은 능력 낮은 의지

리더십 상황적 접근법

- 부하사원의 발달 수준에 맞는 리더십을 발휘하라!

[4가지 리더 행동유형]

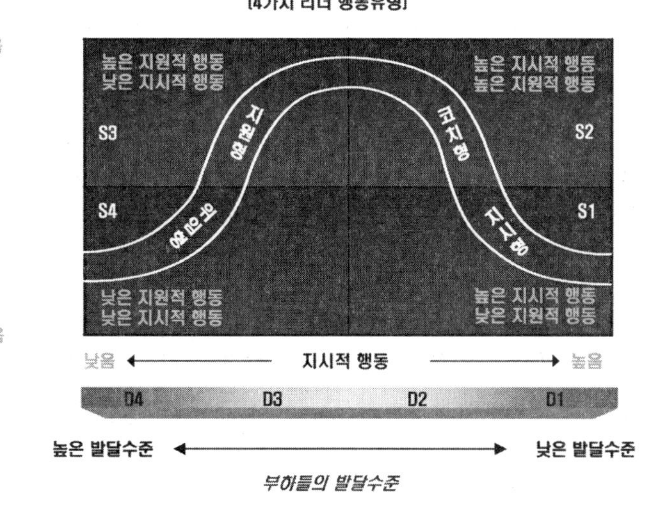

부하들의 발달수준

상황대응 이론의 특성

<강점>

1. 강한 실용성: 다양한 상황에서 쉽게 응용 가능
2. 리더행동의 융통성과 적응성 강조: 리더십개발의 필요성 강조
3. 리더 행동의 처방: 리더십 훈련과 개발의 구체적인 방향 제시

<비판점>

1. 부하사원의 발달수준 분류에 대한 설명 부족
2. 실증연구 부족
3. 리더십유형과 부하사원의 발달수준의 결합에 대한 타당성 부족: 발달수준에 대한 개념 정의의 미진 및 실증연구의 부족이 그 주요 원인
4. 학력, 나이, 성별 등 인구통계적 변수에 대한 고려 부족

SLII 측정 설문지

<상황1>

현재 당신은 부서 예산상의 문제로 구조조정을 시행하고자 부서의 직원들 중에서 가장 유능하고 경험이 풍부한 직원 한명을 선택하여 그 구조조정의 책임을 맡기려 하고 있다. K씨는 부서의 모든 분야에서 일한 경험이 있고, 모든 스탭 직원들로부터 신뢰와 존경을 받고 있다. 그리고 그는 부서를 돕고자 하는 자발성을 가지고 있으며 아주 기꺼이 구조조정 작업을 맡아 도와줄 것이다. 이런 경우 당신은 어떻게 행동하겠는가?

<상황2>

최근 당신은 신설된 지역사무소의 소장으로 임명되어 부서의 모든 직원들에 대해 파악하는 중이다. 그런데 부서원들 중 유독 경험이 없는 H가 자기에게 주어진 목표를 달성하지 못하고 있음을 알게 되었다. H가 비록 목표달성에는 실패했지만 자기의 직무에 매우 열성적이고 조직 내에서 남보다 앞서고 싶어 하는 의욕이 강한 직원이라면 당신은 어떻게 할 것인가?

<상황3>

당신은 매우 새롭고 중요한 프로젝트의 수행을 위해 지난 3개월 동안 부서의 직원들이 개인의 역할과 책임을 잘 이해하고 열심히 노력해 왔다는 점을 알고 있다. 그런데 최근 들어 갑작스런 프로젝트의 진행상 차질로 인해 직원들이 실망하고 사기가 떨어지고 있으며 업무수행성적도 저하되고 있다. 어떻게 할 것인가?

<상황4>

현재 당신은 판매부서의 부장으로 B에게 새로운 판매캠페인의 책임을 맡기고자 한다. 당신은 여러 경험상 B가 성공적인 업무수행을 해낼 지식과 경험이 있다는 것을 알고 있지만, 그는 자신이 그 같은 일을 해낼 만한 능력이 있는지 매우 불안해하고 있다. 어떻게 할 것인가?

SLII 채점 결과 해석

〈상황1〉

- 부하의 발달단계: D4
- 바람직한 리더십 유형: S4(A)

〈상황2〉

- 부하의 발달단계: D1
- 바람직한 리더십 유형: S1(C)

〈상황3〉

- 부하의 발달단계: D2
- 바람직한 리더십 유형: S2(C)

〈상황4〉

- 부하의 발달단계: D3
- 바람직한 리더십 유형: S3(C)

Discussion

리더십 설문지 만들기

1. 팀 별로 부하의 발달 상황을 측정할 수 있는 설문 항목을 각 3개씩 개발하고 평가 기준을 제시한다
2. 2팀이 한 조가 되어 상대방이 개발한 진단도구의 적합성에 대해 피드백을 제공한다

A팀의 리더십 설문 항목		B팀의 피드백
1.	유능성	
2.		
3.		
1.	헌신성	
2.		
3.		

제8장

경로-목표이론 (Path-goal Theory)

1. 경로-목표이론의 개요
2. 경로-목표이론의 시사점
3. 리더십 진단

제8장 경로-목표이론(Path-goal Theory)

1 … 경로-목표이론의 개요

경로-목표이론은 Vroom의 기대이론(expectancy theory)에 기반을 둔 리더십이론으로서 1970년에 Evans(에반스)에 의해 제시되었으며 이후 House(하우스)에 의해 보다 정교한 리더십이론으로 체계화되었다. 경로-목표이론은 구성원들의 동기부여를 가능하게 하는 리더의 행동에 관한 연구로서 '효과적인 동기유발을 통해 구성원들이 주어진 목표를 달성하게 하고, 궁극적으로는 구성원들의 성과와 만족을 증진시키는 것'에 연구의 초점을 맞춘다.

House의 경로-목표이론은 Fiedler의 상황적합이론, Hersey와 Blanchard의 상황대응이론과 함께 리더십 상황이론의 대표적 연구의 하나인데 리더의 특성과 상황변인 간의 적합성 규명에 초점을 둔 Fiedler의 연구 및 리더의 행동과 상황변인간의 적합성 규명에 초점을 두고 있는 Hersey와 Blanchard의 연구와는 달리 리더의 행동유형과 하위자들의 특성 및 과업특성 간의 상관관계에 연구의 초점을 맞추고 있다.

House이 경로-목표이론에 따르면 다음의 세 가지 상황에서 조직 구성원들은 동기부여된다.

① 자신의 능력으로 주어진 과업을 성공적으로 수행해 낼 수 있다고 생각할 때

② 과업 수행의 결과가 어떤 보상을 가져다 줄 것이라고 믿을 때

③ 과업수행의 결과로 얻은 보상이 가치 있는 것이라고 믿을 때

따라서 조직 구성원들의 동기를 유발하기 위해서 리더는 반드시 구성원들로

하여금 자신의 능력으로 목표달성이 가능하리라는 확신을 심어주고, 목표달성의 대가로 주어지는 보상과 그 가치에 대해 명확히 설명하여야 한다. 경로-목표이론이 제시하는 리더의 역할을 구체적으로 살펴보면;

첫째, 리더는 조직 구성원들에게 조직의 목표를 명확하게 제시한다

둘째, 리더는 조직구성원들에게 목표달성의 경로(the path to goal)를 분명하게 알려준다

셋째, 리더는 조직 구성원들의 목표달성으로 가는 길에 놓여 있는 장애물을 제거해줌으로써 구성원들을 동기부여 한다.

넷째, 리더는 코칭이나 지도 또는 필요한 자원 등을 제공함으로써 조직 구성원들이 목표달성의 경로를 쉽게 통과할 수 있도록 지원하고 직무 자체에서 만족감을 느낄 수 있도록 동기부여 하여야 한다.

〈경로-목표이론 연구모형〉

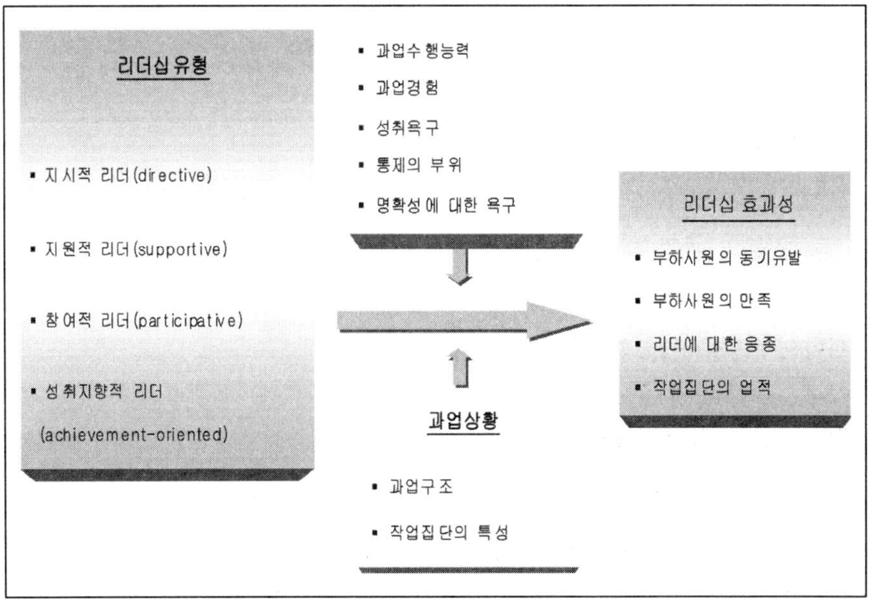

또한, 경로-목표 이론은 리더로 하여금 조직 구성원들의 성공적인 과업수행과 직무만족의 제고를 위해 구성원들의 요구에 가장 적합한 리더십 행동을 선택할

것을 강조하고 있다. 경로-목표이론에 따르면 리더십의 효과성은 리더십 유형, 부하사원의 특성, 그리고 과업 상황 등 세 가지 요인의 적합성에 의해 좌우되는데 각각에 대한 설명은 아래와 같다.

1) 리더십 유형

초기의 경로-목표 이론은 리더십의 유형을 크게 '지시적 행동(directive behavior),' '지원적 행동(supportive behavior),' '참가적 행동(participative behavior),' '성취지향적 행동(achievement oriented behavior)' 등의 네 가지 유형으로 분류하였지만 1996년에 개정된 연구에서는 리더십 유형을 기존 네 가지 유형에 '작업 촉진행동(work facilitation),' '집단지향적 의사결정행동(group-oriented decision process),' '작업집단의 대변 및 관계형성행동(work-group representation and networking),' 그리고 '가치중심적 리더행동(value-based leader behavior)' 등을 추가하여 총 8개 유형으로 확장하였다. 하지만 본 교재에서는 학습자의 이해를 돕기 위해 초기 연구를 중심으로 리더십 유형을 설명하고자 한다.

① 지시적 리더십유형

오하이오 주립대학교의 구조주도행동(initiating structure)과 유사한 개념으로서 구성원들의 과업수행에 대한 작업지시, 기대 사항과 과업수행 방법의 전달, 성과 기준과 기한의 설정, 업무수행 시 지켜야 할 규칙 또는 규정 등을 상세히 지시하는 리더의 행동을 의미한다

② 지원적 리더십유형

오하이오 주립대학교의 배려행동과 유사한 개념으로서 모든 구성원들을 평등하고 인격적으로 대하고 그들의 복지와 욕구에 관심을 갖고 이를 충족시키고자 노력함으로써 궁극적으로 조직 구성원들의 조직 및 직무만족을 추구하는 리더의 행동을 의미한다.

③ 참가적 리더십유형

조직 구성원들을 의사결정과정에 참여시키고, 그들의 아이디어나 의견을 구하며, 구성원들의 제안을 수렴하여 의사결정에 반영하는 등의 리더 행동을 의미한다.

④ 성취지향적 리더십유형

조직 구성원들로 하여금 보다 도전적인 목표를 설정하게 하고, 우월성에 대한 욕구를 가지게 하며, 지속적인 개선을 요구하고, 목표달성에 대한 고도의 신뢰를 보이는 리더의 행동을 의미한다.

2) 부하사원의 특성

경로-목표이론에 의하면 리더십의 효과성은 부하사원의 특성과 과업상황에 의해 영향을 받는데 일반적으로 볼 때 구성원들의 과업수행에 대한 자신감과 자기 유능성에 대한 지각이 높아짐에 따라 지시적 리더십에 대한 필요성은 낮아지게 된다. 하지만 독단적이고 권위주위적인 구성원이 불확실한 업무 상황에 처해 있을 경우 지시적 리더행동이 효과적이다. 왜냐하면 지시적 리더행동은 조직 구성원들로 하여금 과업의 성격 및 목표로 가는 경로를 분명하게 이해하게 하고 업무 수행상의 모호한 요소를 제거해주기 때문에 구성원들로 하여금 작업 상황에서 모호하게 느껴지던 불확실성을 제거하고 성공적으로 목표를 달성하는 데 도움을 주기 때문이다. 따라서, 과업능력이 부족한 구성원들에게 지시적 리더십 행동은 조직 및 직무 만족도를 높이게 된다.

또한, 경로-목표이론에 의하면 일반적으로 내적 통제위치의 조직 구성원들은 참가적 리더십을 선호하는 경향이 있는데 이는 참가적 리더십이 구성원들로 하여금 일에 대한 책임감을 느끼게 하고 자신이 의사결정의 주체가 된다는 인식을 심어 주기 때문이다. 반면 자신의 주위에서 일어나는 모든 일들이 외부세력에 의해 통제된다고 지각하는 외적 통제위치의 구성원들은 자신의 운명은 자기 통제 범위밖에 있다고 생각하기 때문에 참가적 리더십보다는 확실한 방향을 제시하는 지시적 리더십을 선호하는 경향이 있다. 통제의 위치(locus of control)란

'개인의 삶에서 얻어지는 결과에 대해 자기 스스로가 어느 정도의 영향력을 줄 수 있다고 믿는가'의 정도를 나타내는 개념으로서 일반적으로 크게 자신에게 일어난 일들은 모두 자신의 통제하에 있다고 믿는 사람과, 자신에게 일어난 모든 일들은 자신의 통제권밖에 있으며 외부의 요인에 의해 결정된다고 믿는 사람으로 나누어진다. 통제의 위치가 자신에게 있다고 생각하는 사람을 내적통제위치(internal locus of control)에 있는 사람이라고 하고 외부의 요인에 있다고 생각하는 사람을 외적 통제위치(external locus of control)에 있는 사람이라고 하는데, 내적통제위치의 사람들은 자신의 삶에서 발생되는 수많은 사건들의 책임이 자신에게 있다고 믿는 반면 외적 통제위치(external locus of control)의 사람들은 우연이나 운명 그리고 외부세력 때문이라고 믿는다.

3) 과업 상황

과업 상황은 조직 구성원들의 동기유발에 직접적인 영향을 미치는 중요 요인으로서 과업 구조와 작업집단의 특성, 조직의 공식화 정도 등을 포함한다. 일반적으로 과업이 명확하게 구조화되어 있고, 집단규범이 강하며, 공식적인 권한 시스템이 확립되어 있다면 리더는 구성원들에게 달성해야 할 목표가 무엇이며 어떻게 이들을 달성해야 하는지에 대해 명확히 지도할 필요가 없을 것이다. 하지만 과업의 내용이 불명확하거나 모호할 경우, 권한 시스템이 약한 경우에는 업무의 효율성 제고를 위해서 리더십의 개입을 필요로 하게 된다.

리더십 유형과 과업 상황 간의 적합성을 살펴보면 ① 과업의 내용이 불명확하거나 모호할 경우, 그리고 공식적 권한 시스템이 약한 경우에는 지시적 리더십이 효과적이다. ② 과업이 구조화되어 있지만 스트레스가 많고 단조로운 업무로 인해 구성원들이 욕구불만을 가지고 있는 경우에는 리더의 지원적 행동이 과업 상황에 결여된 것을 보완해 주기 때문에 보다 효과적이다. ③ 친화적 욕구가 강한 구성원 및 반복적이고 비도전적인 과업에 종사하고 있는 구성원들에게는 동기유발을 촉진하는 지원적 리더십이 보다 효과적이다. ④ 참가적 리더십은 과업이 구조화되어 있지 않은 모호한 상황에서 조직 구성원들의 노력을 증대시킬 수 있는데 왜냐하면 참가적 리더십의 발휘를 통해 구성원들을 과업목표, 계획, 절차

등과 같은 의사결정 과정에 참여시킴으로써 그들로 하여금 자신들이 달성해야 될 목표가 무엇이고 어떤 경로를 통해 목표를 달성할 수 있는지에 대해 명확하게 인지할 수 있게 하기 때문이다. ⑤ 자율적이고 성취 욕구가 강한 구성원의 경우에는 참가적 리더십이 효과적이다. ⑥ 자율성과 성취욕구가 낮은 구성원들은 오히려 참여를 부정적인 것으로 받아들이기 때문에 참가적 리더십이 비효과적이다. ⑦ 성취적 리더십은 구성원들이 모호하고(ambiguous) 비구조화되어 있는 과업을 수행하는 경우 효과적인데 그 이유는 성취적 리더의 경우 구성원의 능력에 대해 신뢰하고, 높은 수준의 과업목표를 설정해 주며, 도전적 자세를 갖도록 고무함으로써 구성원들로 하여금 목표달성에 대한 자신감을 높이기 때문이다.

〈부하특성 및 과업환경과 리더십 유형과의 적합성〉

부하 특성 및 과업환경		효과적인 리더십
부하의 능력	높은 능력과 경험	지시적 리더십은 불필요 참가적 리더십/ 성취지향적 리더십
	낮은 능력과 경험	지시적 리더십 지원적 리더십(자신감이 결여된 경우)
부하의 성향	내재론자 (내적통제위치)	참가적 리더십
	외재론자 (외적통제위치)	지시적 리더십
	독단적이고 권위적(불확실한 상황)	지시적 리더십
부하의 욕구	하위욕구가 강한 경우	지시적 리더십
	상위욕구가 강한 경우	지원적 리더십
	친교욕구가 강한 경우	지원적 리더십
과업 특성	높은 과업구조 (단순/반복적 과업)	지원적 리더십
	낮은 과업구조(높은 역할 모호성)	지시적 리더십(부하의 낮은 과업능력) 참가적 리더십/ 성취지향적 리더십
	높은 과업 구조화, 강한 집단규범, 공식적 권한 시스템의 확립	리더십 불필요
집단 성격	형성기	지시적 리더십
	정착/안정기	지원적/참여적 리더십
조직적 요소	긴급상황	지시적 리더십
	불확실한 경우	참여적 리더십
	리더-구성원 상호작용이 필요한 경우	지원적 리더십

경로-목표이론의 주요 강조점은 상이한 상황은 상이한 유형의 리더 행동을 요구하기 때문에 유능한 리더가 되기 위해서는 한 가지 리더십 유형을 고집할 것

이 아니라 구성원의 특성이나 각 상황의 요구에 따라 네 가지 리더십유형 중 가장 적합한 하나를 선택하거나, 아니면 동시에 하나 이상을 통합하는 혼합형 리더십유형(a blend of leadership style)을 적절하게 활용하여야 한다는 것이다.

2 … 경로-목표이론의 시사점

경로-목표이론은 실용적인 리더십 이론으로서 조직 구성원들의 성공적인 과업수행을 위해 리더가 해야 역할에 대해 실무적인 방향을 제시하고 있다. 경로-목표이론이 제시하는 개념적 틀(conceptual framework)에 의하면 리더십 효과의 제고를 위해 리더는 반드시 조직 구성원들의 특성과 작업상황에 가장 부합되는 리더십유형을 선택해야 하며, 그러기 위해서는 구성원들의 요구와 상황의 필요에 관심을 기울여야 한다. 또한, 리더는 구성원들에게 달성해야 할 목표를 명확하게 전달하고, 목표달성으로 가는 경로를 분명하게 제시하며, 목표달성으로 가는 경로에 나타난 장애물을 제거 또는 극복하도록 지원하여야 한다.

경로-목표이론은 리더의 리더십행동이 조직 구성원의 만족과 과업성과에 미치는 영향관계를 체계적으로 설명하고 있는 이론이다. 또한, 과업지향적 리더행동과 관계지향적 리더행동만을 다루었던 기존의 리더십 연구에서 벗어나 개념적으로 뚜렷이 구분되는 네 가지 유형의 리더십 행동을 제시한 최초의 연구라는 점에서 높은 학술적 의미를 갖는다. 또한, 경로-목표이론은 심리학의 기대이론을 리더십이론에 접목시킨 최초의 리더십 이론으로서 상이한 학문 영역을 통합하는 최초의 리더십 융합연구이며 이를 통해 경로-목표이론은 다른 리더십 이론들과 차별화되는 독특한 리더십 이론으로 자리매김하게 된다.

하지만 이와 같은 이론상의 강점에도 불구하고 경로-목표이론은 다음과 같은 한계점을 가지고 있다.

① 경로-목표이론은 리더십유형, 부하사원의 특성, 과업상황 등과 같은 너무나 다양하고 상이한 요소들을 통합하고 있기 때문에 각각의 상황에 대해

가장 바람직한 리더십유형을 설정하기에는 그 범위가 너무 넓고 개념적으로 복잡하다.

② 수많은 실증연구에도 불구하고 경로-목표이론의 기본 가정이 그 타당성을 검증받지 못했다는 한계점이 있다.

③ 리더십행동과 조직 구성원들의 동기유발 간의 상관관계를 명확하게 설명하지 못함으로써 리더십과정에 대한 이해를 어렵게 한다.

④ 상당히 실무적 이론임에도 불구하고 리더십훈련과 개발에 대한 구체적인 방향 제시는 부족하다는 반론이 많다. 특히, 구성원들을 도와 목표를 명확히 설정하고, 목표로 가는 경로를 분명히 제시하며, 목표달성으로 가는 경로에 있는 장애물을 제거해주라고 강조하고 있지만 구체적으로 어떻게 해야 하는지에 대한 설명은 부족하다는 것이 문제점으로 지적된다.

⑤ 마지막으로 경로-목표이론은 일방적으로 리더의 역할만 강조함으로써 조직 구성원들로 하여금 과업 완성을 위해 쉽게 리더에게 의존하게 만든다. 즉, 경로-목표이론은 구성원의 자율성을 저해하고 리더에 대한 의존성을 높임으로써 자신의 능력을 충분히 발휘하지 못하게 할 가능성이 있다.

3 … 리더십 진단

경로-목표이론은 리더십 유형 측정, 과업구조의 측정, 통제위치의 측정, 구성원의 기대 및 만족도 측정 등을 통해 다양한 측면에서 리더십의 효과성을 측정하고자 하였다. 본 교재에 소개된 리더십 진단 설문지는 리더십 유형 측정을 위한 설문지로서 응답자에게 지시적 리더십, 지원적 리더십, 참가적 리더십, 그리고 성취지향적 리더십 등 네 가지 리더십 유형에 관한 정보를 제공하고 각 유형에서 얻은 점수의 합산을 통해 응답자의 리더십유형을 파악하게 된다. 만일 리더십 진단 결과 지시적 유형이 30점(높음)이고, 지원적 유형이 20점(낮음)이며, 참가적 유형이 21점(평균), 성취지향적 유형이 24점(높음)일 경우 응답자는 다른 응답자들에 비해 보다 더 지시적이고, 더 성취지향적이며, 보다 덜 지원적이고, 보통으로 참가적이라는 것을 의미한다. 그러므로 이와 같은 특성을 가진 응답자의 경우 과업 절차가 불분명하거나 구성원들이 권위적인 경우에는 효과적이겠지만, 과업이 구조화되어 있는 상황에서는 비효과적일 것이라는 추측이 가능해진다.

(채점 방법)

① 문항 7번, 11번, 16번, 18번의 점수를 뒤바꾼다(예 ; 1↔7, 2↔6, 3↔5).
② 지시적 유형 : 1번, 5번, 9번, 14번, 18번 점수를 합산한다.
③ 지원적 유형 : 2번, 8번, 11번, 15번, 20번 점수를 합산한다.
④ 참가적 유형 : 3번, 4번, 7번, 12번, 17번 점수를 합산한다.
⑤ 성취지향적 유형 : 6번, 10번, 13번, 16번, 19번 점수를 합산한다.

(채점 결과의 해석)

- 지시적 유형 : 28점 이상은 높음, 19~27은 중간, 18점 이하는 낮음.
- 지원적 유형 : 33점 이상은 높음, 24~32는 중간, 23점 이하는 낮음.
- 참가적 유형 : 26점 이상은 높음, 17~25는 중간, 16점 이하는 낮음.
- 성취지향적 유형 : 24점 이상은 높음, 15~23은 중간, 14점 이하는 낮음.

〈경로-목표 리더십 설문지〉

■ 본 설문지는 경로-목표 이론의 상이한 리더십 유형에 관한 문항들을 담고 있습니다. 주어진 문항을 읽고 각 문항이 귀하의 행동을 어느 정도로 잘 표현하고 있는지 다음의 기준에 따라 해당하는 숫자 위에 O표 하시오.

(다음)

1=결코 그런 적이 없다　2=거의 그런 적이 없다　3=좀처럼 그렇지 않는다
4=때때로 그렇게 한다　5=가끔 그렇게 한다　6=보통 그렇게 한다
7=항상 그렇게 한다

① 나는 하위자들에게 기대하는 것이 무엇인지 알려준다.	1 2 3 4 5
② 나는 하위자들과 우호적인 작업상의 관계를 유지한다.	1 2 3 4 5
③ 나는 어려운 문제에 봉착했을 때 하위자들과 상의한다.	1 2 3 4 5
④ 나는 하위자들의 아이디어나 제안을 경청한다.	1 2 3 4 5
⑤ 나는 하위자들에게 업무와 그 수행방법에 대해 알려준다	1 2 3 4 5
⑥ 나는 하위자들에게 최고의 업무수행을 기대한다고 말한다.	1 2 3 4 5
⑦ 나는 하위자들과 상의 없이 내 나름대로 결정하고 행동한다.	1 2 3 4 5
⑧ 나는 구성원들이 즐겁고 행복함을 느끼도록 최선을 다한다.	1 2 3 4 5
⑨ 나는 하위자들에게 규칙이나 규정을 따르도록 요구한다.	1 2 3 4 5
⑩ 나는 하위자들의 업적목표를 도전적으로 설정하고 있다.	1 2 3 4 5
⑪ 나는 하위자들의 감정을 상하게 할 만한 말들을 하곤 한다.	1 2 3 4 5
⑫ 나는 하위자의 제안이나 아이디어를 요구한다.	1 2 3 4 5
⑬ 나는 하위자들에게 지속적인 업무수행의 개선을 촉구한다.	1 2 3 4 5
⑭ 나는 하위자들의 업적수준에 대한 기대를 설명해 준다.	1 2 3 4 5
⑮ 나는 하위자들이 과업의 장애요인을 극복하도록 도와준다.	1 2 3 4 5
⑯ 나는 하위자들의 목적달성능력에 대한 의심을 나타낸다.	1 2 3 4 5
⑰ 나는 하위자들에게 업무할당에 대한 제안을 요청한다.	1 2 3 4 5
⑱ 나는 하위자들에게 직무상 기대를 적당히 설명해 준다.	1 2 3 4 5
⑲ 나는 일관되게 하위자들에게 도전적인 목표를 설정해 준다.	1 2 3 4 5
⑳ 나는 하위자들의 개인적 욕구의 충족을 위해 마음 쓴다.	1 2 3 4 5

Working Manual

목표와 성취의 기술

◆ 성공의 핵심은 '글로 쓴 구체적인 비전' 이다. 1979년 하버드 경영대학원 졸업생들에게 "명확한 장래 목표를 설정하고 기록했는가?" 라고 질문했을 때, 3%만이 자신의 비전을 세워 종이에 기록했고 13%는 비전은 있었지만 종이에 기록하지 않았고, 84%는 구체적인 비전이 없었다. 10년 후 그들에게 다시 질문했을 때 비전은 있었지만 기록하지 않았던 13%는 비전이 없었던 84%의 학생들보다 평균 2배의 수익을 올리고 있었고, 명확한 비전과 향후 계획을 기록했던 3%는 나머지 97%보다 평균 10배의 수익을 올리고 있었다.

◆ 당신의 구체적인 목표는 무엇인가?

- Specific
- Measurable
- Action-oriented
- Realistic
- Timely

경로목표이론(path-goal theory)

1. Evans의 이론을 기초로 House에 의해 개발: Vroom의 기대이론에 기반

2. 경로-목표이론의 목표: 어떻게 구성원들을 동기 유발시켜 설정된 목표에 도달하도록 할 것인가?

3. 경로-목표이론에서 리더의 역할

   - 목표를 명확하게 제시한다
   - 도달할 수 있는 경로를 분명히 한다
   - 목표달성에 있어 장애요인을 제거한다
   - 목표 달성에 필요한 지도 및 지원을 제공한다

경로목표이론의 구성요소

1. 경로-목표이론과 Vroom의 기대이론: 구성원의 동기부여 정도는 목표달성의 가능성(기대), 성과에 대한 보상 가능성(수단성), 그리고 주어진 결과에 eogks 매력의 정도(유의성)의 함수에 의해 결정

2. 경로-목표이론의 전제: 구성원들의 동기부여를 위하여 구성원들이 필요로 하는 적합한 리더십 유형을 발휘하라

3. 경로-목표이론의 구성요소: 리더행동, 부하의 특성, 과업 환경

- 리더행동의 유형: 지시적, 지원적, 참가적, 성취지향적 리더십(후에 8가지로 수정)
- 부하의 특성: 부하의 능력, 부하의 성향, 부하의 욕구 수준에 따른 상이한 리더십
- 과업환경: 과업의 특성, 집단성격, 조직적 요소에 따라 상이한 리더십이 요구됨

경로-목표 이론

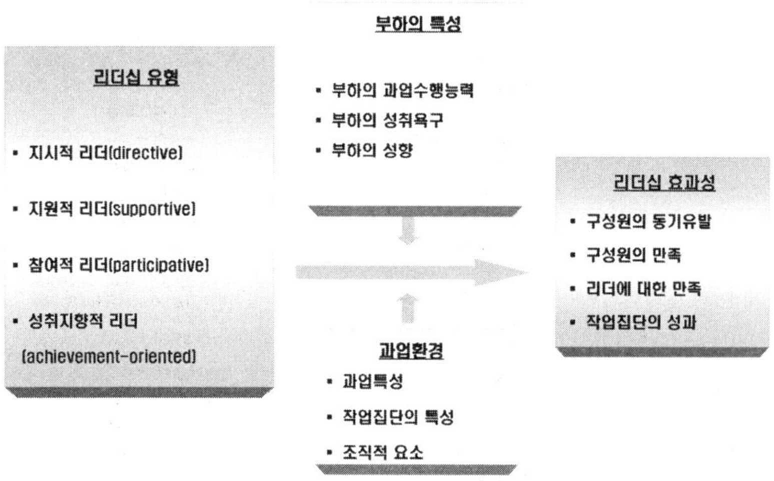

리더 행동유형

1. 지시적 행동: 오하이오 주립대의 구조주도 행동, 또는 지시적 행동과 유사한 개념으로 과업수행에 대한 지시, 기대되는 목표치와 과업수행 방법 그리고 과업 완성 시기 등의 제시, 업적기준 및 구성원들이 지켜야 하는 규칙 등을 명확하게 알려주는 행위 등을 포함
2. 지원적 행동: 오하이오 주립대의 배려행동과 유사한 개념으로 개방적이고 친절한 자세로 구성원의 복지와 욕구에 관심을 보이고, 구성원들을 동등하게 대하며, 격려와 칭찬 등을 통해 우호적인 팀 분위기 조성
3. 참여적 행동: 구성원들을 의사결정에 적극 참여시키는 것을 포함하여 구성원들의 의견 및 아이디어의 제시를 촉진하고, 그들의 의견을 수렴
4. 성취지향적 행동: 구성원들에게 탁월한 목표를 제시하고 도전적 자세를 요구하는 행위를 포함하여 구성원들에게 높은 수준의 직무수행을 독려하고, 고도의 목표달성 방법을 배울 수 있도록 지원하여, 그들의 능력 또는 잠재력에 대한 신뢰를 보여줌

경로-목표 이론의 주요 상황변수

부하 특성 및 과업환경		효과적인 리더십
부하의 능력	높은 능력과 경험	지시적 리더십은 불필요 참가적 리더십/ 성취지향적 리더십
	낮은 능력과 경험	지시적 리더십 지원적 리더십(자신감이 결여된 경우)
부하의 성향	내재론자 (내적통제위치)	참가적 리더십
	외재론자 (외적통제위치)	지시적 리더십
	독단적이고 권위적(불확실한 상황)	지시적 리더십
부하의 욕구	하위욕구가 강한 경우	지시적 리더십
	상위욕구가 강한 경우	지원적 리더십
	친교욕구가 강한 경우	지원적 리더십
과업 특성	높은 과업구조 (단순/반복적 과업)	지원적 리더십
	낮은 과업구조(높은 역할 모호성)	지시적 리더십(부하의 낮은 과업능력) 참가적 리더십/ 성취지향적 리더십
	높은 과업 구조화, 강한 집단규범, 공식적 권한 시스템의 확립	리더십 불필요
집단 성격	형성기	지시적 리더십
	정착/안정기	지원적/참여적 리더십
조직적 요소	긴급상황	지시적 리더십
	불확실한 경우	참여적 리더십
	리더-구성원 상호작용이 필요한 경우	지원적 리더십

경로목표 이론의 특성

<경로목표 이론의 강점>

1. 개념적으로 뚜렷하게 구분되는 네 가지 리더십 행동유형 제시
2. 리더의 역할을 구체적으로 제시함으로써 구성원을 지원할 수 있는 개념적 틀 제시
3. 리더 행동의 처방: 리더는 자신이 처한 상황에 적합하도록 자신의 행동을 유연하게 변화시켜야 함

<경로목표 이론의 비판점>

1. 개념적으로 너무 복잡: 실제적 활용의 어려움
2. 타당성의 문제: 참가적, 성취지향적 리더십에 관한 실증연구 부족
3. 구성원의 동기유발과 리더십 행동과의 상관성을 명확하게 설명하지 못함
   - 동기이론과 연계성 설명 부족

경로-목표 이론의 측정도구

① 나는 하위자들에게 기대하는 것이 무엇인지 알려준다.	1 2 3 4 5
② 나는 하위자들과 우호적인 작업상의 관계를 유지한다.	1 2 3 4 5
③ 나는 어려운 문제에 봉착했을 때 하위자들과 상의한다.	1 2 3 4 5
④ 나는 하위자들의 아이디어나 제안을 경청한다.	1 2 3 4 5
⑤ 나는 하위자들에게 업무와 그 수행방법에 대해 알려준다	1 2 3 4 5
⑥ 나는 하위자들에게 최고의 업무수행을 기대한다고 말한다.	1 2 3 4 5
⑦ 나는 하위자들과 상의 없이 내 나름대로 결정하고 행동한다.	1 2 3 4 5
⑧ 나는 구성원들이 즐겁고 행복함을 느끼도록 최선을 다한다.	1 2 3 4 5
⑨ 나는 하위자들에게 규칙이나 규정을 따르도록 요구한다.	1 2 3 4 5
⑩ 나는 하위자들의 업적목표를 도전적으로 설정하고 있다.	1 2 3 4 5
⑪ 나는 하위자들의 감정을 상하게 할 만한 말들을 하곤 한다.	1 2 3 4 5
⑫ 나는 하위자의 제안이나 아이디어를 요구한다.	1 2 3 4 5
⑬ 나는 하위자들에게 지속적인 업무수행의 개선을 촉구한다.	1 2 3 4 5
⑭ 나는 하위자들의 업적수준에 대한 기대를 설명해 준다.	1 2 3 4 5
⑮ 나는 하위자들이 과업의 장애요인을 극복하도록 도와준다.	1 2 3 4 5
⑯ 나는 하위자들의 목적달성능력에 대한 의심을 나타낸다.	1 2 3 4 5
⑰ 나는 하위자들에게 업무할당에 대한 제안을 요청한다.	1 2 3 4 5
⑱ 나는 하위자들에게 직무상 기대를 적당히 설명해 준다.	1 2 3 4 5
⑲ 나는 일관되게 하위자들에게 도전적인 목표를 설정해 준다.	1 2 3 4 5

결과 해석

<채점>

- 문항 7, 11, 16, 18의 점수 역계산

1. 지시적 리더유형: 1, 5, 9, 14, 18 점수 합산
2. 지원적 리더유형: 2, 8, 11, 15, 20 점수 합산
3. 참여적 리더유형: 3, 4, 7, 12, 17 점수 합산
4. 성취지향적 리더 유형: 6, 10, 13, 16, 19 점수 합산

<점수 해석>

구분	낮음	높음
지시적 유형	18 이하	28 이상
지원적 유형	23 이하	33 이상
참여적 유형	16 이하	26 이상
성취지향적 유형	14 이하	24 이상

Discussion

John Goddard의 "dream list"

- 미국의 탐험가인 존 고다드는 15세 되던 1940년, "내가 젊었을 때 이것을 했더라면…" 이라는 할머니의 푸념을 듣고 자신은 결코 후회하는 삶을 살지 않으리라는 결심으로 127개의 '나의 인생목표' 를 노란 색종이에 적어 내려갔다
- 1972년 미국 'Life' 지는 존 고다드를 '꿈을 성취한 미국인' 으로 대서특필했는데 110개의 목표를 이룬 그는 1980년에 우주비행사가 되어 달에 도착함으로써 126번째 목표를 달성했다. 여러분이 죽기 전에 이루고 싶은 'Dream List' 는 무엇인가?

http://tvpot.daum.net/clip/ClipView.do?clipid=11843750

구분	꿈의 목록	목표 기간
탐험 또는 여행하고 싶은 장소		
공부하고 싶은 분야		
되고 싶은 것		

제9장

리더-구성원 교환이론 (Leader-Member Exchange Theory: LMX Theory)

1. LMX이론의 개요
2. LMX이론의 시사점
3. 리더십 진단

제9장 리더-구성원 교환이론 (Leader-Member Exchange Theory: LMX Theory)

1… 리더-구성원 교환이론의 개요

리더-구성원 교환이론(LMX 이론)은 리더의 관점이나 하위자 또는 상황의 관점이 아니라 리더와 하위자 간의 상호작용의 관점에서 리더십 과정을 개념화한 최초의 리더십 이론이다. 리더-구성원 교환이론은 특히 기존 연구들이 리더가 조직 구성원에 미치는 영향을 중심으로 리더십 과정을 설명하였다면, 리더-구성원 교환이론은 리더와 구성원 '두 사람 간의 짝관계'를 중심으로 리더십 과정을 설명하고 있다. 또한, 리더-구성원 교환이론은 '리더는 조직 구성원 전체를 하나의 집단으로 보고 동일한 영향력을 행사하기 때문에 모든 구성원에 대한 리더십 효과성도 동일하다'는 기존의 가정을 부정하고 있다. 초기의 리더-구성원 교환이론은 리더와 구성원이 형성하고 있는 수직적 관계에 초점을 맞추었기 때문에 '수직적 쌍대이론(Vertical Dyadic Linkage Theory : VDL Theory)'이라고 불리었다.

리더-구성원 교환이론에 의하면 리더와 구성원간의 '수직짝 관계' 형성과정에서 두 가지 형태의 관계유형이 발견되는데, 첫 번째는 공식적인 직무기술서 상의 역할 책임에 기반을 둔 리더-구성원의 관계로서 이를 '외집단(out-group) 관계'라고 한다. 외집단의 특징으로는 일방적으로 리더가 구성원에게 하향적인 영향력을 행사하고, 직무 기술서에 명시된 역할에 근거한 행동만을 교환하며, 공식적인 관계만을 유지한다. 또한, 외집단 관계에서 리더는 구성원에게 최소한의 관심과 배려, 지원을 제공하고 구성원들은 정해진 기준의 성과를 내는 것 이외에는 관심을 두지 않기 때문에 리더와 구성원은 일정거리를 두고 상호 매일 출근하여 정해진 일만 수행하고 긴밀한 상호작용없이 퇴근하는 일상을 반복하게 된다.

'수지짝 관계' 형성의 두 번째 유형은 조직 구성원이 공식적인 직무기술서 상의 역할 책임의 범위를 넘어서 적극적인 역할확대(expanded role) 및 역할협의(negotiated role) 등을 통해 리더와 보다 긴밀한 관계가 구축하고자 노력하는 것으로서 이를 '내집단(in-group)관계'라고 한다. 내집단의 특징은 조직 구성원에 대한 리더의 일방적인 영향력 행사가 아니라 리더와 구성원이 상호간의 영향력을 행사하고, 직무 기술서에 명시된 역할 이상의 추가적인 행동을 교환하며, 상호 신뢰하고 존중하며, 공동체적 책임감을 가지는 파트너십을 형성하는 것이다. 일반적으로 내집단의 리더는 조직 구성원들의 요구와 니즈에 에게 관심을 기울이고, 구성원들의 능력을 인정하며, 업무수행에 대해 자신감을 갖도록 동기 부여하고, 도전적이고 흥미로운 직무 기회를 제공한다. 또한 내집단의 구성원은 이러한 리더의 지원에 대한 교환행동으로서 만족할 만한 업무성과를 창출하고 적극적으로 자신의 역할을 확대하게 된다. 따라서 내집단의 구성원들은 외집단의 구성원들에 비해 리더로부터 보다 많은 정보와 신임, 관심을 받게 되고 그 결과 리더와 보다 원활하게 의사소통을 하고, 더욱 업무에 열중하게 됨으로써 궁극적으로 조직의 성과를 제고시킨다. 연구결과에 의하면 구성원 스스로가 자신의 확대된 역할책임에 보다 열중하거나(역할 확대) 자신이 수행해야 할 역할에 대해 리더와 보다 적극적으로 협의(역할 협의)하는 경우 내집단의 일원이 될 가능성이 높아진다고 한다.

LMX이론에 의하면 리더와 구성원 간의 관계는 조직 구성원이 업무수행과정에서 스스로에게 영향력을 발휘할 수 있는 '협상허용범위'를 통해 차별화되는데, 협상허용범위가 높은 구성원은 리더로부터 높은 신뢰를 받고, 원활한 의사소통을 하게 된다. 협상허용범위는 리더와 구성원 간의 상호신뢰, 배려, 협조, 지도, 의사소통, 의존의 정도를 통해서 측정된다.

많은 연구결과에 의하면 일반적으로 리더와 구성원 간의 교환관계의 질은 개인적 특성의 유사성에 의해 좌우되는데, 리더와 구성원의 성격적 특성이 유사할수록 긴밀한 교환관계가 형성될 가능성이 높다고 한다. 또한 구성원의 능력이나 자신감, 신뢰, 또는 동기유발의 정도 역시 리더와 구성원 간의 교환관계에 영향을 미치는데 일반적으로 리더는 만족할 만한 성과를 창출하는 구성원에게는 다양한 기회와 지원을 제공하지만 만족할만한 성과를 도출하지 못하는 구성원에게는 단순히 감독의 역할만을 수행한다.

또한, 연구결과에 의하면 양질의 리더-구성원 교환관계를 가지고 있는 내집단 구성원의 경우 외집단 구성원들에 비해 보다 높은 성과, 직무만족도, 조직몰입도, 조직시민행동, 경력 상승 등을 보이고 있으며 보다 낮은 이직의도를 보인다고 한다.

초기의 리더-구성원 교환이론은 리더십 행동이론과 마찬가지로 모든 조직 상황에서 유효한 평균적 리더십유형(ALS : Average Leadership Style)을 찾는 것에서부터 시작되었다. 하지만 리더십 행동이론이 '구성원들에 대한 리더의 행동은 오랫동안 일관되며 모든 구성원들에게 동질적으로 주어진다,' 그리고 '조직의 구성원들은 리더의 동질적인 리더십 행동에 근본적으로 동일한 방식으로 반응한다' 는 가정을 전제로 하는 것에 반해 리더-구성원 교환이론은 리더와 각 구성원 간의 차별화된 관계에 초점을 맞추고 다음과 같은 가정을 기반으로 한다.

① 리더의 리더십행동은 모든 구성원들에 대해 동질적인 것이 아니고 구성원과의 관계에 따라 달라진다.

② 집단 내 구성원들의 리더 행동에 대한 지각, 해석, 그리고 반응은 동질적이지 않고 이질적이다.

그러므로, 리더-구성원 교환이론의 주요 가정은 '조직의 리더는 모든 구성원들에 대해 동질적인 행동을 보여주기보다는 각 구성원들과 차별적인 관계를 형성한다'는 것이다.

ALS이론이 리더와 구성원 개개인의 일대일 관계를 적절하게 반영하지 못함으로써 리더-구성원 교환이론의 주요 관점은 리더와 구성원 간의 개별적인 수직짝 관계에 초점을 두고 내집단과 외집단 간의 차이점을 분석하고자 노력하였으며 이를 리더-구성원 교환이론의 1단계인 '수직적 쌍대이론(Vertical Dyadic Linkage Theory : VDL Theory)'라고 불렀다. VDL이론에 의하면 리더는 구서원의 욕구, 능력, 공헌도 등을 상대적으로 비교한 후 내집단과 외집단으로 구분하고 내집단의 구성원에게는 후원적 및 지원적 리더십 행동을 발휘하고, 다양한 기회와 자원, 그리고 혜택과 보상을 지원하되 외집단의 구성원에게는 최소한의 관심과 배려를 보이는 등 집단별로 각기 다른 영향력을 행사한다.

VDL의 후속연구는 리더와 구성원간의 수직짝 관계가 조직의 효과성에 미치는 영향에 연구의 초점을 두고 있다. 즉, 후기 연구의 초점은 리더-구성원 교환관계의 질이 조직 성과와 어떤 상관관계를 가지는지에 맞춰져 있는데 이를 리더-구성원 교환이론의 2단계인 'LMX이론'이라고 부른다. LMX이론에 의하면 의하면 양질의 리더-구성원 교환관계는 구성원들의 이직률, 업무성과, 승진, 조직헌신, 직무만족 등에 긍정적 영향을 미침으로써 궁극적으로 조직의 효과성을 제고한다고 한다.

한편, Graen(그랜)과 Uhl-Bien(울비엔)은 리더십의 효과성을 제고하기 위해서는 리더와 구성원이 양질의 교환관계를 구축해야 한다는 관점에서 '리더십 만들기(leadership making)'를 제안하였는데 이를 리더-구성원 교환이론의 3단계인 '리더십 만들기'라 일컫는다. '리더십 만들기'는 특히, 리더와 구성원간의 협동관계(partnership) 구축을 강조하고 있는데 바람직한 '리더십 만들기'는 리더로 하여금 조직의 모든 종업원들과 효과적인 일대일 관계수립을 통해 조직 전체에 걸친 '협력관계 연결망'을 구축하게 하고 궁극적으로 조직의 목표달성을 용이하게 만드는 것에 그 목적이 있다.

'리더십 만들기'는 시간의 경과와 더불어 다음의 세 단계를 거쳐 성장·발전해 나가는데 각각의 단계는 다음과 같다.

① **낯선 단계**(the stranger phase) : 리더십 만들기의 첫 번째 단계로 리더-구성원간의 상호작용이 공식적인 계약관계 내에서 일방적으로 이루어진다. 낯선 단계에서 리더와 구성원은 낮은 질의 교환관계를 가지게 되는데 이는 외집단의 관계와 상당히 유사하다. 즉, 리더와 구성원 모두는 직무 기술서에 규정된 역할범위 내에서 낮은 정도의 교환관계를 형성하고, 구성원들은 경제적 보상을 목적으로 리더에게 복종하게 된다. 이 단계에서 구성원의 동기는 집단의 이익보다는 개인의 이익 추구에 있다.

② **친지단계**(the acquaintance phase) : 친지단계는 리더와 구성원이 보다 친밀한 관계 구축을 위해서 개인 또는 작업에 관한 정보를 교환하는 단계

이며 리더와 구성원 상호간이 서로의 역할을 시험하는 단계이다. 친지단계에서 리더는 구성원이 자신의 역할을 확대하는 것에 관심이 가지고 있는지를 시험하고, 구성원은 리더가 자신에게 보다 새롭고 도전적인 일을 맡기려고 하는지를 시험해 보는데 이 단계에서 리더-구성원간의 성공적인 짝관계가 형성되면 리더와 구성원은 보다 많은 신뢰와 존경을 교환하기 시작한다. 친지단계에서 구성원의 동기는 개인의 이익뿐만 아니라 집단의 이익을 함께 추구하는 경향을 보인다.

③ **협동단계**(the mature partnership phase) : '리더십 만들기'의 마지막 단계로서 리더와 구성원간의 양질의 교환관계가 구축되고 상호간에 높은 신뢰와 존경, 협력관계를 형성하게 된다. 협동단계에서 리더와 구성원간의 관계는 일방적인 관계가 아니라 상호 영향을 주고받는 관계이고, 수직적이기 보다는 수평적인 관계를 형성하게 되며, 상호의존적이다. 따라서, 협동단계의 리더와 구성원의 관계는 직무기술서에 명시된 공식적 관계가 아닌 보다 건설적이고 생산적인 파트너 관계로서 개인의 이익이 아닌 조직의 이익을 위해 상호 협력해나가게 된다.

〈리더십 만들기〉

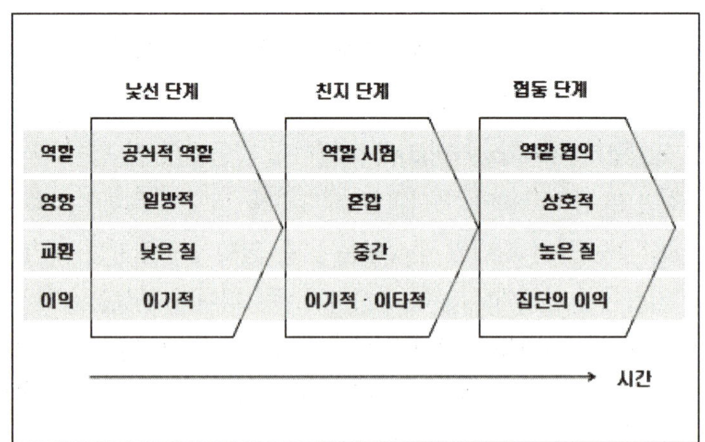

2 … 리더-구성원 교환이론의 시사점

리더-구성원 교환이론은 리더와 구성원간의 짝관계 구축이 리더십 과정의 중요한 구성요인임을 인식하고 리더십 효과성의 증진을 위해서는 리더와 구성원간의 원활한 의사소통을 통해 상호 신뢰와 존경, 협력적 관계의 구축이 우선되어야 함을 강조한다. 또한, 리더-구성원교환이론은 효과적인 리더가 되기 위해서 리더는 의식적 또는 무의식적으로 구성원 개개인에 대해 편견을 버리고 각 구성원들을 공정하고 공평하게 대우해야 한다고 강조한다.

리더-구성원 교환이론에 의하면 조직에는 내집단과 외집단이 존재하며, 두 집단은 목표달성에 대한 태도에서부터 업무수행 방식까지 다양한 측면에서 현저한 차이를 보인다고 한다. 일반적으로 내집단의 구성원들은 공식적인 역할 이외에 주어진 역할을 자발적으로 수행하고, 집단의 목표 달성을 위해 최선의 노력을 기울이는 반면 외집단의 구성원들은 조직에서 공식적으로 요구하는 역할 범위 내의 업무만 수행할 뿐 그 이상의 역할에 대해서는 관심을 기울이지 않는다. 따라서 조직의 리더는 이와 같은 내집단의 노력과 헌신에 대해서는 기꺼이 보다 많은 시간과 자원, 책임과 기회를 제공하지만, 외집단에 대해서는 개인적인 관심을 최소화하고 직무기술서 상에 명시된 최소한의 지원만을 제공하게 된다. 그러므로, 조직의 효과성 제고를 위해서 리더는 가능한 조직의 모든 구성원들과 내집단의 관계를 형성하고, 그들에게 새로운 역할과 책임을 맡기며 양질의 교환관계를 구축해 나가야 한다는 것이 리더-구성원 교환이론의 주장이다.

최근 들어 리더-구성원 교환이론은 실무적 차원에서 상당한 설득력을 얻고 있는데 그 이유는 조직 내에서 내집단과 외집단이 존재하는 것은 쉽게 목격되는 현상이고, 아무리 '평가의 공정성'을 강조하는 조직이라 해도 조직에 보다 많이 공헌한 사람이 최소한도로 공헌한 사람들과 구별되어 보다 많은 보상을 받는 것은 오늘날의 기업 현실에서는 공정한 일이라는 생각이 수긍이 되기 때문이다. 또한, 리더-구성원 교환이론은 다른 리더십 이론과는 달리 '리더와 구성원간의 양질의 교환관계 구축이 조직의 효과성 제고에 긍정적인 영향을 미친다'는 기본 가정을 다수의 실증연구들을 통해 검증하고 있기 때문에 그 실무적 가치가 매우 높다.

한편, 이상과 같은 높은 실무적 가치에도 불구하고 리더-구성원 교환이론에 대한 비난의 목소리도 높은데 그 이유는 다음과 같다.

① '리더는 조직의 효과성 제고를 위해 가능한 많은 구성원들과 내집단 관계를 형성해야 한다'는 기본 가정은 공정성을 추구하는 인간의 기본적 가치에 역행한다는 것이다. 오늘날 기업 환경에서 내집단과 외집단이 존재하는 것이 엄연한 현실이라고 해도 리더십 이론으로서 이를 시정하고자 노력하는 것이 아니라 오히려 불공정성과 차별을 옹호하듯이 인식되는 것은 신뢰받는 리더십이론으로서의 자세가 아니라는 것이 그 첫 번째 이유이다.

② 리더와 구성원간의 교환관계 구축에 직접적인 영향을 미치는 다양한 형평성 이슈들을 다루지 않고 표면적으로 드러나는 몇몇의 현상만으로 내집단의 중요성을 강조하는 것은 과학적 연구로서의 신뢰성을 저해시킨다는 지적이 있다.

③ 마지막으로 내집단이 되기 위한 구체적인 전략을 제시하지 못하고 있고, 양질의 리더-구성원 교환관계가 만들어지는 과정에 대해서도 충분히 설명하지 못하고 있기 때문에 실제적으로 조직의 리더십개발훈련에 적용하기에는 미흡함이 많다는 것이 리더-구성원 교환이론의 또 다른 한계점으로 지적된다.

3… 리더십 진단

리더-구성원 교환이론은 리더-구성원간의 수직 짝관계의 정도를 측정하기 위하여 다양한 연구를 진행하였는데 각 연구마다 상이한 측정도구를 사용하고, 분석수준을 달리함으로 인해 각 연구 결과들을 상호 비교하기 어렵다는 문제점을 가지고 있다. 본 교재에서 제시한 설문지는 리더와 구성원간의 '작업상 상호관계의 질'을 측정하기 위해 설계된 LMX 7으로 리더의 자기평가 일곱문항과 구성원의 리더에 대한 평가 일곱 문항으로 구성되어 있다. LMX는 리더와 구성원간의 인간적 매력에 대한 상호 유대감을 나타내는 정서적 유대감, 리더와 구성원간의 상호보호에 대한 충성심을 나타내는 충성, 리더와 조직을 위해 보다 많은 추가적인 노력을 기울이려는 구성원의 공헌의식을 나타내는 공헌, 리더의 전문지식과 능력에 대한 구성원의 인식을 나타내는 전문성 존경 등 총 4개의 하위영역으로 구성되었다. 본 연구에서 사용된 LMX 7은 리더-구성원간의 교환관계의 세 가지 차원, 즉 존경, 신뢰, 의무감을 측정하고 있는데 구체적으로 말하면 리더와 구성원이 서로의 일처리 능력에 대해 존경하고 신뢰하는 정도와 서로 간에 느끼는 의무감의 정도를 측정함으로써 상호 협력의 정도를 파악하고자 하는 것이 그 목적이다. LMX 설문지는 리더의 입장에서, 그리고 구성원의 입장에서 각각 응답하도록 고안되었는데 리더가 각 구성원들과의 관계의 질을 측정하기 위해서는 여러 장의 설문지를 작성해야 한다.

(LMX 설문지)

설문 1) 귀하와 리더와의 관계가 어떻습니까? 귀하의 리더는 귀하가 하는 일에 대해 어느 정도로 만족한다고 생각하십니까?

거의 만족하지 않는다	때때로 만족한다	자주 만족한다	꽤 자주 만족한다	매우 자주 만족한다
1	2	3	4	5

설문 2) 귀하의 리더는 귀하의 직무상의 문제점이나 직무상의 필요를 어느 정도 이해하고 있습니까?

조금도 이해하지 못한다	약간 이해하고 있다	상당히 이해하고 있다	꽤 많이 이해하고 있다	아주 많이 이해하고 있다
1	2	3	4	5

설문 3) 귀하의 리더는 귀하의 잠재능력을 어느 정도로 인식하고 있습니까?

전혀 인식하지 못한다	약간 인식하고 있다	중간정도 인식한다	대부분 인식한다	충분히 인식한다
1	2	3	4	5

설문 4) 귀하의 리더가 직위에 부여된 공식적인 권한과는 상관없이 그의 권력(영향력)을 이용하여 귀하를 도와 작업상의 문제를 해결해 줄 가능성은 어느 정도입니까?

거의 없다	약간 있다	중간 정도이다	높다	매우 높다
1	2	3	4	5

설문 5) 귀하의 리더가 자신이 가지고 있는 공식적인 권한과는 상관없이 자신의 희생을 무릅쓰고 귀하를 어려운 처지에서 구해내 줄 가능성은 어느 정도입니까?

거의 없다	약간 있다	중간 정도이다	높다	매우 높다
1	2	3	4	5

설문 6) 귀하는 귀하의 리더를 충분히 신뢰하고 그의 결정을 옹호하고 정당하다고 인정합니까?

절대로 그렇지 않다	그렇지 않다	잘 모르겠다	그렇다	전적으로 그렇다
1	2	3	4	5

설문 7) 귀하는 귀하의 리더와 직업상의 관계가 어떻다고 말할 수 있습니까?

매우 좋지 않다	평균보다 못하다	평균이다	평균보다 좋다	매우 좋다
1	2	3	4	5

(점수의 해석)

7개의 설문 문항에 대한 각각의 점수를 합산한 뒤 다음의 기준에 따라 자신과 리더와의 교환관계의 질을 분석한다. 높은 범주의 점수는 높은 질의 리더와 구성원의 교환관계(내집단)를 나타내고, 낮은 범주의 점수는 낮은 질의 교환관계(외집단)을 나타낸다.

① 30～35 : 매우 높음
② 25～29 : 높음
③ 20～24 : 중간 정도
④ 15～19 : 낮음
⑤ 7～14 : 매우 낮음

 Working Manual

사랑 받는 신입사원은?

- 팀 별로 상사로부터 사랑 받는 신입사원의 자세 1위~5위까지를 결정한다
- 꼴불견 신입사원의 자세 1위~5위까지를 선정한다
- 2팀이 나와 발표한다

VS

신입사원의 자세

인기 신입사원	꼴불견 신입사원
1. 업무 파악을 잘하는 사원 ; 33.5% (하나를 가르치면 열을 안다)	1. 선배나 상사에게 사사건건 딴지거는 사원 (28.8%)
2. 분위기를 잘 띄우는 사원 : 23.3% (유머는 나의 힘)	2. 요령만 피우는 사원 : 24.4%
3. 선배나 상사의 말을 잘 듣는 사원 : 16.8% (선배를 하늘같이)	3. 분위기 파악 못하는 사원 : 18.2%
4. 성실/근면으로 똘똘 뭉친 사원 : 10.9% (자타 공인 모범생)	4. 눈치없이 칼퇴근하는 사원 : 13.6%
5. 기타 - 궂은 일도 마다않는 천사표 사원 : 6.9% - 잘 생기고 예쁜 사원 : 4.9%	5. 기타 - 과거에는 신입사원의 덕목으로 성실성을 강조했으나 최근에는 능력있고 유머 감각을 갖춘 새내기가 인기

자료: 잡링크(www.joblink.co.kr)

목표와 성취의 기술

◆ 성공의 핵심은 '글로 쓴 구체적인 비전' 이다. 1979년 하버드 경영대학원 졸업생들에게 "명확한 장래 목표를 설정하고 기록했는가?" 라고 질문했을 때, 3%만이 자신의 비전을 세워 종이에 기록했고 13%는 비전은 있었지만 종이에 기록하지 않았고, 84%는 구체적인 비전이 없었다. 10년 후 그들에게 다시 질문했을 때 비전은 있었지만 기록하지 않았던 13%는 비전이 없었던 84%의 학생들보다 평균 2배의 수익을 올리고 있었고, 명확한 비전과 향후 계획을 기록했던 3%는 나머지 97%보다 평균 10배의 수익을 올리고 있었다.

◆ 당신의 구체적인 목표는 무엇인가?

- Specific
- Measurable
- Action-oriented
- Realistic
- Timely

리더-구성원 교환이론(1972)의 개념

1. LMX이론의 특징: 리더-구성원의 관계 유형은 집단적 관계가 아닌 개별관계로 그 형태는 집단 구성원의 수만큼 많다.
2. 한 집단의 리더와 각 구성원은 각기 다른 관계를 형성하고 리더-구성원의 관계를 각각 다르게 지각함으로써 집단 내 구성원의 수만큼 서로 다른 리더-구성원의 관계가 형성된다는 이론
3. 리더-구성원의 관계에서 리더의 역할을 강조
4. 리더-구성원 교환이론의 초기연구 : 수직짝 연계이론(관계유형에 초점)

- 내집단(in-group) : 역할확대, 역할협의
- 외집단(out-group) : 직무 기술서 상의 역할 책임만 수행

LMX의 수준

1. LMX이론은 리더-구성원 쌍(dyad)간의 독특한 사회적 교환과정
2. LMX의 수준은 구성원이 업무수행과정에서 영향력을 발휘할 수 있는 '협상허용범위'를 통해 차별화됨
3. '협상허용범위'는 리더가 구성원이 직무수행 시 행사할 수 있는 영향력의 권한을 허용하는 정도를 의미함
4. '협상허용범위'는 리더-구성원 간 상호 신뢰, 배려, 협조, 지도, 의사소통, 의존의 정도 등을 나타냄
5. '협상허용범위'가 높은 구성원은 리더로부터 높은 신뢰를 받으면 의사소통도 원활함.

LMX의 선행요소

1. 리더-구성원간의 교환관계의 질은 개인적 특성의 유사성에 의해 좌우됨: 리더와 구성원의 성격적 특성이 유사할수록 교환관계가 형성될 가능성이 높음.
2. 구성원의 능력이나 자신감, 신뢰, 또는 동기유발의 정도 역시 리더-구성원의 교환관계의 질에 영향을 줌.
3. 일반적으로 리더는 만족할 만한 성과를 창출할 수 있는 구성원에게는 다양한 기회와 지원을 제공하지만 만족할만한 성과를 도출할 수 없는 구성원에게는 단순히 감독의 역할만을 수행.
4. 양질의 리더-구성원 교환관계를 가지고 있는 내집단은 외집단 구성원들에 비해 보다 높은 성과, 직무만족도, 조직몰입도, 조직시민행동, 경력 상승 등을 보이고 보다 낮은 이직의도를 보임

LMX의 발전단계

1) 초기 LMX는 ALS(평균적리더십유형, Average Leadership Style)에서 시작

- ALS: 리더는 조직내 모든 구성원에게 동일한 영향력을 행사하고 구성원도 이를 동일하게 인지하고 받아들인다는 가정

2) ALS이론이 리더와 구성원 개개인의 일대일 관계를 적절하게 반영하지 못함으로써 LMX의 1단계인 VDL 이론으로 수정 보완

- VDL이론(Vertical Dyad Linkage: VDL): 리더-구성원의 관계를 집단적 관계가 아닌 개별 수직쌍 관계로 봄
- 구성원의 욕구, 능력, 공헌도 등을 상대적으로 비교한 후 내집단(후원적 및 지원적 행동, 기회부여, 자원제공, 혜택과 보상)과 외집단(최소한의 관심과 배려)으로 구분하고 각기 다른 영향력 행사

LMX의 발전단계

3) 내집단과 외집단의 차이에 초점을 두고 진행된 VDL이론을 확장함으로써 2단계인 LMX이론 성립

- LMX이론: 리더-구성원 관계의 질, 조직성과와의 연관관계에 초점
- 리더-구성원의 관계의 질이 높을수록 직무와 관련하여 상호 간의 존중의 정도가 높고, 교환관계의 신뢰도가 높으며, 구성원 헌신에 대한 리더의 보상과 지원이 확고함.
  - 즉 LMX 수준이 높을수록 직무를 보다 효과적으로 추진하고 이로 인해 조직 효율성이 높아짐

4) LMX연구의 3단계는 리더십 만들기(Leadership Making:LM)임

- 리더십 만들기는 처방적 접근: 리더가 모든 구성원과 높은 수준의 교환관계로 발전하기 위한 노력을 강조하며 효과적인 리더가 되는 법 제시

LMX와 조직성과

- 조직성과의 제고를 위해 보다 많은 내집단을 형성하라!

[내집단과 외집단]

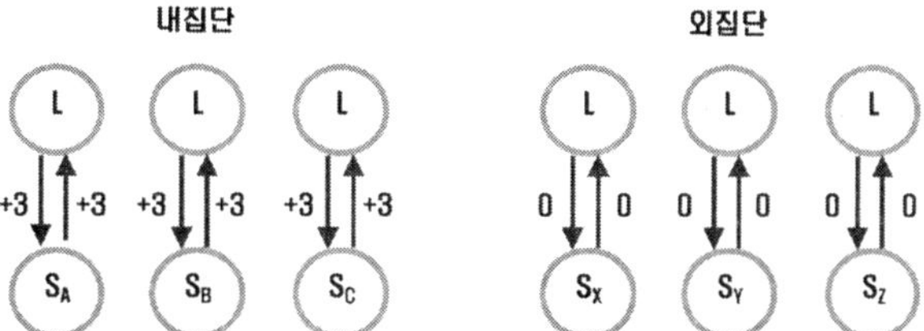

- 리더와 부하들 간의 상호작용에서 내집단(In-Group)과 외집단(Out-Group) 현상이 출현
- 내집단의 리더 : 부하 관계는 상호적인 신뢰, 존경, 호감 및 더 많은 정보 교환 등의 특성
- 외집단의 리더 : 부하 관계는 직무 기술서에 근거한 공식적 의사소통의 관계 특성
- (범례 : +3 ; 양질의 관계, 0 ; 낯선 관계)

리더십 만들기의 단계

- 1단계(낯선 단계): 상호 정해진 규정이나 공식적인 역할만 수행하는 단계로 상호 파악단계, 기본적이고 형식적인 상호관계
- 2단계(친지 단계): 상호 간 역할, 권한, 책임 등을 검증한 후 긍정적인 경우 신뢰와 존중의 관계를 형성하고 보다 많은 자원, 직무, 개인적 정보의 공유로 친숙한 관계 형성
- 3단계(협동단계 또는 파트너 단계): 상호 의존적 관계 구축 및 정서적으로 긴밀한 유대감 및 일체감 형성

LMX이론의 시사점

<장점>

1. 오늘날 조직의 상황을 가장 잘 반영하는 리더십 이론으로서 실무적 차원에서 높은 설득력을 얻고 있는 이론
2. '리더-구성원의 짝관계' 를 리더십과정의 중심부에 놓고 있는 유일한 이론
3. 리더와 구성원의 긴밀한 의사소통과 신뢰관계 구축을 강조하는 처방적 이론
4. 실증연구를 통해 리더십과 조직의 효과성을 입증

<한계점>

1. 리더는 조직의 효과성 제고를 위해 가능한 많은 구성원들과 내집단 관계를 형성해야 한다' 는 기본 가정이 공정성을 추구하는 인간의 기본적 가치에 역행
2. 다양한 형평성 이슈들을 다루지 않고 표면적으로 드러나는 몇몇의 현상만으로 내집단의 중요성을 강조하는 것은 과학적 연구로서의 신뢰성을 저해시킴
3. 내집단이 되기 위한 구체적인 전략을 제시하지 못하고, 양질의 리더-구성원 교환관계가 만들어지는 과정에 대해서도 설명하지 못하기 때문에 실제적으로 조직의 리더십개발훈련에 적용하기에는 미흡함이 많음

LMX의 구성요소

1. LMX의 하위 차원

- 정서적 유대감; 리더-구성원 간 인간적 매력에 대한 상호 유대감
- 충성: 리더-구성원 간의 상호 보호에 대한 충성심
- 공헌: 구성원의 리더와 조직을 위해 더 많은 추가적 노력을 기울이려는 공헌의식
- 전문성 존경: 리더의 전문지식과 능력에 대한 구성원의 인식

2. LMX 진단도구: LMX 7 Items(구성원의 리더 평가 7개 문항, 리더의 자기 평가 7개 문항)

LMX 설문지

설문내용	척도
1. 리더가 당신의 직무수행에 상당히 만족하고 있다	1 2 3 4 5
2. 리더가 당신의 직무상 문제점이나 상황을 이해하고 있다	1 2 3 4 5
3. 리더가 당신의 잠재적 가능성을 잘 알고 있다	1 2 3 4 5
4. 리더와 직무상의 관계가 좋다고 생각하는 편이다	1 2 3 4 5
5. 직무수행 중 문제가 발생하면 리더 자신의 권한으로 도와준다	1 2 3 4 5
6. 리더는 당신을 결정을 옹호하고 정당화시켜 줄 만큼 당신을 신뢰한다	1 2 3 4 5
7. 리더의 도움이 필요할 때는 리더 자신의 희생을 감수하고 당신을 도와준다	1 2 3 4 5

(점수의 해석)

① 30~35: 매우 높음

② 25~29: 높음

③ 20~24: 중간 정도

④ 15~19: 낮음

⑤ 7~14: 매우 낮음

Discussion

In-group으로 가는 길

- LMX 이론에 근거하여 같은 상황에서 In- Group과 Out-group은 어떻게 다르게 행동하는지 팀 별로 시나리오를 만들어 본다

제10장

변혁적 리더십 이론 (Transformational Leadership Theory)

1. 변혁적 리더십이론의 개요
2. 변혁적 리더십이론의 시사점
3. 리더십 진단

제10장 변혁적 리더십 이론 (Transformational Leadership Theory)

1 … 변혁적 리더십이론의 개요

변혁적 리더십은 비교적 새로운 리더십 이론 중 하나로 1980년대 초부터 많은 리더십연구자들의 관심의 대상이 되어왔다. 리더십 분야에서 가장 권위있는 학술지인 Leadership Quarterly에 게재된 논문의 주제를 분석해보면, 최근 연구의 3분의 1이 변혁적 또는 카리스마적 리더십에 관한 것으로서 변혁적 리더십이론이 리더십연구의 중심에 자리잡고 있음을 알 수 있다.

변혁적 리더십이란 용어는 1973년에 Downton에 의해 처음 사용되었지만, 대중의 관심을 받기 시작한 것은 정치학자이자 사회학자인 Burns(번즈)에 의해서다. Burns는 1978년에 자신의 저서 'Leadership'을 통해 '리더란 조직 구성원으로 하여금 리더와 구성원들이 공동으로 추구하는 목표에 보다 더 효과적으로 도달할 수 있도록 구성원의 동기를 자극하는 사람'이라고 리더의 역할을 정의하고, 리더십의 과정을 거래적 리더십(transactional leadership)과 변혁적 리더십(transformational leadership)으로 구분하였다. Burns에 의하면 거래적 리더십은 리더와 구성원간의 교환관계에 기초를 둔 리더십으로써 효과적인 리더십 발휘를 위해 리더는 부하가 바라는 것을 제공해주고 이를 통해 자신이 원하는 방향으로 부하의 행동을 유도해야 함을 강조했다. 따라서 리더와 구성원 간의 상호작용은 리더와 구성원간의 상호욕구가 교환관계를 통해 만족되는 한 지속된다. 반면 Burns에 의하면 변혁적 리더는 리더와 구성원 모두의 도덕성을 보다 높은 수준으로 끌어올림으로써 개인, 집단, 조직의 변화를 조장하는 리더이다. 효과적인 변혁적 리더십의 발휘를 위해서 리더는 구성원들의 보다 높은 수준의 욕구(고차원적 욕구)에 호소함으로써 구성원들로 하여금 자신의 이익을 초월하여 조직의 이익을 위해 공헌하도록 동기부여해야 함을 강조한다. Burns는 '변혁적 리더십이란 조직 전체나 조직 구성원들에게 변화의 필요성을 인식시키고, 자발적 변화를 향한 동기를 유발시킴으로써 구성원들이 자신에게 기대되는 행동수준 이상의 성과를 달성 할 수 있도록 이끌어나가는 것'으로 변혁적 리더십의 개념을 정의했다. Burns에 의하면 변혁적 리더십의 목표는 구성원들의 가치관, 태도, 행동규범, 그리고 장기 목표 등을 바꿈으로써 바람직한 방향으로 구성원들을 변화시키고 변혁시켜 나가는 것이다. 또한, Burns는 구성원들로 하여금 기대 이상의 성과를 창출하게 하는 변혁적 리더의 특징을 다음과 같이 제시하고 가장 이상적인 변혁적 리더의 전형으로 Mahatma Gandhi(마하트마 간디)의 사례를 들었다.

① 변혁적 리더는 조직의 구성원들에게 조직 목표의 가치와 중요성에 대해 충분히 인식시킨다.
② 변혁적 리더는 조직 구성원들이 조직을 위해서 개인의 이익을 초월할 수 있도록 동기유발시킨다.
③ 변혁적 리더는 구성원들이 보다 높은 수준의 욕구에 관심을 기울이도록 유도한다.

변혁적 리더의 특징은 Bennis(베니스)와 Nanus(나누스)에 의해서도 제시되었는데 그들에 의하면 변혁적 리더들은 다음과 같은 특징이 있다.

첫째, 변혁적 리더는 조직의 미래에 대한 명확한 비전을 가지고 있으며 이들의 비전은 간결하고 현실적이며 뚜렷한 미래의 청사진을 제시하고 있기 때문에 구성원들로 하여금 자신이 속한 조직의 나아갈 방향을 이해하고 조직목표 달성을 위해 노력하게 한다.

둘째, 변혁적 리더는 조직의 구성원들에게 조직의 가치 및 규범의 변화 방향을 효과적으로 전달함으로써 그들로 하여금 조직의 새로운 가치관과 이념을 적극적으로 수용하도록 만든다.

셋째, 변혁적 리더는 조직이 나아가는 방향을 명확히 제시하고 그 목표달성을 위해 일관되게 행동함으로써 구성원들의 신뢰를 얻는다.

넷째, 변혁적인 리더는 자신의 장점과 단점을 정확하게 파악하고 자신의 역량에 대한 명확한 인식을 바탕으로 개인의 성장과 조직의 목표달성을 위해 매진한다.

한편, Burns의 거래적 리더십과 변혁적 리더십의 개념은 1985년에 Bass(바스)에 의해 보다 체계화되면서 권위있는 리더십이론으로 더욱 확장·발전해 왔다. 정치적 리더십을 연구한 Burns와 달리 비즈니스 리더들의 리더십 연구를 통해 변혁적 리더십의 개념을 재정립한 Bass는 Burns의 선행연구와 House(하우스)의 카리스마적 리더십(charismatic leadership) 연구를 기반으로 변혁적 리더십이론을 보다 정교화하였는데, 거래적 리더십과 변혁적 리더십을 상호배타적인 개념으로 설명했던 Burns와는 달리 Bass는 거래적 리더십과 변혁적 리더십을 상호독립적인 개념으로 설명하고 변혁적 리더십은 거래적 리더십의 대체가 아닌 거래적 리더십의 효과에 추가적인 공헌을 하는 보완적 개념이라고 강조하였다. 즉, 거래적 리더십은 변혁적 리더십의 필요조건이기 때문에 효과적인 변혁적 리더십을 위해서는 반드시 거래적 리더십을 수반되어야 함을 주장한 것이다.

〈리더십 전범위 모델〉

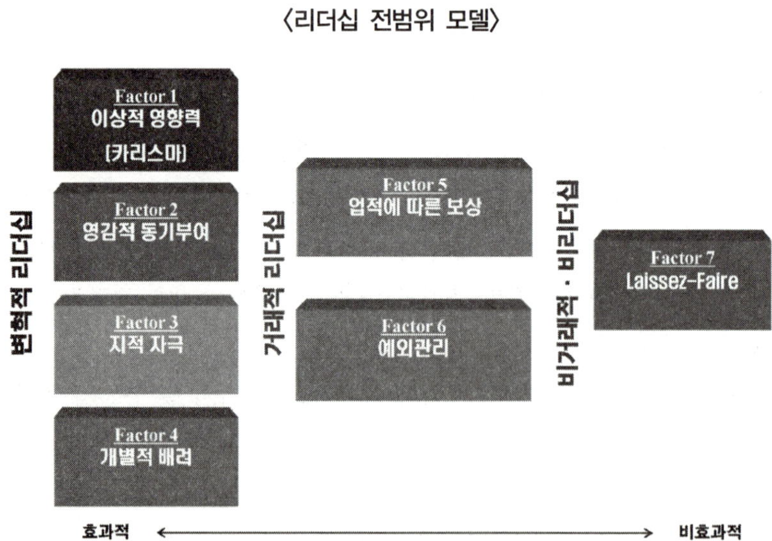

이와 같이 Bass는 거래적 리더십과 변혁적 리더십을 단일선상의 연속체로 설명하고, 변혁적 리더십의 변혁과정의 행동들을 보다 구체적으로 설명하기 위해서 '리더십 전범위모델(full range of leadership model)'을 제시하였다. '리더십 전범위모델'은 변혁적 리더십, 거래적 리더십, 그리고 비리더십 요인을 통합한 리더십 모델로서 네 개의 변혁적 요인과 두 개의 거래적 요인 그리고 한 개의 비거래적 · 비리더십 요인으로 구성되어 있다

1) 변혁적 리더십 요인

변혁적 리더십은 구성원들의 가치관, 태도, 행동규범, 그리고 장기 목표 등을 바꿈으로써 바람직한 방향으로 조직을 변혁시켜 나가는 리더십과정이다. 변혁적 리더십을 구성하는 행동요소로는 카리스마 또는 이념적 영향력, 영감적 동기부여, 개별화된 배려, 그리고 지직자극 등이 있다.

① 카리스마(charisma) 또는 이상적 영향력(idealized influence)

카리스마는 '요인 1'이라고 불리는데 변혁적 리더십의 가장 핵심적인 요소이다. 카리스마는 조직의 비전을 설정하여 이를 구성원들에게 명확하게 전달하고, 구성원들로 하여금 조직의 목표달성을 위해 헌신할 수 있도록 동기부여 하며, 조직의 변화를 위하여 관습에 얽매이지 않고 개인적 위험을 기꺼이 감수하는 등의 행동을 통해 구성원들로부터 신뢰를 얻게 한다. 변혁적 리더의 카리스마는 구성원들로 하여금 리더와 함께 일하는 것에 자부심을 느끼게 하고, 리더의 가치관과 비전을 수용하게 하며, 리더와 동일시하려고 노력하게 함으로써 강한 정서적 유대관계를 형성하고 이를 통해 구성원들이 조직의 목표달성을 위해 헌신하도록 영향력을 행사한다. 카리스마는 영향력의 관점에서 이상적 영향력이라고도 불린다. 하지만 카리스마는 변혁적 리더십의 핵심 구성요소이긴 해도 그 자체로는 변혁적 리더십을 충분히 설명하지 못한다. 즉, 변혁적 리더십의 효과성 제고를 위해서는 영감적 동기부여, 개별화된 배려, 그리고 지적 자극을 모두 포함하고 있어야 한다.

② 영감적 동기부여(inspirational motivation)

'요인 2'라고 불리는 영감적 동기부여는 구성원들에게 조직의 비전과 목표를 명확하게 제시하고, 격려와 인정을 통해 구성원들의 자신감을 북돋우는 리더의 행동으로서 카리스마와 밀접한 관련성이 있다. 일반적으로 변혁적 리더는 조직의 구성원들에게 높은 기대를 표시하고, 구성원들이 조직의 공유된 비전 실현을 위해 최선의 노력을 다하도록 그들을 고무시키는 리더이다. 또한, 변혁적 리더는 구성원들이 자신의 이익을 뛰어넘어 조직의 목표달성에 보다 관심을 기울이도록 격려의 말을 통해 구성원들을 동기부여한다.

③ 지적 자극(intellectual stimulation)

'요인 3'으로 불리는 지적자극은 구성원들이 기존의 업무수행 방식에 대해 의문을 제기하고 새로운 업무수행 방식을 강구하도록 지원하며, 구성원들의 가치관과 신념뿐만 아니라 조직이나 리더 자신의 가치관과 신념 등에 대해서도 문제의식을 가지고 새로운 해결방안을 모색하도록 촉구한다. 변혁적 리더는 조직의 문제해결을 위해 구성원들의 창의성과 혁신성을 자극함으로써 구성원 스스로 혁신적인 해결방안을 제시하도록 하고, 새로운 접근방식을 통해 조직이 당면한 문제점을 해결할 수 있도록 구성원들을 격려하고 지원한다. Bass에 의하면 변혁적 리더와 거래적 리더는 지적자극에 있어서 현저한 차이를 보이는데, 변혁적 리더가 보다 능동적이고 창의적이며 보다 혁신적인 경향을 보인다고 한다.

④ 개별적 배려(individualized consideration)

'요인 4'라고 불리는 개별적 배려는 리더와 구성원과의 1:1관계에 기초하여 리더가 구성원들의 개인적인 욕구를 파악하고 이를 만족시키고자 노력하며, 멘토링이나 코칭 등을 통해 구성원들의 잠재력을 개발하는 리더행동을 가리킨다. 효과적인 변혁적 리더는 구성원 개개인의 욕구 및 능력의 차이를 인정하고, 각 구성원의 욕구 수준을 끌어 올리고자 노력하며, 적절한 학습의 기회를 제공하고, 권한을 위임하며, 소외된 구성원에게 관심을 갖고 지원한다. 따라서 개별화된 배려는 구성원들의 리더에 대한 만족이나 조직의 생산성 제고에 상당한 기여를 하는 매우 중요한 요인이다.

2) 거래적 리더십 요인

거래적 리더십은 성과에 따른 보상을 기초로 리더가 조직 구성원들에게 영향력을 행사하는 과정으로서 리더와 구성원간의 교환 및 거래관계를 통해 성립된다. 즉, 거래적 리더십은 구성원들이 가치 있다고 생각하는 것을 리더가 제공하고, 그 제공에 대한 대가로 리더가 원하는 것을 얻게 되는 리더와 구성원간의 교환 또는 협상관계를 의미한다. 거래적 리더십은 고성과에 대한 보상과 저성과에 대한 질책이라는 교환관계에 기초하고 있는데, 일반적으로 거래적 리더는 변혁적 리더와는 달리 구성원 개개인의 욕구 및 개인적 성장에는 관심을 기울이지 않고 구성원들의 목표달성과 그에 따른 대가의 교환 등에만 관심의 초점을 맞춘다. 이러한 거래적 리더십이 영향력을 갖는 것은 구성원들이 리더가 원하는 것을 성취하면 자신에게 최대의 이익이 주어진다는 것을 알고 있기 때문이다. 거래적 리더십의 주요 구성요인은 다음과 같다.

① 업적에 따른 보상(contingent reward)

'요인 5'라고 불리며 '조건적 보상'이라고도 한다. '조건적 보상'은 리더가 설정한 목표 수준을 구성원들이 달성하였을 경우 동기부여의 강화를 위해 인센티브나 보상을 제공하는 것을 의미한다. 따라서, '업적에 따른 보상'은 구성원들의 성과 창출에 대한 리더의 긍정적인 반응으로서 구성원에 대한 리더의 인정과 격려를 나타낸다. 또한, 거래적 리더는 효율적 관리과정에 초점을 맞추고 관리의 효율성과 권력 제고의 수단으로써 보상과 처벌을 사용한다. 거래적 리더는 구성원들에게 자신들이 수행해야 할 과업이 무엇인지를 분명하게 제시하고, 구성원들과의 합의를 통해 과업 달성 시에 주어지는 보상에 대해 신중히 결정한다.

② 예외에 의한 관리(management by exception)

'요인 6'이라 불리는 '예외에 의한 관리'는 예외적 사건이 발생했을 때 리더가 개입하는 것을 의미한다. 예외관리는 크게 적극적 예외관리와 소극적 예외관리로 나뉘는데, 적극적 예외관리는 구성원들의 업무수행상 실수 또는 규칙위반 등을 세밀히 지켜보고 그때그때 수정조치를 취함으로써 향후 발생 가능한 문제점을 사전에 점검하는 리더행동이다. 한편 소극적 예외관리는 구성원들의 업무수행 과정에는 크게 개입하지 않지만 업무 성과가 기준에 미달하거나 혹은 문제가 표면화된 경우 개입하여 이를 시정하고자 하는 리더행동을 의미한다. 따라서 적극적 예외관리는 구성원들이 효율적으로 목표를 달성하도록 미리미리 시정 조치를 취하는 것이고, 소극적 예외관리는 문제가 발생한 후에 개입하는 것이다. 일반적으로 '업적에 따른 보상'이 긍정적 피드백을 제공하는 것이라면 '예외에 의한 관리'는 부정적 피드백이나 부정적 강화를 수반하는 경우가 많다. 요약하면, 거래적 리더십은 리더와 구성원간의 관계를 '상호 복종과 보상을 주고받는 거래관계'로 규정하고 적절한 보상을 통해 구성원의 복종을 유도하는 리더십이다.

3) 비거래적 · 비리더십 요인(nonleadership factor)

① 자유방임적 리더십(laissez-faire)

'요인 7'로 불리는 자유방임적 리더십은 조직의 리더가 리더로서 수행해야 할 역할책임에서 손을 떼고 일이 돌아가는 것을 방임 · 방치하는 것을 의미한다. 일반적으로 자유방임적 리더는 리더로서의 책임을 포기하고, 의사결정을 지연시키며, 구성원들의 업무성과에 대한 피드백을 제공하지 않고, 구성원들의 성장과 발전을 돕는 노력을 기울이지 않는다. 요약하면, 비거래적 · 비리더십은 리더십이 없는 상태를 가리키며 리더의 비거래적 · 비리더십 행동은 조직의 효과성과 구성원의 만족도 측면에서 부정적인 결과를 초래하게 된다.

2 … 변혁적 리더십이론의 시사점

변혁적 리더십의 연구는 일차적으로 변혁적 리더십의 효과성을 입증하는데 있다. 변혁적 리더십에 대한 대부분의 실증연구에 따르면 변혁적 리더십은 거래적 리더십에 비해 리더십 유효성 및 구성원 만족도에 있어서 보다 높은 평가를 받고 있는데 일반적으로 변혁적 리더는 전통적 리더에 비해 구성원들로부터 보다 높은 믿음, 신뢰, 칭찬, 충성을 이끌어내기 때문에 구성원들의 성과창출과 직무만족, 집단 효과성 및 리더십 유효성 등 긍정적인 영향을 미친다고 한다. 즉, 변혁적 리더십에 관한 연구문헌들을 메타분석(meta-analysis)한 연구결과들에 의하면 변혁적 리더는 거래적 리더에 비해 보다 높은 업무성과를 창출하고 있으며 구성원들로부터 보다 효과적인 리더로 지각된다고 한다. 변혁적 리더십에 의하면 변혁적 리더는 조직의 새로운 비전과 목표를 제시하고, 긍정적인 방향으로 조직을 변화시키고자 하는 '변화 주역(change agent)'의 역할을 적극적으로 수행한다. 변혁적 리더들은 사람들과 더불어 효과적으로 일하는 방법을 아는 사람들이며, 구성원들과의 신뢰관계를 구축하고 구성원들의 업적과 성취에 대해 인정하고 격려함으로써 구성원들의 만족을 이끌어내는 사람이다.

변혁적 리더십이론은 비교적 최근의 리더십 이론이지만 다양한 시각에서, 또한 다양한 조직을 대상으로 실시한 광범위한 실증 연구들로 인해 학술적 이론으로서 높은 가치를 가지고 있다. 변혁적 리더십은 Bass에 의해 처음 리더십 이론으로 소개된 이후 리더십 연구의 주요 관심사가 되어왔으며, 최근까지 리더십분야에서 학술적 논문과 연구프로젝트의 상당수가 변혁적·카리스마적 리더십을 주제로 쓰여지고 있는 것이 사실이다. 변혁적 리더십은 리더십의 효과성을 리더와 구성원간의 상호작용을 통해 설명함으로써 효과적인 리더십 발휘에 있어서 구성원의 역할 및 책임감의 중요성을 강조함과 동시에 구성원들로 하여금 개인의 이익을 초월하여 공동체의 이익을 위해 헌신할 수 있도록 그들의 동기를 유발하는 것이 리더의 중요한 역할임을 강조한다. 따라서, 변혁적 리더십은 리더와 구성원간의 교환관계에만 초점을 맞춘 거래적 리더십과는 달리 구성원들의 욕구와 성장에 대해서도 주의를 기울이는 '리더십의 확대된 모습'을 제공하고 있다.

변혁적 리더십은 본질적으로 도덕적 측면을 포괄하고 있으며 '도덕수준의 향상(morally uplifting)'을 그 목표로 하는 리더십이론으로서 다른 리더십이론과 차별화된다. 하지만, 이와 같은 변혁적 리더십의 중요성에도 불구하고 변혁적 리더십은 다음과 같은 측면에서 몇 가지 문제점을 내포하고 있다.

① 매우 포괄적인 변혁적 리더십의 범주로 인하여 변혁적 리더십에 영향을 미치는 변수들을 정확하게 규명하기 어렵고, 각 변수들에 대한 개념적 정의도 명확하지 않다. Tracey(트레이시)와 Hinkin(힌킨)의 연구에 의하면 변혁적 리더십의 중요 구성요소인 4I(idealized influences, inspirational motivation, intellectual stimulation, and individualized consideration)들 간에는 개념상 상당한 중복이 나타나는데, 특히 카리스마의 경우 변혁적 리더십을 구성하는 핵심적인 요소임에도 불구하고 종종 변혁적 리더십과 동일한 개념으로 이해되고 있는 것이 사실이다.

② 지난 15년 동안 변혁적 리더십을 측정하기 위해 사용된 진단도구 MLQ(Multifactor Leadership Questionnaire)의 경우 다양한 버전(version)으로 인해 리더십 측정도구로서의 타당성을 충분히 인정받지 못하고 있으며, 각 연구결과들의 직접적인 비교도 어렵다는 문제점이 있다. 특히, 특정 버전의 경우 변혁적 리더십의 네 가지 요인들 사이에 상당히 높은 상관관계가 발견되는데 이는 각 요인들이 명확하게 분류되는 별개의 요인이 아니라는 것을 의미한다. 또한, 특정 버전의 경우에는 변혁적 리더십의 구성요소들이 거래적 리더십 및 자유방임적 리더십의 구성요소들과 상관관계를 보이는 경우가 있는데 이것은 변혁적 리더십의 구성요소들이 변혁적 리더십 모델에만 국한되는 요인들이 아니라는 것을 의미하는 것으로서 변혁적 리더십 모델의 선명성에 대한 의문은 지금도 꾸준히 제기되고 있는 실정이다.

③ 변혁적 리더십의 실증연구의 대부분이 조직의 고위계층 관리자로부터 수집된 정성적 자료(qualitative data)에 의존하고 있기 때문에 이를 일반화하여 모든 계층의 관리자들에게 효과적으로 적용될 수 있을지에 대한 의문이 제기된다.

④ 변혁적 리더십의 궁극적 목표는 구성원들의 가치관을 변화시키고 새로운 비전으로 그들을 이끌어가는 것이다. 하지만 리더의 잘못된 가치관 또는 신념 등으로 인해 조직 전체가 심각한 위험에 빠질 가능성이 있음에도 불구하고 이에 대한 경고 및 문제해결방안은 제시되지 않는다는 것이 변혁적 리더십의 또 다른 문제점으로 자적된다. 즉, 변혁적 리더의 개인적 가치관과 신념이 조직 전체의 방향과 일치하지 않을 경우, 또는 조직의 성장에 긍정적이지 않은 경우 조직에는 여러 가지 문제점이 야기될 수 있는데 이에 대한 해결방안은 부재하다는 의미이다.

한편 변혁적 리더는 조직의 이익을 위해 자신의 이익을 초월한 리더이지만 종종 히틀러, 후세인 등과 같은 부정적 방법을 통해 변혁을 시도한 독재자들이나 사이비 종교 지도자들과 혼동되기도 한다. 이와 같은 문제점을 해결하기 위해 Bass는 '유사 변혁적 리더십'이란 새로운 용어를 만들고 변혁적 리더십과의 차별화를 시도하였다. 유사 변혁적 리더십의 특징은 자기 파괴적이고, 착취적이며, 권력 지향적이며 유사 변혁적 리더는 조직의 이익보다는 개인의 이익을 위해 조직의 도덕적 가치를 왜곡시키는 리더를 가리킨다.

3 … 리더십 진단

다양한 version의 변혁적 리더십 측정도구 중 가장 많이 사용되는 것은 MLQ (Multifactor Leadership Questionnaire)로서 MLQ는 Bass에 의해 처음 개발된 이후 수차례에 걸쳐 수정 · 보완되었다. 1985년 Bass는 70명의 고위층경영자들을 대상으로 자신의 인생경험에서 역할모델이 되었던 리더를 떠올리게 하고, 역할모델들의 행동과 그들이 자신에게 미친 영향 등에 대해 설명하도록 요구한 뒤 그 인터뷰 내용을 토대로 MLQ 설문지를 개발하였다. MLQ 개발 초기 Bass는 카리스마, 지적자극, 개인적 배려 등의 3개 요인만을 변혁적 리더십의 구성요소로 포함하였으나 이후 Avolio(아볼리오)와 함께 진행한 연구에서 '영감적 동기부여'를 추가하고 '적극적 예외에 의한 관리'와 '소극적 예외에 의한 관리', 그리고 '자유방임적 리더십'등의 개념을 포함하여 기존의 MLQ-5를 MLQ-5X로 수정·봉완하였다.

MLQ-5X는 오늘날 가장 많이 사용되는 변혁적 리더십 측정도구로서 기본적으로 구성원들의 지각을 통해 리더십 전범위 모델의 7개 요인에 대한 리더의 행동을 측정하고자 구성되었으며, 이에 더하여 '조직 효과성' 및 '구성원 만족도'를 측정하는 항목들이 추가되었다. 본 교재에서 제시된 설문지는 MLQ의 축소판(MLQ-6S)으로서 문항 1에서 문항 4까지의 항목은 변혁적 리더십의 정도를 측정하고, 문항 5와 문항 6은 거래적 리더십의 정도를 측정하고 있으며, 마지막 문항은 자유방임적 리더십의 정도를 측정하고 있다.

<MLQ-6S 변혁적 리더십 진단 설문지>

■ 이 설문지는 귀하의 리더십 스타일에 대해 기술하고 있습니다. 다음의 21개 문항들을 읽고 각각의 문항에서 귀하에게 해당되는 정도를 다음의 기준을 참조로 평가해 보십시오(설문 문항 중 '다른 사람들'이라는 말은 귀하의 고객 혹은 집단구성원들을 의미합니다).

(기준)

0 = 전혀 그렇지 않다 1 = 이따금씩 그렇게 한다

2 = 때때로 그렇게 한다 3 = 꽤 자주 그렇게 한다

4 = 항상은 아니지만 빈번하게 그렇게 한다

문항	점수
1. 나는 구성원들이 내 주위에 있는 것을 기분 좋게 느끼도록 한다.	
2. 구성원들은 나를 완전히 신뢰하고 있다.	
3. 구성원들은 나와 함께 하고 있는 것을 자랑스럽게 생각한다.	
4. 나는 우리가 부엇을 할 수 있고, 해야 하는지를 명확하게 표현한다.	
5. 나는 우리가 할 수 있는 가능성에 대해 호소력 있게 표현한다.	
6. 나는 구성원들이 자신의 일에서 의미를 찾도록 돕는다.	
7. 나는 구성원들이 기존의 문제를 새로운 방식과 시각으로 보도록 한다.	
8. 나는 복잡하고 어려운 문제를 새로운 시각으로 보는 방법을 제공한다.	
9. 나는 기존의 문제에 의문을 제시하고 새로운 시각에서 보도록 한다.	
10. 나는 구성원들이 자신을 스스로 개발해 가도록 돕는다.	
11. 나는 구성원들이 하는 일에 대해 나의 생각을 알려준다.	
12. 나는 소외당하고 있는 사람들에게 개인적인 관심을 보인다.	
13. 나는 구성원들에게 보상을 받기 위해 무엇을 해야 하는지를 말해준다.	
14. 나는 구성원들이 목표를 달성했을 때 인정하고 보상한다.	
15. 나는 구성원들의 업적에 따른 보상에 대해 주의를 기울인다.	
16. 나는 구성원들이 합의된 업적기준을 충족시켰을 때 만족한다.	
17. 나는 일들이 잘되어 가면 어떤 것도 바꾸려고 시도 하지 않는다.	
18. 나는 구성원들에게 업무수행을 위해 알아야 할 원칙들을 가르쳐 준다.	
19. 나는 구성원들이 항상 같은 방식으로 일하는 것에 만족한다.	
20. 구성원들이 무엇을 하려고하든 나는 좋다.	
21. 나는 구성원들에게 꼭 필요한 것만을 요구한다.	

(점수의 해석)

MLQ-6S는 '리더십 전범위 모델'과 관련된 7개의 요인의 점수에 따라 개인의 리더십을 측정하는데, 각 요인에 대한 평가는 각기 다른 세 가지 문항들의 점수를 합산함으로써 계산된다. 예를 들면 '이상적 영향력'에 대한 평가는 항목 1, 항목 2, 그리고 항목 3에 대한 점수를 합산하여 산출하고 '영감적 동기부여'에 대한 평가는 문항4, 문항 5, 그리고 문항 6을 합산하여 평가하는 식이다. 일곱 가지 요인 모두 같은 방식으로 평가한다.

구 분	관련 항목	점수
1. 이상적 영향력 (요인 1)	문항 1, 문항 2, 문항 3	
2. 영감적 동기부여 (요인 2)	문항 4, 문항 5, 문항 6	
3. 지적 자극 (요인 3)	문항 7, 문항 8, 문항 9	
4. 개별적 배려 (요인 4)	문항 10, 문항 11, 문항 12	
5. 업적에 따른 보상 (요인 5)	문항 13, 문항 14, 문항 15	
6. 예외관리 (요인 6)	문항 16, 문항 17, 문항 18	
7. 자유방임적 리더십 (요인 7)	문항 19, 문항 20, 문항 21	

(점수 범위)

■ 0~4 : 낮음 ■ 5~8 : 중간 ■ 9~12 : 높음

- 이상적 영향력(요인 1) : '이상적 영향력'의 점수가 높다는 것은 리더가 구성원들로부터 신뢰와 존경을 받고 있으며, 리더가 구성원들에 대해 헌신의 자세를 보이고 역할모델로서 행동한다는 것을 의미한다.
- 영감적 동기부여(요인 2) : '영감적 동기부여'의 점수가 높다는 것은 리더가 명확히 비전을 제시하고, 구성원들로 하여금 자신의 일에 몰두하도록 지원하며, 구성원들이 자신의 일을 통해 삶의 가치를 느낄 수 있도록 노력한다는 의미이다.
- 지적 자극(요인 3) : '지적 자극'의 점수가 높다는 것은 리더가 구성원들로 하여금 보다 창의적이고 새로운 시각으로 기존의 문제들을 바라보도록 격려하고, 자신과 상이한 구성원들의 시각을 인정하며, 구성원들의 다양한 의견을 수렴하여 의사결정에 반영하고자 노력한다는 의미이다.
- 개별적 배려(요인 4) : '개별적 배려'의 점수가 높다는 것은 리더가 구성원들의 복지에 관심을 기울이고, 소외된 구성원에게 많은 관심을 보

인다는 의미이다.

- 업적에 따른 보상(요인 5) : '업적에 따른 보상'의 점수가 높다는 것은 리더가 구성원들에게 조직의 목표와 기대 사항에 대해 명확히 설명하고, 목표를 달성했을 때 충분히 인정하고 보상한다는 것을 의미한다.
- 예외관리(요인 6) : '예외관리'의 점수가 높다는 것은 리더가 구성원들이 리더와 합의된 업적기준을 충족시켰을 경우, 또는 기준에 미달하거나 원칙을 어겼을 경우 문제의 해결을 위해 적극적으로 개입한다는 것을 의미한다.
- 자유방임적 리더십(요인 7) : '자유방임'의 점수가 높다는 것은 리더가 구성원들에게 아무것도 요구하지 않고, 구성원들이 알아서 하도록 방치한다는 것을 의미한다.

Working Manual

변혁적 리더십(1973년)

1. Downton에 의해 변혁적 리더십이라는 용어 처음 제시→Burns에 의해 알려지고 Bass에 의해 정교화됨 → Leadership Quarterly의 1/3차지
2. 변혁적 리더십의 필요성: 급변하는 시장 환경에 효과적으로 적응하기 위해서는 변화가 필수적 요건: 변혁적 리더십은 변혁과 변화를 강조하는 새로운 리더십 패러다임으로 그 중요성 부각
3. 변혁적 리더십이란?: 구성원의 정서, 가치관, 윤리, 행동규범, 장기적 목표를 변화하고 변혁시키는 과정으로서 구성원의 동기를 평가하고, 요구를 충족시킴으로써 목표달성을 위해 동기부여 시키는 것
4. 변혁적 리더의 역할: 조직 구성원의 사기를 고취시키고, 미래의 비전과 공동체적 사명감을 강조하며, 조직의 장기적 목표를 달성하는 것
5. 변혁적 리더의 특징: 개인의 이익보다 조직 전체의 이익을 중시

변혁적 리더의 자세

<Bennis & Nanus>

1) 리더는 구성원의 실수를 포용한다

2) 리더는 구성원의 진지한 조언을 장려한다

3) 리더는 반대의견을 장려한다

4) 리더는 낙관, 신념, 희망을 소유하고 있다

5) 리더는 일종의 감을 가진다

6) 리더는 장기적인 안목이 있다

7) 리더는 이해 집단의 갈등과 요구를 균형있게 조정한다

8) 리더는 전략적인 동맹과 협력관계를 만든다

Burns의 변혁적 리더십

1. Burns: 정치적 리더십 연구에서 변혁적 리더십 개념 도출
2. 정치적 리더십= 거래적(transactional)리더십 vs. 변혁적(transformational) 리더십
3. 거래적 리더십: 경제적 교환관계로 구성원의 행동을 이끄는 것으로 리더와 구성원의 상호욕구가 만족되는 한 지속됨
4. 변혁적 리더십: 리더의 역할은 비전과 공동체적 사명감을 강조하여 조직구성원의 사기를 고취시킴으로써 조직의 장기적 목표 달성
5. 거래적 리더십과 변혁적 리더십은 단일선상의 상호 극단의 개념
6. Burns가 제시하는 대표적인 변혁적 리더: 간디

Bass의 변혁적 리더십

1. 정치적 리더십을 연구한 Burns와 달리 Bass는 비즈니스 리더들을 연구함으로써 오늘날의 변혁적 리더십 개념 완성
2. Bass의 변혁적 리더십=Burns의 변혁적 리더십+House의 카리스마적 리더십(Charismatic Leadership)
3. 변혁적 리더십은 거래적 리더십의 상위 개념 : 최고의 리더=거래적+변혁적 리더

<Burns와 Bass의 차이점>

- Burns : 거래적 리더십과 변혁적 리더십을 단일선상의 양극단의 개념으로 인식
- Bass: 거래적 리더십과 변혁적 리더십은 상호 독립적이며 단일선상의 연속체임

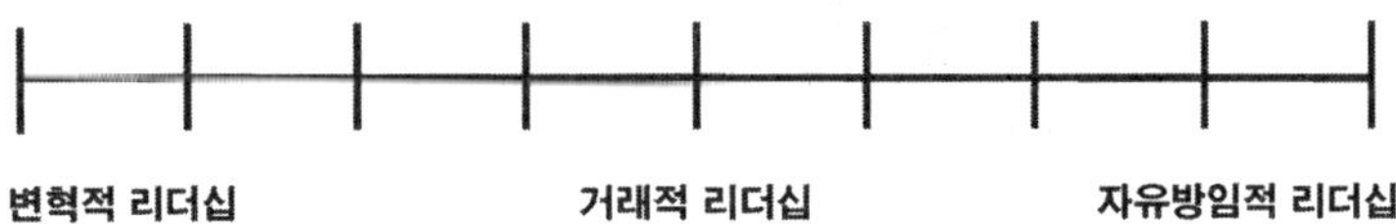

Burns와 Bass의 거래적 리더십 비교

1) Burns의 거래적 리더십의 개념: 리더가 조건적 보상을 사용하여 구성원들로부터 바람직한 행동을 하도록 영향력을 행사하는 과정
2) Burns의 거래적 리더십의 유효성: 리더가 원하는 것이 구성원 자신에게도 이익이 된다고 보는 경우 리더의 영향력 행사 가능
3) Bass의 거래적 리더십: 거래적 리더십을 교환하는 노력을 발휘하도록 동기부여시키는 리더십
4) 거래적 리더십의 효율성: 현재에 초점을 두고 안정을 추구하며 전통적 관리기능 및 일상적 업무를 수행함에 있어 효과적

솔개

http://www.youtube.com/watch?v=2BOO6QWkxD8

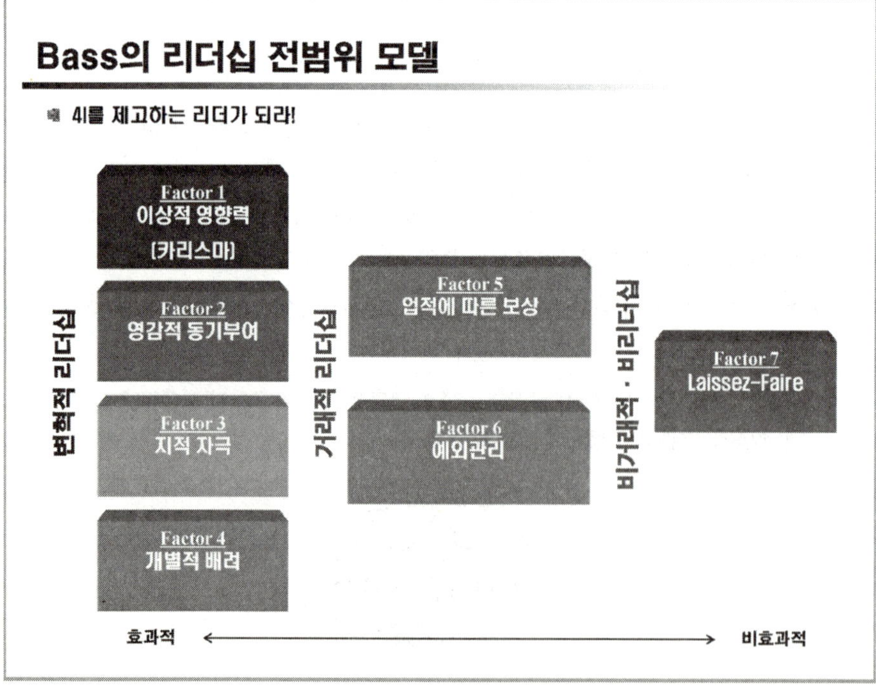

변혁적 리더십의 구성요소

1. 변혁적 리더십의 구성요소: 4I

1) 카리스마(charisma) 또는 이상적 영향력(Idealized influence): 구성원들이 리더가 제시한 비전을 따르도록 하는 특별한 능력

2) 영감적 동기부여(Inspirational motivation): 구성원에게 비전을 제시하고 열정을 불러일으키며 격려를 통해 에너지를 고취하고 업무에 매진하도록 하는 리더의 행동

3) 지적 자극(Intellectual stimulation): 구성원으로 하여금 과거관습에 대해 의문을 제기하고 새로운 업무수행 방식을 강구하도록 지원

4) 개별적 배려(Individualized consideration): 구성원들이 가지고 있는 개인적인 욕구 및 능력의 차이를 인정하고 잠재력을 개발해주는 리더의 행동

2. 거래적 리더십의 구성요소

- 거래적 리더십은 요인5인 업적에 따른 보상(contingent reward)과 요인6인 예외관리 두 가지 요소로 구성되어 있다

① 업적에 따른 보상

- 바람직한 성과에 대한 긍정적 보상을 제공함으로써 동기부여

② 예외관리(management-by-exception): 예외적인 상황발생 시 부정적 피드백이나 부정적 강화를 통해 리더가 개입하는 행위

- 적극적 예외관리: 문제가 발생하지 않도록 미리 점검, 수정조치
- 소극적 예외관리: 문제가 심각해진 후 개입

3. 비거래적 · 비리더십의 구성요소

1. 비거래적 · 비리더십(nontransactional leadership)은 하나의 요소로 구성되었는데 이는 요인7, 자유방임적 리더십(Laissez-faire)임
2. 자유방임적 리더십이란? "손을 떼고 돌아가는 대로 두고 본다" 는 의미의 불어
3. Laissez-faire 리더: 리더로서의 책임을 포기하고, 의사결정을 연기하며, 구성원들에 피드백을 제공하지 않고, 이들의 욕구를 충족시키거나 지원하는 최소한의 노력도 하지 않는 리더

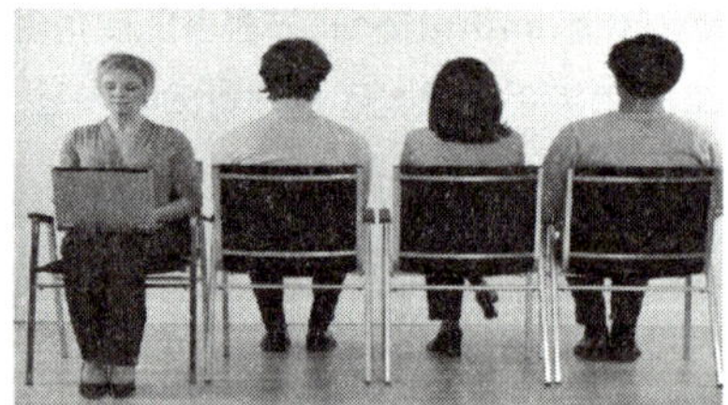

유사 변혁적 리더십

Q: 히틀러는 변혁적 리더인가?

- Pseudo transformational leader : 히틀러, 후세인

http://tvpot.daum.net/clip/ClipView.do?cateid=31&clipid=8507020&q=&type=chal

변혁적 리더십 진단

1. 변혁적 리더십 진단도구: MLQ(Multifactor Leadership Questionnaire)로 Bass에 의해 처음 개발된 이후 수 차례 수정 보완
2. 현재 가장 많이 사용되는 형태: MLQ-5X
3. 본 교재는 MLQ 축소판인 MLQ-6S 사용

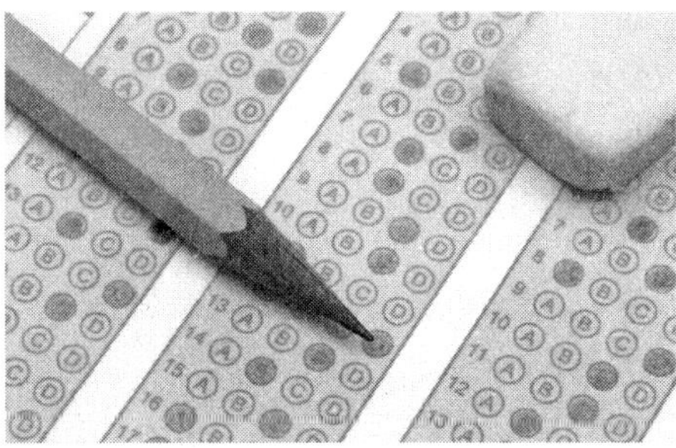

Discussion

변화와 혁신

1. 나에게 있어서 가장 변화해야 할 태도 및 성격상의 문제점은 무엇인가?

2. 이러한 문제를 해결하고자 어떤 노력을 기울였는가?

제11장

최신 리더십 이론

1. 카리스마 리더십
2. 서번트 리더십
3. 셀프 리더십과 슈퍼 리더십

제11장 최신 리더십 이론

1 … 카리스마 리더십(Charisma Leadership)

1976년 제기된 House의 카리스마 리더십은 리더십 특성론에 기반한 리더십이론으로서 비교적 최근의 리더십이론이다. House는 카리스마 리더십에 대한 아이디어를 1947년에 발간된 Weber의 '지배의 원천'에서 가졌는데, '지배의 원천'에서 Weber는 '법적 권한'의 한 가지 형태로 카리스마의 개념을 소개하였다. House의 카리스마 리더십은 Burns의 변혁적 리더십이론과 오늘날 많은 리더십 연구자들의 관심을 받고 있는 리더십 이론으로서 카리스마의 어원은 그리스어 'Kharisma'에서 유래되었다. Kharisma는 신이 주신 재능(endowed gift)를 의미하는데 일반적으로 보통 사람들과 차별화되는 리더의 천부적으로 타고난 능력, 힘, 빼어난 재능, 또는 사람의 마음을 끄는 독특한 매력 등을 가리킨다.

Weber는 카리스마를 '비범한 일을 해낼 수 있는 잠재능력 또는 천부적 재능'으로 정의하고, 조직에서 리더의 지시가 구성원들의 복종을 불러일으킬 가능성을 '지배(domination)'라고 하였다. Weber에 의하면 '지배'의 원천은 '권한(authority)'에 있는데 '권한'은 보편타당한 가치체계를 가진 조직의 구성원들이 리더가 자신의 권한을 올바르게 사용한다고 믿는 경우에 한해 주어진다고 한다. 권한은 크게 법적 권한, 전통적 권한, 카리스마적 권한으로 나눌 수 있다.

① **법적 권한(합법적 권한)** : 공식적인 규범 또는 법률 등에 의해 복종이 이루어지는 권한

② **전통적 권한** : 현존하는 사회적 질서에 의해 부여되는 권한

③ **카리스마적 권한** : 리더가 특출한 능력을 가졌다고 믿는 구성원들의 신념에 기반한 복종으로 인해 부여되는 권한

한편, Weber가 사회의 지배원천에 대한 의문으로부터 카리스마의 개념을 연구하였다면 Etzioni(에치오니)는 규범적 조직에서의 자발적 순응에 대한 관심으로부터 카리스마에 대한 연구를 시작하였다. Etzioni에 의하면 카리스마는 리더의 특성에 의한 것이 아니라 리더에 대한 구성원의 반응에 의해 결정되는데, 리더가 카리스마를 갖는 것은 구성원들이 리더가 가진 지혜, 능력, 지식, 전문적 기술, 조직관리 기술 등을 신뢰하기 때문이라는 주장이다. Etzioni는 카리스마를 '구성원들의 규범적 행동에 대해 깊은 영향력을 행사할 수 있는 리더의 능력'이라고 정의하고, 리더의 카리스마가 구성원들을 순응하게 만드는 주요 요인임을 강조하였다.

한편 House는 연구의 초점을 현대 조직사회에서 카리스마 리더십의 효과성에 두고 심리학적 관점에서 카리스마 리더십이론을 체계화하였다. House는 Weber가 제기한 '카리스마는 하늘이 부여한 신비한 재능'이라는 기존의 가정을 부정하고, 카리스마를 '일반적이고 포괄적 개념'이 아닌 '관찰 가능한 리더의 특성 및 행동'으로 설명하고자 노력하였다. House에 의하면 카리스마 리더는 비카리스마 리더와 차별화되는 특성과 행동이 있는데, 카리스마 리더의 고유한 특성과 행동은 높은 리더십 효과성을 창출한다고 한다. House가 주장한 카리스마 리더십의 효과는 다음과 같다.

① 카리스마 리더는 구성원들로 하여금 열정적으로 리더에 복종하고, 충성하며, 몰입하고, 헌신하도록 동기 부여한다.

② 카리스마 리더는 구성원들이 자신의 가치관, 목표, 그리고 행동을 모방하고 동일시하게 하도록 바람직한 역할모델이 된다.

③ 카리스마 리더는 보다 높은 목표를 제시하고, 자신 및 구성원들의 능력에 대해 자신감을 표현함으로써 구성원들을 동기부여한다.

④ 카리스마 리더는 구성원들로 하여금 새로운 가치관과 신념을 가지게 함으로써 기존 질서를 변화시키고, 조직의 급진적인 변화를 불러 일으키는 '변화 대리인(change agent)'의 역할을 수행한다.

또한, House는 일반 리더와 카리스마 리더의 차이를 다음의 같은 성격적 특성의 차이를 들어 설명하였다.

첫째, 카리스마 리더는 타인을 지배하고자 하는 우월성이 일반 리더에 비해 보다 높다.

둘째, 카리스마 리더는 일반 리더에 비해 보다 높은 자신감을 가지고 있다.

셋째, 카리스마 리더는 일반 리더에 비해 자기 신념의 도덕적 정당성에 대해 보다 강한 확신을 가지고 있다.

넷째, 카리스마 리더는 일반 리더에 비해 타인에게 영향을 미치고 싶은 욕구가 보다 크다.

이러한 성격적 특성 외에도 카리스마 리더는 행동적 특성으로도 다음과 같은 측면에서 일반 리더와 차별화된다.

① 카리스마 리더는 구성원들의 가치관 및 신념의 형성에 있어서 확실한 역할 모델(role model)이 된다.

② 카리스마 리더는 구성원에게 유능한 사람으로 비춰진다.

③ 카리스마 리더는 구성원들에게 자신의 가치관과 신념을 명확하고 간결하게 전달하는 능력이 있다.

④ 카리스마 리더는 조직 구성원들에게 높은 기대를 표시하고, 구성원들의 능력에 대해 강한 신뢰를 보임으로써 그들의 자신감과 자기 효능감의 수준을 높이고, 궁극적으로는 업무성과를 증진시키는 긍정적인 효과를 창출한다.

⑤ 카리스마 리더는 구성원들의 마음속에 내재되어 있는 동기요인을 불러일으킨다. 특히, 카리스마 리더는 외적 보상(extrinsic reward) 보다는 내적 보상(the intrinsic reward of work)을 강조하고 구성원들의 정체성을 조직의 정체성과 적합시키고자 노력한다.

일반적으로 카리스마 리더십은 변혁적 리더십과 상당히 유사한 개념으로 소개되고 있는데, 카리스마 리더십과 변혁적 리더십의 가장 큰 공통점은 변혁적 리더와 카리스마 리더 모두가 변화의 대리인이라는 것과 카리스마 리더와 변혁적 리더 모두 구성원들로 하여금 기대 이상의 성과를 창출하도록 그들을 동기유발 시킨다는 것이다. 하지만 이와 같은 공통점에도 불구하고 카리스마 리더십과 변혁적 리더십은 다음과 같은 측면에서 명확하게 구별된다.

첫째, 변혁적 리더십은 카리스마 이외에 영감적 동기부여, 지적자극, 개별적 배려 등 추가적인 세 가지 행동요소를 포함하고 있기 때문에 카리스마 리더십 이상의 의미를 지닌다..

둘째, 구성원의 역량강화 측면에서 보면 카리스마 리더는 구성원들로부터 선천적으로 타고난 특출한 사람으로 비춰짐으로 인해 구성원들이 리더에게 의존하게 만든다면 변혁적 리더는 구성원들에게 새로운 비전과 가치관을 제시함으로써 구성원들이 자신감을 갖고 자신의 업무에 몰입하도록 만듦으로써 조직 내 변화를 유도한다.

셋째, 카리스마 리더는 기존의 조직을 혁신하여 새로운 조직을 창조하지만 변혁적 리더는 기존의 조직과 조직문화를 변화, 개선시킨다.

카리스마 리더십에 관한 연구결과에 의하면 카리스마 리더는 다음과 같은 측면에서 심각한 문제를 일으킬 가능성이 있다.

① **대인관계의 부족** : 일반적으로 카리스마 리더들은 다른 사람들의 욕구와 복지에 대한 진정한 관심이 부족하기 때문에 구성원들과의 지속적인 협력관계 구축이 어려운 경향이 있다.

② **충동적이고 비관습적인 행동** : 카리스마 리더의 충동적이고 관습에 얽매이지 않는 행동은 리더에 대한 구성원들의 반응을 양극화시킬 가능성이 높다. 즉, 특정 구성원 집단은 리더를 극단적으로 숭배하고, 다른 구성원 집단은 극단적으로 증오하게 될 가능성이 있다는 것이다.

③ **지나친 인상관리** : 카리스마 리더들은 자신이 조직에서 없어서는 안될 존재라는 인상을 심어 주려고 노력한다. 이와 같은 인상관리는 리더의 평판을 강화하고 보호하는 데에 도움을 줄 수 있지만 때론 이것이 지나쳐 구성원들의 기여 및 공헌을 인정하지 않고 모든 공을 자신이 독차지함으로써 구성원들의 지속적인 충성심을 이끌어내는데 실패할 가능성이 있다.

④ **세부 사항에 대한 경시** : 카리스마 리더들은 큰 그림에만 관심을 가지고 조직관리의 세부사항들은 경시하는 경향이 있다. 다시 말하면, 비전의 구축에는 많은 시간을 할애하지만 그것의 실행에는 관심을 갖지 않음으로써

구체적인 목표달성이 힘들어 지는 경우가 있다.

⑤ **지나친 자신감** : 낙관주의와 자신감은 효과적인 리더의 필수조건이지만 카리스마 리더의 과도한 낙관주의는 자신이 설정한 비전에 대한 객관적 평가를 어렵게 할 수 있다. 또한 카리스마 리더는 자신의 능력에 대한 자신감이 지나치게 높은 만큼 구성원들의 능력에 쉽게 만족하지 않는 경향이 있어 유능한 후계자를 개발하는데 실패할 가능성이 높다. 그러므로 카리스마 리더가 퇴임을 하게 되는 경우 조직에서 리더십의 위기가 발생할 가능성은 높아지게 된다. '경제 대통령'이란 별명을 갖고 크라이슬러를 위기에서 구축한 Chrysler(크라이슬러)의 전 CEO Lee Iacocca(리 아이아코카)가 그 대표적인 사례이다. 많은 연구결과에 의하면 카리스마 리더십은 중소기업이나 벤처기업 등 조직의 성장기에는 효과적인 리더십이지만 최고 단계의 리더십(예:Level 5리더십)은 아니며, 조직이 위기 상황에 직면했을 때는 효과적이지만 조직이 안정기에 접어들었을 때는 오히려 비효과적이다.

Working Manual

최신 리더십이론

Principle Centered Leadership
Super Leadership
Ethical Leadership
Visionary Leadership
Level 5 Leadership
Servant Leadership
Team Leadership
Coaching Leadership
Charismatic Leadership
Transformational Leadership
Mentoring Leadership
Self Leadership
Strategic Leadership
Empowerment Leadership

카리스마적 리더십의 개념

1. 1976년 House에 의해 제기된 이론으로서 리더십 특성론에 기반
2. House는 카리스마 리더십은 1947년에 발간된 Weber의 '지배의 원천' 에서 아이디어 도출
3. Weber는 '법적 권한' 의 한 가지 형태로 카리스마의 개념 소개
4. 카리스마의 어원은 그리스어 'Kharisma' (신이 주신 재능) 에서 유래: 보통 사람들과 차별화되는 리더의 천부적으로 타고난 능력, 힘, 빼어난 재능, 또는 사람의 마음을 끄는 독특한 매력 등을 의미
5. Charisma: 사회과학에서 Weber에 의해 처음 사용되고, 1977년 House에 의해 이론화됨
6. Weber: '카리스마는 비범한 일을 해낼 수 있는 잠재능력 또는 천부적 재능' 이며 조직에서 리더의 지시가 구성원들의 복종을 불러일으킬 가능성을 '지배(domination)' 이며, '지배' 의 원천은 '권한(authority)' 에 있음
7. '권한' 은 보편타당한 가치체계를 가진 조직의 구성원들이 리더가 자신의 권한을 올바르게 사용한다고 믿는 경우에 한해 주어짐

권한의 종류

- 권한은 크게 법적 권한, 전통적 권한, 카리스마적 권한으로 나눌 수 있음.

① 법적 권한(합법적 권한) : 공식적인 규범 또는 법률 등에 의해 복종이 이루어지는 권한

② 전통적 권한 : 현존하는 사회적 질서에 의해 부여되는 권한

③ 카리스마적 권한 : 리더가 특출한 능력을 가졌다고 믿는 구성원들의 신념에 기반한 복종으로 인해 부여되는 권한

House의 카리스마 리더십

1. House는 연구의 초점을 현대 조직사회에서 카리스마 리더십의 효과성에 두고 심리학적 관점에서 카리스마 리더십이론을 체계화
2. House는 Weber가 제기한 '카리스마는 하늘이 부여한 신비한 재능' 이라는 기존의 가정을 부정하고, 카리스마를 '일반적이고 포괄적 개념' 이 아닌 '관찰 가능한 리더의 특성 및 행동' 으로 설명하고자 노력
3. House: 카리스마 리더는 비카리스마 리더와 차별화되는 특성과 행동이 있는데, 카리스마 리더의 고유한 특성과 행동은 높은 리더십 효과성 창출
4. 카리스마 리더십의 필요성: 급변하는 기업환경 하에서 조직의 생존을 위해서 지속적인 변화와 혁신을 창출하는 새로운 형태의 리더십 요구

카리스마 리더십의 효과

① 카리스마 리더는 구성원이 열정적으로 리더에 복종하고, 충성하며, 몰입하고, 헌신하도록 동기 부여함

② 카리스마 리더는 구성원들이 자신의 가치관, 목표, 그리고 행동을 모방하고 동일시하게 하도록 바람직한 역할모델이 됨.

③ 카리스마 리더는 보다 높은 목표를 제시하고, 자신 및 구성원들의 능력에 대해 자신감을 표현함으로써 구성원들을 동기부여함.

④ 카리스마 리더는 구성원들로 하여금 새로운 가치관과 신념을 가지게 함으로써 기존 질서를 변화시키고, 조직의 급진적인 변화를 불러 일으키는 '변화 대리인(change agent)'의 역할을 수행.

카리스마 리더십과 변혁적 리더십

1. 변혁적 리더십과 카리스마적 리더십은 같은 개념으로 혼동되나 변혁적 리더십은 카리스마적 리더십을 포함하는 보다 광범위의 개념
2. 카리스마적 리더십은 변혁적 리더십의 한 부분: 요인1, 이상적 영향력
3. 공통점: 기존의 변화를 통한 보다 나은 미래를 지향하고, 장기적이며 이상적인 목표, 진보적인 성향 등
4. 영향력의 근원: 개인의 자질에 기반하는 카리스마적 리더십 vs. 권한의 부여를 통한 개인의 의지에 기반하는 변혁적 리더십
5. 중소기업이나 벤처기업에서는 카리스마적 리더십이 효과적이지만 최고 단계의 리더십은 아님
6. 카리스마 리더십은 조직이 위기의 상황에 처했을 때 효과적이나 조직이 안정권에 들어서면 오히려 비효과적
7. Good to Great: Level 5 leadership(능력 있는 개인, 성과를 창출하는 팀원, 역량있는 관리자, 목표달성 카리스마 리더, 겸손하고 의지 있는 위대한 리더) ☞ Will+Humble

카리스마 리더의 특성

1. 성격상 특성: 강한 우월감, 강한 권력 욕구, 강한 자신감, 자신의 믿음과 이상에 있어 강한 확신

2. 행동상 특성

- 역할 모델링: 역할 모델링을 통해 자신의 가치관과 신념 전달
- 이미지 구축: 능력있고 성공적이라는 이미지 구축을 통해 구성원에게 호감
- 명확한 목표제시: 도덕성을 내포하고 있는 이념적 목표를 명확히 제시
- 높은 기대 전달 및 신뢰 표현: 구성원의 자신감과 자기 효능감 증대로 성과 제고
- 선별적 동기부여: 동기요인 자극

http://live.tvpot.daum.net/clip/ClipView.do?clipid=7764203&srcid=308565

카리스마 리더에 대한 우려

1. 대인관계의 부족: 다른 사람들의 욕구와 복지에 대한 진정한 관심 부족
2. 충동적이고 비관습적인 행동: 리더에 대한 구성원들의 반응 양극화 가능성
3. 지나친 인상관리: 구성원들의 기여 및 공헌을 인정하지 않고 자신이 독차지
4. 세부 사항에 대한 경시: 실행보다는 비전의 구축에는 많은 시간 할애
5. 지나친 자신감: 구성원들의 능력에 쉽게 만족하지 않는 경향이 있어 유능한 후계자를 개발하는데 실패할 가능성이 높음(Lee Iacocca)
6. 연구결과에 의하면 카리스마 리더십은 중소기업이나 벤처기업 등 조직의 성장기에는 효과적인 리더십이지만 최고 단계의 리더십(예:Level 5리더십)은 아님
7. 또한, 조직이 위기 상황에 직면했을 때는 효과적이지만 조직이 안정기에 접어들었을 때는 오히려 비효과적임

Discussion

리더로서 나는 ?

1. 지금까지 살아오면서 자신에게 리더로서의 잠재력이 있음(또는 없음)을 발견한 상황이나 경험을 공유하라

2 … 서번트 리더십(Servant Leadership)

1977년, AT&T의 리더십교육 담당자 Greenleaf(그린리프)는 그의 저서 'Servant Leadership'을 통해 '섬김의 리더십'이라는 다소 역설적인 개념의 리더십이론을 제시하였다. Grennleaf의 '섬김의 리더십'은 한동안 리더십 연구자들이 주목을 받지 못하다가 1996년에 미국의 Jossey-Bass 출판사가 'On Becoming a Servant-Leader'를 출간한 것을 계기로 리더십 연구자들의 폭발적인 관심을 얻게 된다. '섬김의 리더십'에서 Greenleaf는 리더십이란 본성적으로 남을 섬기려는 사람에게 부여되는 것임을 강조하고, 리더로 부상하기 위해서는 먼저 남을 섬기는 자가 되어야 함을 주장하였다. Greenleaf에 의하면 '섬김의 리더'는 강한 이타적 윤리의식을 갖고, 구성원들의 욕구에 관심을 쏟으며, 구성원들의 입장에서 느끼고 생각하고, 그들을 보살피고 양육하는 자이다. Greenleaf는 서번트 리더십의 기본 아이디어를 Herman Hesse(헤르만 헤세)의 '동방순례(journey to the east)'에서 착안했는데 '동방순례'의 내용을 요약하면 다음과 같다. 주인공인 Leo(레오)는 순례여행자 집단에서 힘든 허드렛일을 하면서도 정신적, 육체적으로 지친 순례자들의 불만을 경청하고 때론 위로하면서 순례여행길에 차질이 없도록 성실히 봉사한다. 하지만, 어느 날 헌신적으로 봉사해오던 레오가 갑자기 순례자 집단에서 사라지자 순례자 집단은 큰 혼란에 빠지게 된다. Leo가 없어지고 난 다음에야 비로소 순례자들은 그동안 허드렛일만 한다고 생각했던 레오가 그들에게 반드시 필요한 존재였고, 진정한 리더였음을 알게 되고, 더 이상 레오가 없는 여행을 계속할 수가 없다고 느끼고 뿔뿔이 흩어지게 된다. 하지만 Leo의 필요성을 인식한 주인공은 수년을 Leo를 찾아 다닌 끝에 드디어 작은 시골 마을에서 Leo를 찾았고 Leo가 단순한 짐꾼이 아니라 사실은 여행을 후원한 교단의 책임자이고 정신적 지도자이며, 숭고하고 위대한 리더였음을 알게 된다. 즉, Leo를 통해 주인공은 리더와 서번트는 동일한 존재라는 사실을 인식한다는 것이다.

Greenleaf는 Leo의 이야기를 통해 '위대한 리더는 먼저 서번트로 다가온다'는 사실을 지적하고, 서번트 리더십은 다른 사람을 우선적으로 섬기고자 하는 (to serve, to serve first) 자연스러운 느낌에 기초하고 있기 때문에 진정한 서번트 리더가 되기 위해서는 우선적으로 다른 사람을 섬겨야 함을 강조하였다. Greenleaf에 의하면 다수의 서번트 리더들은 반복적인 섬김의 행동을 통해 궁극적으로 리더의 위치에 오르게 되지만 서번트 리더들이 리더의 자리에 오른 것은 스스로 리더가 되길 원해서가 아니라 다른 사람의 권고와 집단의 필요성에 의해 리더의 역할을 맡게 되는 것뿐이라고 설명한다. 또한, Greenleaf는 서번트 리더는 조직의 구성원들을 섬기는 일 이외에도 우리 사회의 소외된 '못 가진 자들(have-nots)'에게 관심을 가지고 그들을 조직의 다른 구성원들과 공정하게 대우하고 배려해야 함을 강조하고, 우리 사회의 불평등과 사회적 불공정을 제거해야 하는 책임이 서번트 리더에게 있음을 주장하였다.

Spears(스피어스)는 Greenleaf의 주장을 바탕으로 다음과 같이 서번트 리더의 10가지 행동특성을 제시하였다.

① **경청**(listening) : 일반적으로 리더를 평가하는 중요 기준은 의사소통과 의사결정 능력이다. 서번트 리더는 의사소통과 의사결정 능력에 있어서 가장 중요한 것은 '경청'이라고 생각하고 다른 사람의 말에 귀 기울임으로써 자신의 의사소통 및 의사결정 능력을 향상시키는 특징이 있다. 또한 서번트 리더는 수용적 태도를 가지고 구성원의 의견을 주의깊게 듣고, 적극적인 경청을 통해 조직 구성원들의 요구를 이해하며, 바람직한 방향으로 조직의 목표를 설정한다. 다. 따라서 '경청'은 서번트 리더의 성장에서 있어서 가장 핵심적인 요소이다.

② **공감**(empathy) : 공감은 상대방의 입장에서 상대방이 처한 상황과 입장을 이해하고 함께 공유하고자 노력하는 것을 의미한다. 일반적으로 서번트 리더는 상대방의 입장에서 생각하고, 사람들의 다양한 가치관을 인정하며, 나와 다른 상대방의 행동을 있는 그대로 받아들이고, 그들과 공감하기 위해 노력한다.

③ **통찰력**(foresight) : 통찰력은 과거의 경험 및 직관을 통해 미래를 예측하고, 주어진 상황으로부터 비롯될 현재와 미래의 결과를 선견하는 능력을 의미한다. 통찰력은 직관(insight)와 긴밀하게 연관되어 있기 때문에 서번트 리더의 특징 중 유일하게 선천적으로 타고나는 특징이 통찰력이다.

④ **인식**(awareness) : 서번트 리더는 우리 사회의 다양한 이슈, 힘, 그리고 가치 등을 명확하게 인식하고 자신을 둘러싸고 있는 복잡한 상황 및 상황에 영향을 미치는 요소들을 정확하게 판단할 수 있는 능력을 있다. 서번트 리더에게 있어서 인식, 특히 자신에 대한 정확한 인식은 서번트 리더 스스로를 강하게 만든다.

⑤ **설득** : 서번트 리더는 다양한 이해관계의 집단 들 사이에서 합의를 이끌어 내는 능력이 탁월하고, 의사결정을 할 경우 지시 · 통제가 아닌 쌍방향 communication을 통해 영향력을 행사한다. 특히, 서번트 리더는 구성원의 동의를 강제하기보다 그들을 설득시키려고 노력하는데 이것이 서번트 리더를 전통적 리더와 구별 짓는 가장 뚜렷한 차이점 중 하나이다.

⑥ **개념화**(conceptualization) : 서번트 리더는 오랜 기간의 훈련과 실천을 통해 조직 구성원들에게 미래의 비전을 제시하고, 이를 목표로 연계하여 구성원들이 나아갈 방향을 설정해준다. 특히 서번트 리더는 미래를 예측하고 대응 방안을 강구하며, '원대한 꿈'을 꾸고 일상의 현실을 넘어서 생각한다. 또한, 단기간의 목표 달성을 중시하는 전통적 리더와는 달리 장기적 관점에서 조직의 목표를 수립하고 자신의 시야를 확장하여 보다 폭넓은 사고가 가능하게 한다.

⑦ **치유**(healing) : 치유는 구성원들의 정서적 감정과 업무적 스트레스를 경감시켜주는 행위로서 서번트 리더는 자기 자신과 함께 다른 사람들을 치유하는 능력을 갖고 있다. 일반적으로 조직의 구성원들은 다양한 이유들로 인해 상처받고 상처를 준다. 하지만 서번트 리더는 상처받은 구성원들을 치유할 책임이 자신에게 있음을 인정하고 그 책임을 다하기 위해 최선의 노력을 기울인다.

⑧ **봉사의식**(stewardtship) : Peter Block(피터 블록)은 '스튜어드십은 신뢰를 기반으로 타인을 대신하여 무엇인가를 맡아 관리하는 것'이라고 정의했다. 서번트 리더는 개인적 욕구나 이익을 떠나 구성원들의 욕구와 이익을 먼저 생각하고, 청지기 정신을 가지고 조직의 자원을 관리하며 봉사하는 것이 자신의 역할이라고 생각하고 성실히 그 역할을 수행한다.

〈서버트 리더십의 행동 특성〉

특 징	내 용
경청(listening)	서번트 리더는 수용적 태도로 구성원들의 의견을 주의 깊게 듣는다.
공감(empathy)	서번트 리더는 구성원의 입장에서 생각하고, 그들의 상황과 입장을 이해하고자 노력한다.
통찰력(foresight)	서번트 리더는 오랜 경험과 직관으로 인해 현재와 미래의 결과를 예측할 수 있는 능력이 있다.
인식(awareness)	서번트 리더는 전체적인 상황 및 상황에 영향을 주는 요소들을 정확하게 판단하는 능력이 있다.
설득(persuasion)	서번트 리더는 권위, 일방적 지시, 통제보다는 쌍방향 comminication을 통해 영향력을 행사한다.
개념화 (conceptualization)	서번트 리더는 조직의 비전을 제시하고, 그 비전을 목표와 연결시켜 구성원들이 나아갈 방향을 명확하게 설정해준다.
치유(healing)	서번트 리더는 구성원의 정서적 감정을 이해하고 업무적인 스트레스를 경감시켜 주고자 노력한다.
봉사의식(stewardship)	서번트 리더는 구성원들의 욕구와 이익을 먼저 생각하고 청지기 의식을 가지고 조직의 자원을 관리하고 봉사한다
구성원의 성장에 대한 몰입(commitment to the growth of people)	서번트 리더는 구성원들을 신뢰하고 그들의 잠재력 발휘를 위해 성장의 기회를 제공한다.
공동체구축 (building community)	서번트 리더는 구성원들로 구성원들과의 활발한 의사소통을 통해 협력의 중요성을 강조한다.

⑨ **구성원들의 성장을 위한 헌신**(commitment to the growth of people) : 서번트 리더는 조직의 구성원들은 노동을 통해 조직에 기여하는 바를 넘어 인간으로서의 본질적 가치를 지닌다고 믿기 때문에 모든 구성원들의 성장과 발전을 위해 헌신한다. 서번트 리더는 구성원들을 신뢰하고 그들의

잠재력을 개발하기 위해 책임감을 가지고 최선을 다해 구성원들의 정신적, 육체적, 직업적 성장을 돕는다.

⑩ **공동체 형성**(building community) : 서번트 리더는 조직 구성원과의 활발한 의사소통을 통해 구성원들로 하여금 자신이 하는 일과 그 일이 갖는 의미를 깨닫게 하고, 협력을 강조하며, 진정한 공동체를 구축하기 위해 노력한다. 서번트 리더는 조직 성과의 제고를 위해 경쟁을 조장하기 보다는 협력을 통한 팀워트를 강조하고, 개인주의 보다는 공동체를 지향하기 때문에 공동체의 가치를 손상시키는 구성원에 대해서는 누구보다도 엄격한 경향이 있다.

서번트 리더십은 기존의 리더십 개념에서 탈피하여 리더를 구성원들의 지도자가 아닌 서번트로 보는 새로운 사고에 기초하고 있다. 따라서 서번트 리더와 전통적 리더는 다양한 측면에서 차이를 보이는데 그 차이점을 비교하면 다음과 같다

〈서번트 리더와 전통적 리더〉

서번트 리더십	전통적 리더십
다른 사람들을 섬기려는 욕구에서 시작된다.	개인적인 성취욕구에서 시작된다.
서번트 리더는 협력적이고 상호의존적이며, 다른 사람들에게 공로를 돌린다.	전통적 리더는 경쟁적이고 독립적이며, 성취를 통해 개인적인 공로를 인정받으려 한다.
개인의 욕구와 이익을 떠나 공동의 목표 달성을 위해 구성원을 동기 부여한다.	개인의 욕구와 이익을 중시하고, 조직의 목표달성을 리더의 공이라 생각한다
큰 틀의 정보를 함께 공유한다.	권력 유지를 위해 정보를 통제한다.
구성원들의 다양한 의견에 귀 기울인다.	지시와 통제로 영향력을 행사한다
조직의 성과는 구성원들의 협력에서 기인한다고 생각한다.	조직의 성과는 구성원 각자의 재능에서 기인한다고 생각한다.
실수로부터 배우도록 격려한다.	실수에 대한 책임 소재를 분명히 한다.

Working Manual

서번트 리더십의 필요성

- 직장을 떠나는 사람들 중 2/3가 사직의 첫 번째 이유로 관리자의 비효율성과 무능력을 꼽는다 (갤럽)

- 서번트 리더십의 효과는 기업 성과로 입증된다 (Fortune '가장 일하기 좋은 100대 기업' 중 1/3 이상)

서번트 리더십의 개념

1. 1970년 로버트 그린리프의 에세이집(The Servant as Leader)에서 처음 소개
2. 1960년대 헤르만 헤세의 단편 소설 [동방순례]에서 영감을 가짐

서번트 vs. 리더

(뫼비우스의 띠)

3. 위대한 리더는 다른 사람들에게 우선 서번트로 다가온다는 단순한 사실이 핵심
4. 진정한 리더십은 다른 사람들을 돕고자 하는 열망, 먼저 섬기고자 하는 마음에서 시작
5. 모든 인간은 서번트의 천성을 가지고 있지만 사회환경, 조직환경 등에 의해 퇴색하였음을 강조
6. 서번트 리더십의 바탕에는 사회를 변화시키는 유일한 길이란 사회를 변화시킬 사람들을 충분히 길러내는 것이라는 가정이 있음
7. 구성원의 이익을 우선하고 구성원의 발전과 임파워먼트를 강조, 공동체 구축에 관심

서번트 리더십의 10가지 특징

① 경청(listening) : 구성원에 대한 존중과 요구 이해, 수용적 태도로 구성원의 요구를 이해라ㅗ 집단의 방향을 올바르게 설정

② 공감(empathy) : 구성원의 입장에서 상황과 견해를 이해하려고 노력하는 행위

③ 통찰력(foresight) : 과거의 경험과 직관을 통해 미래를 내다보고 현재와 미래를 결과를 예측할 수 있는 능력

④ 인식(awareness) : 조직과 자기 자신에 대한 인식을 바탕으로 리더십 발휘, 전체적 상황과 상황에 영향을 주는 요소들을 정확하게 판단하는 능력(지피지기 백전불태: 知彼知己 百戰不殆)

⑤ 설득(persuasion) : 지시, 통제보다는 쌍방향 communication을 통한 영향력 행사/ 설득에 의한 수용을 통한 구성원의 합의 도출

서번트 리더십의 10가지 특징

⑥ 개념화(conceptualization) : 비전을 제시하고 비전과 목표를 연결하여 방향을 설정해 주는 행위/ 미래를 예측하고 합당한 대처방안 강구

⑦ 치유(healing) : 구성원의 정서적 감정과 업무적 스트레스를 경감시켜주는 행위

⑧ 봉사의식(stewardship) : 개인적 욕구나 이익에 앞서 구성원의 욕구와 이익을 먼저 생각함. 청지기 의식을 가지고 자원을 관리하며 봉사하는 행위

⑨ 구성원의 성장에 대한 몰입(commitment to the growth of people) : 구성원들이 잠재력을 발휘하고 성장할 수 있도록 기회 및 환경 제공/ 다양성에 대한 존중 및 수용, 업무에 대한 재량권 부여

⑩ 공동체 구축(building community) : 상호 관심사를 공유하며 공동의 목표 달성을 위한 구성원간의 배려와 협력 강조/ 구성원들의 활발한 의사소통과 협력을 장려하는 행위/ 개인 이기주의 및 부서 이기주의를 넘어선 팀 공동체 의식 강조/ 개인성과보다는 팀 성과 중시

전통적 리더십과 서번트 리더십

서번트 리더십	전통적 리더십
다른 사람들을 섬기려는 욕구에서 시작된다.	개인적인 성취욕구에서 시작된다.
서번트 리더는 협력적이고 상호의존적이며, 다른 사람들에게 공로를 돌린다.	전통적 리더는 경쟁적이고 독립적이며, 성취를 통해 개인적인 공로를 인정받으려 한다.
개인의 욕구와 이익을 떠나 공동의 목표 달성을 위해 구성원을 동기 부여한다.	개인의 욕구와 이익을 중시하고, 조직의 목표 달성을 리더의 공이라 생각한다
큰 틀의 정보를 함께 공유한다.	권력 유지를 위해 정보를 통제한다.
구성원들의 다양한 의견에 귀 기울인다.	지시와 통제로 영향력을 행사한다
조직의 성과는 구성원들의 협력에서 기인한다고 생각한다.	조직의 성과는 구성원 각자의 재능에서 기인한다고 생각한다.
실수로부터 배우도록 격려한다.	실수에 대한 책임 소재를 분명히 한다.

왜 서번트 리더십이 어려운가?

(섬기는 정부에서 소통하는 정부로?)

1. 서번트 리더십은 너무 유약하고 지나치게 감성적이다
2. 서번트보다는 리더가 되는 편이 더 쉽고, 섬기고 협력하기 보다는 군림하고 통제하기가 더 쉽다
3. 서번트 리더십의 성공은 적극적이고 의도적인 조직권력의 분배가 이루어져야 하는데 이는 조직의 피라미드 구조를 뒤집는 일이다
4. 서번트 리더십의 목표는 섬기고 섬김을 받는 것이지만 진심으로 섬기는 방법도, 섬김을 받는 방법도 훈련되어 있지 않다
5. 지휘, 통제가 아닌 부하중심적 사고로 효율적으로 소통하는 방법을 모른다
6. 많은 관리자들이 변화의 필요성을 인식하지만 스스로가 그 주체가 되는 것은 꺼려한다
7. 시간적, 경제적 압박에 처한 조직에는 적합하지 않다

Leadership Tip I: 경청과 공감

<경청하고 공감하라>

☞ 모든 고정관념을 버려라: 쉽게 판단하지 마라

☞ 내 생각을 버리고 공감하라(어떠냐? vs. 어떻게 하지?)

☞ 5W1H를 버려라(who, when, where, what, why, How)

☞ 상대의 언어로 요약하라" : "그랬구나"

☞ 알기 위해서만 질문하라

☞ 마음이 아니라 몸으로, 표정으로 경청하라

http://www.youtube.com/watch?v=IFN8kuAaY-g

경청의 방법

http://www.youtube.com/watch?v=Yprm6D4F9Ak

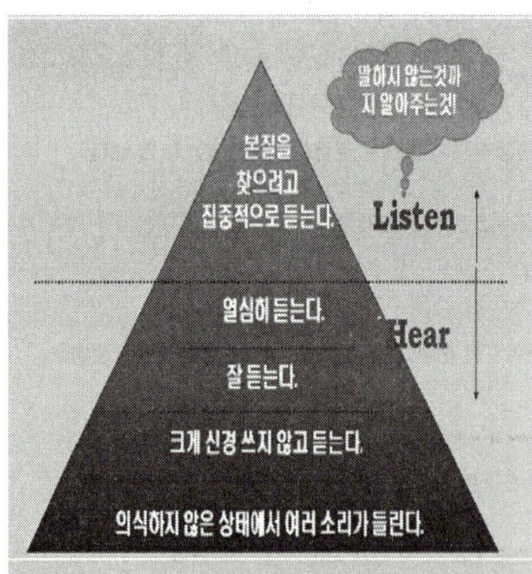

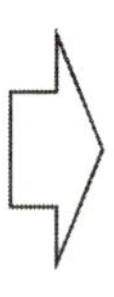

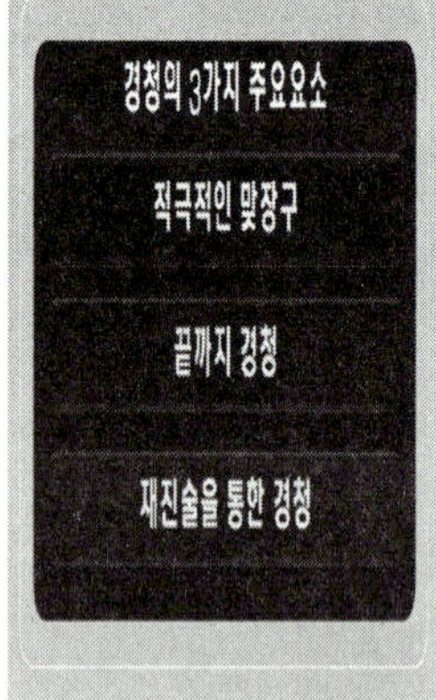

<귀로 듣고, 눈과 입으로 듣고, 마음으로 듣는다>

[출처] 기업교육을 고민하고 실행하는 사람들

"그랬구나"

❖ 2인1조가 되어 효과적인 팀 활동을 위해 서로에게 바라는 바를 얘기하고 경청한다

http://blog.naver.com/PostView.nhn?blogId=csj0487&logNo=20141314781

두더지 소망둥이홀림

Leadership Tip II: 통찰력과 인식

<지속적인 자기훈련을 하라>

☞ 학이시습지 불역열호 (學而時習之 不亦說乎)

☞ 인생의 가장 큰 장애물은 나 자신이었다(복음 전도사 무디)

장점(Strength)	약점(Weakness)
예) 긍정적이다 등 □ □ □	예) 인내력이 없다 등 □ □ □
기회(Opportunity)	**위협(Threat)**
예) 20대이다 등 □ □ □	예) 진로가 불투명하다 등 □ □ □

❖ 그래서, 오늘부터 이렇게 노력하겠다!

Leadership Tip III: 설득

<설득의 12가지 방법>

1. 논쟁을 피하라
2. 상대방이 틀렸다고 말하지 말라-적을 만들지 마라
3. 잘못했으면 솔직히 인정하라
4. 꿀 한 방울이 쓸개즙보다 더 많은 파리를 잡는다
5. 소크라테스의 비결을 활용하라- 상대방의 말에 즉각 응답하지 말라
6. 상대방으로 하여금 많은 이야기를 하게 하라
7. 상대방의 협력을 얻어내라- 상대방이 자신의 아이디어라고 느끼게 하라
8. 상대방의 관점에서 사물을 바라봐라
9. 상대방의 생각이나 욕구에 공감하라
10. 보다 고매한 동기에 호소하라
11. 쇼맨십을 발휘하라- 자신의 생각을 극적으로 표현하라
12. 도전의욕을 불러 일으켜라

출전 : 카네기 인간관계론

http://keywui.chosun.com/contents/section.view.keywui?mvSeqnum=73927&cateCategoryId=101&cateSubCategoryId=1

Leadership Tip IV: 개념화, 비전제시

<변화의 중심에 서라>

☞ **끓는 물 속 개구리(Frog Boiling-water Syndrome)를 기억하라!**

http://tvpot.daum.net/clip/ClipView.do?clipid=23040931&q=%B0%B3%B1%B8%B8%AE

Q: 나에게 있어서 다가올 미래를 예측하고 효과적으로 변화에 대응하기 위해 현재 준비하고 있는 것은?

Leadership Tip V: 치유

<긍정적인 삶의 태도를 가져라>

☞ 자극과 반응 사이에는 선택할 자유가 있다

☞ 반만 남았다 vs. 반이나 남았다 / 그렇게 하면 실패할거야 vs. 이렇게 하면 성취할거야

(Positive 사고의 힘)

항상 긍정적으로 **생각**하라. 왜냐하면 생각은 당신의 **말**이 되기 때문이다.

항상 긍정적으로 **말**하라, 왜냐하면 말은 **행동**이 되기 때문이다

항상 긍정적으로 **행동**하라. 왜냐하면 행동은 **습관**이 되기 때문이다.

항상 긍정적인 **습관**을 가지도록 하라. 왜냐하면 습관은 **가치**가 되기 때문이다.

당신의 **가치**가 긍정적이 되도록 하라. 왜냐하면 가치는 당신의 **운명**이 되기 때문이다.

http://www.ytn.co.kr/_ln/0106_201101230906424550

- Mahatma Ghandhi -

Leadership Tip VI: 공동체 구축

<공동체 의식을 강조하라>

1) 전체의 합은 부분의 합보다 크다(Gestalt)

2) Role Model이 되라

☞ http://www.youtube.com/watch?v=0Qoo6mZVrMg

3) 인내를 가지고 지속적으로 실행하라

☞ George Bernard Shaw 묘비명 : 어영부영하다 결국 내 이럴 줄 알았지

I knew if I stayed around long enough, something like this would happened

Leadership Tip VII: 봉사의식

<자신을 낮춰라>

1) 약함의 리더십 (http://tvpot.daum.net/clip/ClipView.do?clipid=26691958)

☞ 인간의 약함과 불완전함을 인정하고 고백(memento mori: 네가 죽을 것임을 기억하라)

2) 언행일치와 솔선수범의 자세로 헌신하라

☞ 최선을 다해 섬기고 기꺼이 섬김을 받아라

3) Level 5 리더십

☞ level 1: 능력 있는 개인

☞ level 2: 성과를 창출하는 팀원

☞ level 3: 역량있는 관리자

☞ level 4: 목표달성 카리스마 리더

☞ level 5: 겸손하고 의지 있는 위대한 리더

Leadership Tip VIII: 구성원의 성장

<인재를 계발하고 발전시켜라>

❖ 권한을 공유하라: 내가 보다 잘한다? 내 권위가 손상된다? 아직 준비가 안됐다?

☞ 위임을 통해 새로운 과업과 전략적 활동에 보다 많은 시간을 할애하라

☞ 위임을 통해 구성원의 잠재력을 발굴하고 동기수준과 만족도를 높여라

http://www.youtube.com/watch?v=NBWcwkl9x80

■ Fish-tank factor : 금붕어는 어항 크기에 따라 자라는 정도가 다르다. 그리고 그 이상은 자라지 않는다

Discussion

생각해 봅시다!

- My Fair Lady (G. B. Shaw) : "부인과 꽃 파는 소녀(Doolittle)와의 차이점은 어떻게 행동하는가가 아니라, 어떻게 대우받는가에 달려있다(헨리 히긴스 vs. 일라이자)"

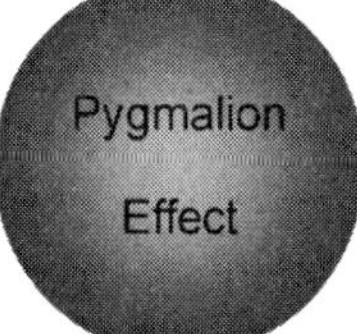

http://www.youtube.com/watch?v=mMVk4WFZKQU

3 … 셀프 리더십과 슈퍼 리더십(Self Leadership & Super Leadership)

셀프 리더십은 스스로 개인의 생각과 행동을 변화시킴으로써 자신에 대한 영향력을 증진시키는 리더십으로서 인간의 자율성을 강조하는 리더십 이론이다. Neck(네크), Stewart(스튜어트), 그리고 Manz(만즈)는 셀프 리더십을 '성공적인 직무수행에 필요한 자기주도 및 자기 동기부여를 위해 개인이 스스로에게 영향력을 행사하는 과정'으로, Shelton(쉘톤)은 '구성원들이 주도적으로 동기부여 할 수 있도록 계획된 일련의 행동 및 인지전략'으로 정의하였다. 셀프 리더십은 리더십은 선천적으로 타고 나는 것이 아니라, 학습을 통해 후천적으로 습득할 수 있다는 리더십 과정론의 하나로서 자기 주도와 자기 동기부여를 강조한다. 셀프 리더십은 1980년에 Manz(만즈)와 Sims(심스)에 의해 제시된 셀프매니지먼트 이론에 기반을 두고 있는데 셀프매니지먼트 이론은 리더십 대체이론 중 하나로 '구성원들의 자율통제는 구성원들에 대한 리더의 통제행동을 감소시킨다'는 가정을 전제로 하고 있다. 셀프매니지먼트는 개인 스스로가 자신의 목표를 설정하고, 그 목표달성을 위해 자신에게 지시 및 감독을 하며, 그 결과에 대해 스스로 보상과 처벌을 행사하는 자기 통제적 행위를 의미하는 것으로서 바람직한 결과가 주어질 경우 자율통제 행위는 지속될 가능성이 높아진다. 효과적인 셀프 매니지먼트를 위해 요구되는 중요 요소는 다음과 같다.

① **자기관찰** : 자신의 행동을 스스로 관찰함으로써 바람직하지 못한 행동의 원인을 파악하고, 변화의 필요성을 인식하며, 자신의 행동에서 증진 또는 제거해야 될 행동 목록을 확인할 수 있다.

② **자기목표설정** : 목표는 동기부여적 효과를 가지고 있기 때문에 도전적이고 구체적인 목표설정은 성과를 향상시킨다. 효과적인 목표 달성을 위해서는 스스로 도전적인 목표를 설정하고, 행동변화에 초점을 맞춘 구체적인 장·단기 계획을 수립한 뒤 이를 주위에 공개적으로 알리는 것이 바람직하다.

③ **자극에 대한 통제** : 자극에 대한 통제는 바람직한 행동을 유도하는 자극을 점차적으로 늘리고, 바람직하지 않은 행동을 유도하는 자극을 점차적으로

줄이는 것을 의미한다.

④ **자기보상 및 자기비판** : 인간은 바람직한 결과(보상)가 주어지는 행동은 강화하고 그렇지 않는 행동은 회피하고자 하는 경향이 있기 때문에, 적절한 보상 및 처벌을 통해 바람직한 행동을 강화하고 그렇지 못한 행동을 제거할 필요가 있다. 적절한 자기보상 및 자기비판은 타인에 의한 보상이나 처벌과 유사한 효과를 가지지만 일반적으로 과도한 자기비판이나 자기처벌보다 자기보상이 효과적이다.

⑤ **예행연습** : 자신이 바라는 행동을 상상 또는 실제 행동을 통해 체계적으로 연습하는 것이 바람직하다.

한편 리더십 대체이론(leadership substitutes theory)은 Kerr(커)와 Jemier(제미어)에 의해 개발된 이론으로서 '특정 상황에서는 리더십이 부하의 만족과 동기유발, 그리고 성과달성에 실질적인 영향력을 미치지 못한다'는 사실에 착안하여 리더십의 중요성을 감소시키는 상황변수들을 파악하고자 개발되었다. Kerr와 Jemier의 '리더십 대체이론'의 모형은 크게 '리더십 대체요인(leadership replacers)'과 '리더십 중화요인(leadership neutralizer)'으로 구성되는데, '리더십 대체요인'은 리더의 행동을 불필요하거나 불가능하게 만드는 구성원 특성과 과업특성 및 조직 특성 등을 의미하는 것으로서 다음과 같은 상황요인들이 있다.

① **구성원의 특성** : 구성원들의 경험과 능력 그리고 훈련이 충분할 경우에는 지시적 리더십이, 전문가적 성향을 가지고 있을 경우에는 지시적 리더십과 지원적 리더십의 영향력이 감소한다.

② **과업 특성** : 구성원이 단순 반복적인 업무를 수행하는 경우와 업무 제체로부터의 피드백이 자동적으로 이루어지는 경우에는 지시적 리더십, 업무자체에서 내재적 만족을 느끼는 경우에는 지원적 리더십의 영향력이 감소한다.

③ **조직특성** : 조직의 공식화 정도가 높은 경우에는 지시적 리더십, 응집력이 강한 작업집단 인 경우 지시적 리더십과 지원적 리더십의 영향력이 감소한다.

반면, 리더십 중화요인은 리더의 영향력을 무력화시키는 구성원의 특성과 조직 특성을 포함하는 것으로서 다음과 같은 상황요인들이 있다.

① **구성원 특성** : 구성원들이 조직이 제공하는 보상에 대해 무관심할 경우 리더의 지시적 리더십과 지원적 리더십의 효과는 감소한다.

② **조직특성** : 리더가 약한 지위권력을 가지고 있을 경우 지시적 리더십과 지원적 리더십, 조직의 경직성이 높은 경우에는 지시적 리더십, 그리고 리더와 부하 간의 물리적 거리가 먼 경우에는 지시적 리더십과 지원적 리더십의 효과가 감소한다.

셀프 리더십의 개념을 정확하게 이해하기 위해서는 조직통제 및 자기통제시스템의 개념을 우선적으로 이해할 필요가 있다. 조직의 통제시스템은 조직의 목표달성을 위해 구성원의 행동을 제어하는 합리적이고 관리 가능한 통제기제로서 일반적으로 조직 목표 및 성과기준의 설정, 평가제도 및 보상시스템 등을 포함한다. 조직의 통제시스템은 구성원들에게 목표달성을 위한 바람직한 행동목록을 설정하여 전달하고, 구성원들의 목표달성 과정을 감독하며, 그들의 수행 결과에 대해 보상하거나 처벌 하는 등의 관리행동을 포함한다. Manz와 Sims에 의하면 개인도 조직과 같은 통제시스템을 가지고 있는데 기본적으로 개인 스스로 목표를 설정하고, 자신이 설정한 목표를 달성하기 위한 성과기준을 수립하며, 스스로 자신의 행동을 평가하고 그 결과에 따라 보상이나 처벌을 스스로 집행하는 행위 등을 포함한다. 자기통제를 위해서 구성원들은 조직이 구성원들에게 조직의 가치관, 신념, 비전 등을 제공하는 것과 마찬가지로 개인 스스로도 자신에게 가치관과 신념, 그리고 미래에 대한 비전을 주입하고 이를 공고히 하고자 노력해야 한다. Manz와 Sims는 조직의 통제시스템 보다 자기통제시스템이 개인의 행동변화에 보다 많은 영향을 미친다고 강조하였는데, Manz와 Sims에 의하면 인간은 조직통제시스템에 따라 수동적으로 반응하는 매개체적 역할을 하는 경우보다 주도적으로 자기통제시스템에 따라 행동하는 경우에 보다 효과적으로 목표를 달성한다고 한다. 그러므로 조직의 목표달성을 위해서는 조직통제시스템을 활용하는 것보다 구성원의 자기통제시스템을 파악하고 이를 촉진하는 것이 보다 효과적이다 마지막으로 Manz와 Sims는 셀프매니지먼트 전략을 확장하여 셀프 리더십이론을 제시하였는데, 셀프 리더십은 셀프매니지먼트에 비해 자기 통제적 행동에 대해 보다 높은 기준을 강조하고 내재적 동기 부여의 역할을 보다 중시한다. 특히 셀프 리더십은 조직 목표달성의 기준에 있어서 셀프매니지먼트와 큰 차이가 있는데 셀프매니지먼트가 정해진 수준의 성과기준에서 크게 벗어나지 않는 범위 내에서 조직 구성원들의 적절한 행동을 촉진하는 전략이라고 하면, 셀프리더십은 보다 높은 수준의 행동기준을 설정하고 구성원들로 하여금 목표달성이 개인에게 가져다 주는 궁극적 의미를 파악하도록 촉진한다. 또한, 셀프매니지먼트가 '해야만 하는 것(should)'에 초점을 맞춘다면 셀프리더십은 '하고 싶은 것(want)'에 초점을 맞추고 왜 그것을 해야만 하는지를 설명한다. 따라서 셀프 리더십은 셀프매니지먼트에 비해 주도적인 자기통제의 역할을 보다 강조하고 있는데 자기 통제를 촉진시키기 위한 개인차원의 전략으로는 TSL(Thought Self Leadership)이 있다.

TSL은 인지적인 방법을 통해 구성원들의 사고방식(thought patterns)을 변화시킴으로서 구성원들로 하여금 긍정적이고 건설적인 사고방식을 가지도록 하고 궁극적으로는 개인을 변화시키는 방법으로서 성공적인 TSL 전략은 구성원들의 성과, 조직 몰입, 직무만족 등에 긍정적인 영향을 미친다. 효과적인 TSL은 다음의 세 가지 방법을 통해 이루어진다.

① **관찰기법** : 자신의 신념과 가치관을 스스로 관찰하여 자신의 상태를 정확하게 평가하고, 변화가 필요한 부분을 파악하여 스스로 개선해 나가도록 하는 방법이다.

② **언어 반복(self-talk)에 의한 자기 암시법** : 자신이 지향하는 모습이나 태도 등에 대해 반복하여 표현함으로써 부정적이고 비판적인 사고를 지양하고 낙관적인 사고를 도출하는 방법이다. TSL은 일종의 자기와의 대화인데 언어로 말하는 것은 물론 마음속으로 되뇌는 것도 포함된다.

③ **상상(mental-imagery)에 의한 자기암시법** : 자신이 해야 할 일이나 행동 등을 마음속으로 미리 연습하는 것으로서 상상 속에서 자신이 성공적으로 과제를 수행하는 모습을 시각화하고, 목표를 달성했을 때의 만족감을 간접 체험해봄으로써 성공할 수 있다는 자신감을 갖게 하는 방법이다. 성공적인

TSL 기법의 활용을 위해서는 개인의 지속적인 노력과 반복 학습이 무엇보다 중요하다.

〈셀프 리더십 진단도구〉

문항	척도
① 자신의 직무 진행 정도를 스스로 자주 확인한다	1 2 3 4 5
② 자신의 일을 어떻게 하고 있는지를 항상 점검한다	1 2 3 4 5
③ 자신의 직무를 얼마나 잘하고 있는지에 대해 주의를 기울인다	1 2 3 4 5
④ 자신의 마음속에 목표를 인식하고 있다	1 2 3 4 5
⑤ 자신의 직무 진행 정도를 기록한다	1 2 3 4 5
⑥ 자신의 직무에 주의를 기울인다	1 2 3 4 5
⑦ 자신의 직무상 책임영역을 더 넓히려고 한다	1 2 3 4 5
⑧ 자신의 직무상 책임을 넓힐 수 있는 방법에 집중한다	1 2 3 4 5
⑨ 다른 사람으로부터 인계 받을 수 있는 새로운 책임에 대하여 생각한다	1 2 3 4 5
⑩ 자신에게 할당된 책임보다 더 열심히 직무를 하려고 노력한다	1 2 3 4 5
⑪ 증가하는 자신의 책임에 대하여 생각한다	1 2 3 4 5
⑫ 자신의 직무가 필요로 하는 것보다 더 많은 활동을 하려고 한다.	1 2 3 4 5
⑬ 자기 스스로 문제를 해결하려고 한다	1 2 3 4 5
⑭ 자신의 힘으로 문제를 해결하는 것을 좋아한다	1 2 3 4 5
⑮ 자신에게 문제가 생기면 스스로 해결한다	1 2 3 4 5
⑯자신의 마음 속에서 문제에 대한 해결방법을 찾아낸다	1 2 3 4 5
⑰ 자기 스스로 문제의 해결 방법을 끝까지 찾아낸다	1 2 3 4 5
⑱. 자기 스스로 문제를 해결하는 방법을 생각해 낸다	1 2 3 4 5
⑲ 자기 스스로 일하는 방법을 개선하려고 한다	1 2 3 4 5
⑳ 자신이 직무상 할 수 있는 긍정적인 변화들을 생각하려고 한다	1 2 3 4 5

수퍼 리더십은 셀프리더십에 대한 새로운 개념으로서 구성원들이 스스로 자신을 리드할 수 있도록 도움을 제공하는 리더십을 의미한다. 수퍼 리더십의 궁극적인 목적은 구성원들의 셀프리더십 역량 혹은 잠재력을 촉진하고 개발하는 것이다. 수퍼 리더십의 주요 가정은 모든 구성원들은 충분한 잠재력을 가지고 있기 때문에 자발적으로 동기부여되어 노력한다면 반드시 바람직한 성과를 창출할 수 있다고 보는 낙관주의에서 출발한다. 따라서 수퍼 리더십은 '인간은 무한한 잠재력을 가지고 있기 때문에 인간의 잠재력과 최선의 노력을 끌어내고 개

발하는 것이 리더의 중요 역할'임을 강조한다.

수퍼 리더십에서는 리더를 '추종자들이 스스로를 리드해 나아갈 수 있도록 리드하는 사람'이라고 정의하고 있는데, Manz와 Sims는 슈퍼 리더에 이르는 단계를 다음과 같이 일곱 단계로 축약하여 설명하고 있다.

① 스스로가 유능한 셀프리더가 된다 : 다른 사람을 이끌기 위해서는 리더는 자기 스스로를 이끌 줄 알아야 한다. 따라서 유능한 수퍼 리더가 되기 위해서는 스스로 변화의 필요성을 인식하고, 나아갈 방향을 설정하며, 목표달성에 대한 동기를 부여하고, 보상이나 벌을 내리는 등의 행위를 반복·훈련하여야 한다.

② 둘째, 바람직한 셀프리더로서 구성원의 역할모델이 된다.

③ 구성원들 스스로 도전적인 목표를 설정할 수 있도록 셀프 리더십 기법을 전수한다.

④ 구성원들이 긍정적인 사고방식을 갖도록 촉진한다.

⑤ 구성원들의 적성 및 욕구와 직무 특성을 적합시킴으로써 구성원들의 자신감을 고취시키고 내적보상의 기회를 제공한다. 또한, 구성원들의 실패에 대해서는 건설적인 지적을 함으로써 실패를 통해 배우는 기회를 제공한다.

⑥ 팀워크를 통해 구성원들의 셀프리더십을 배양함으로써 구성원들이 리더에게 의존하지 않고 스스로 판단하고 행동하게 한다.

⑦ 조직 전체에 셀프리더십의 문화를 전달한다.

마지막으로, Manz와 Sims는 수퍼 리더의 주요 특징을 다음과 같이 제시하였다.

① 많이 듣고 적게 말한다.

② 의문은 많이 제기하고 해답은 적게 준다.

③ 도전을 두려워하지 않고 실패로부터 배우는 학습을 강조한다.

④ 구성원을 위한 문제해결보다는 구성원에 의한 문제해결을 촉구한다.

⑤ 정보를 독점하기보다는 공유한다.

⑥ 순종이 아니라 창의력을 발휘하도록 구성원을 고무한다.

⑦ 파괴적인 경쟁이 아닌 팀웍과 협력적 노력을 강조한다.

⑧ 의존이 아니라 독립성과 상호의존을 촉진한다.

⑨ 순응하는 것이 아니라 헌신하는 셀프리더를 육성한다.

⑩ 스스로를 리드해 나갈 수 있도록 구성원들을 신뢰하고 위임한다.

⑪ 셀프리더십을 지원하는 조직구조 및 정보시스템을 구축한다.

⑫ 자율적인 조직문화를 구축한다.

조직의 구성원들은 이와 같은 수퍼 리더십 과정을 통해 자신의 업무에 대해 주인의식을 갖고, 보다 업무에 몰입하게 됨으로써 궁극적으로는 조직의 효과성이 제고된다.

 Working Manual

누가 내 치즈를 옮겼는가?

http://pann.nate.com/video/214918279

셀프 리더십과 셀프 매니지먼트

- 셀프 리더십은 스스로 개인의 생각과 행동을 변화시킴으로써 자신에 대한 영향력을 증진시키는 리더십: 후천적 학습과 인간의 자율성 강조
- Neck, Stewart, Manz : "성공적인 직무수행에 필요한 자기주도 및 자기 동기부여를 위해 개인이 스스로에게 영향력을 행사하는 과정'
- Manz(만즈)와 Sims(심스)에 의해 제시된 셀프매니지먼트 이론에 기반을 두는 리더십 대체이론 중 하나로 셀프 매니지먼트는 '구성원들의 자율통제는 구성원들에 대한 리더의 통제행동을 감소시킨다' 는 가정을 전제로 함
- 셀프 매니지먼트는 스스로가 자신의 목표를 설정하고, 그 목표달성을 위해 자신에게 지시 및 감독을 하며, 그 결과에 대해 스스로 보상과 처벌을 행사하는 자기 통제적 행위를 의미함
- 인간은 바람직한 결과가 주어질 경우 자율통제 행위를 지속할 가능성이 높음

셀프 매니지먼트의 구성요소

① 자기관찰: 자신의 행동을 관찰함으로써 바람직하지 못한 행동의 원인을 파악하고, 변화의 필요성을 인식하며, 증진 또는 제거해야 할 행동 목록 확인

② 자기목표설정: 효과적인 목표 달성을 위해서 스스로 도전적인 목표를 설정하고, 행동변화에 초점을 맞춘 구체적인 장·단기 계획을 수립한 뒤 이를 주위에 공개적으로 알리는 것이 바람직함

③ 자극에 대한 통제: 바람직한 행동을 유도하는 자극을 점차적으로 늘리고, 바람직하지 않은 행동을 유도하는 자극을 점차적으로 줄임

④ 자기보상 및 자기비판: 적절한 보상 및 처벌을 통해 바람직한 행동을 강화하고, 그렇지 못한 행동을 제거

⑤ 예행연습: 자신이 바라는 행동을 상상 또는 실제 행동을 통해 체계적으로 연습하는 것이 바람직함

참고: 리더십 대체 이론

- Kerr& Jermier의 리더십 대체이론(leadership substitutes)

1) 리더십 대체요인: 리더의 행동을 불필요하거나 불가능하게 만드는 상황변수

- 구성원들의 명확한 역할 인식
- 전문가적 업무수행
- 높은 구조화된 업무
- 높은 직무만족
- 응집력 강한 작업집단
- 높은 조직 공식화 등

2) 리더십 중화요인: 리더의 리더십 행동을 방해하거나 그 영향력을 중화시키는 상황변수

- 구성원들의 보상에 대해 무관심
- 리더의 낮은 지위권력
- 조직의 높은 경직성 및 리더와 부하의 먼 물리적인 거리

참고: 조직통제시스템과 자기통제 시스템

- 셀프리더십의 개념을 정확하게 이해하기 위해서는 조직통제 및 자기통제시스템의 개념을 우선적으로 이해해야 함
- 조직통제시스템 : 조직의 목표달성을 위해 구성원의 행동을 제어하는 합리적이고 관리 가능한 통제기제로서 일반적으로 조직 목표 및 성과기준의 설정, 평가제도 및 보상시스템 등을 포함함
- 자기통제 시스템 : 개인 스스로 목표를 설정하고, 자신이 설정한 목표를 달성하기 위한 성과기준을 수립하며, 스스로 자신의 행동을 평가하고 그 결과에 따라 보상이나 처벌을 스스로 집행하는 행위 등을 포함함(행동변화에 보다 효과적)
- 자기통제를 위해서 구성원들은 개인 스스로도 자신에게 가치관과 신념, 그리고 미래에 대한 비전을 주입하고 이를 공고히 하고자 노력해야 함.

셀프 리더십 전략

- '해야만 하는 것(should)' 에 초점을 맞춘 셀프매니지먼트와 달리 셀프리더십은 '하고 싶은 것(want)' 에 초점을 맞추고 왜 그것을 해야만 하는지를 설명함
- 셀프 리더십은 셀프매니지먼트에 비해 주도적인 자기통제의 역할을 보다 강조
- 자기 통제를 촉진시키기 위한 개인차원의 전략으로는 TSL(Thought Self Leadership)이 있음.
- TSL은 인지적인 방법을 통해 구성원들의 사고방식(thought patterns)을 변화시킴으로서 구성원들로 하여금 긍정적이고 건설적인 사고방식을 가지도록 하고 궁극적으로는 개인을 변화시키는 방법으로 다음의 세 가지 방법이 있음
  ① 관찰기법 : 자신의 신념과 가치관을 스스로 관찰
  ② 언어 반복(self-talk)에 의한 자기 암시법 : 자기와의 대화
  ③ 상상(mental-imagery)에 의한 자기암시법 : 자신이 해야 할 일이나 행동 등을 마음속으로 미리 연습함
- 성공적인 TSL 기법의 활용을 위해서는 개인의 지속적인 노력과 반복 학습이 무엇보다 중요함

셀프 리더십 측정

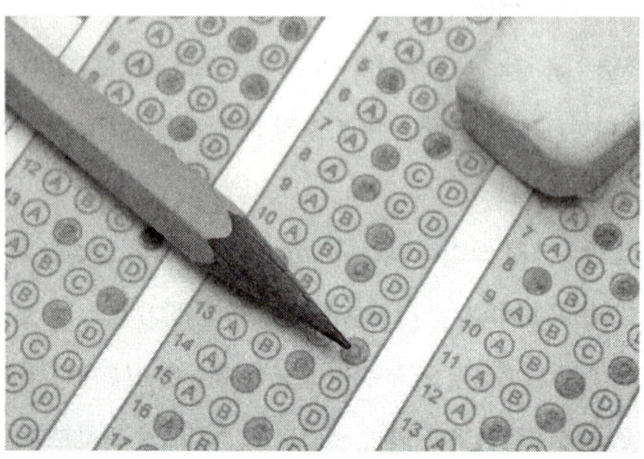

셀프 리더십과 슈퍼 리더십

❖셀프 리더십 (Self-Leadership) : 스스로 자기 자신에게 영향력을 미치기 위해 사용되는 사고 및 행동전략

❖슈퍼 리더십 (Super-Leadership) : 다른 사람들이 스스로 이끌어 가도록 (즉, 셀프 리더가 되도록) 하는 사고 및 행동 전략 http://blog.naver.com/PostView.nhn?blogId=psgcsc&logNo=90129511174

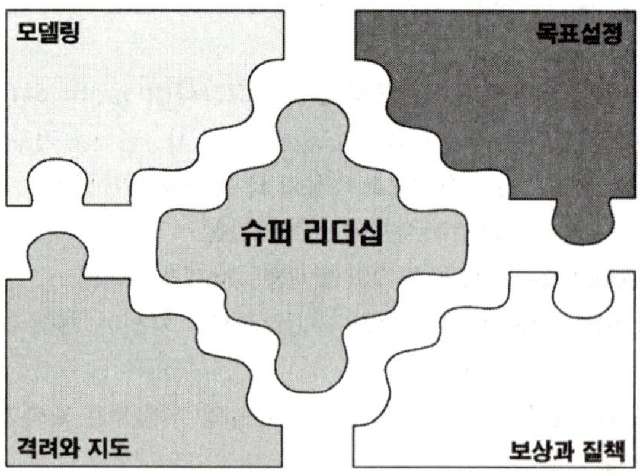

슈퍼 리더십 7단계

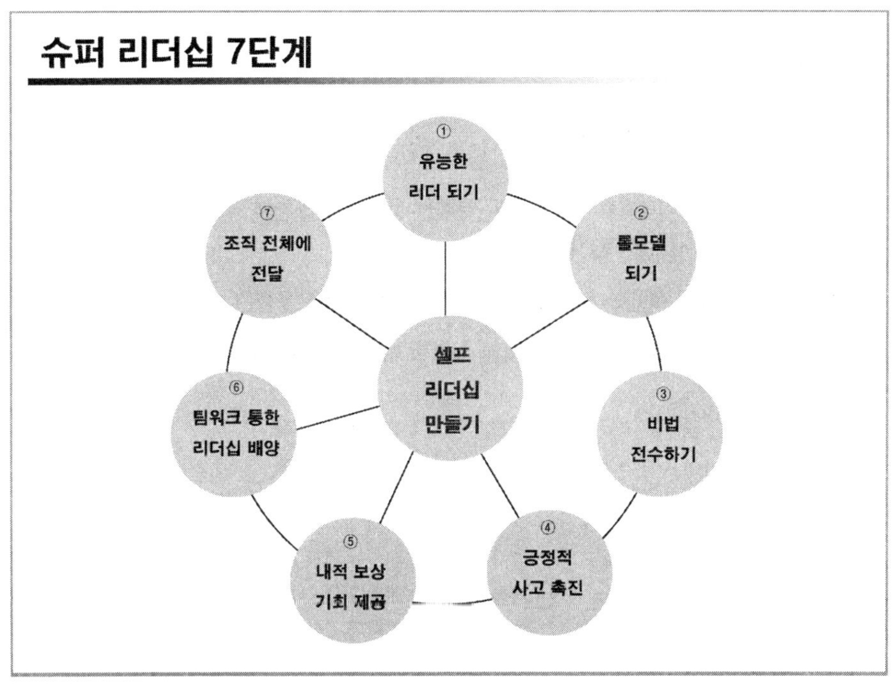
① 유능한 리더 되기
② 롤모델 되기
③ 비법 전수하기
④ 긍정적 사고 촉진
⑤ 내적 보상 기회 제공
⑥ 팀워크 통한 리더십 배양
⑦ 조직 전체에 전달
셀프 리더십 만들기

Discussion

성공을 위한 자기 암시: 외쳐 봅시다!

1. 자신이 진정 되고 싶고, 갖고 싶고, 원하는 것이 무엇인지를 파악하고 그에 기반하여 자기 암시문을 작성한다
2. 자기 암시문의 시제는 현재형 또는 현재 진행형으로 작성한다
3. 큰 소리로 주문을 외치면서 원하는 상황의 이미지를 상상한다

<예>

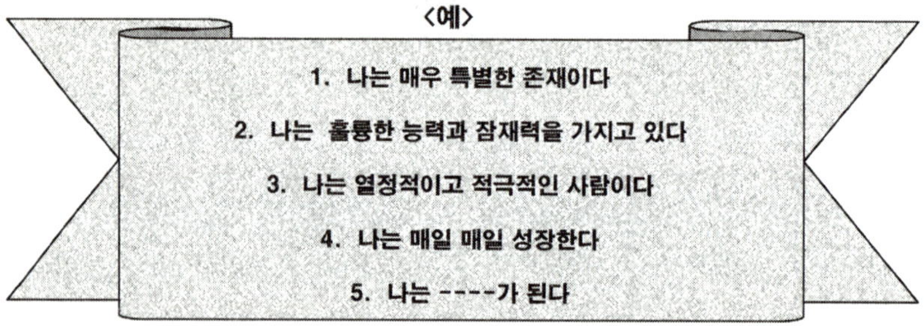

♣ 어떤 일을 할 수 있다고 믿든, 할 수 없다고 믿든 아마도 당신이 믿는 그대로 될 것이다!

- 헨리 포드

part 3

리더십 개발과 실천

제12장

리더십과 갈등관리

제12장 리더십과 갈등관리

1… 갈등의 개념

일반적으로 갈등은 '개인의 활동이 다른 개인에 의해 방해될 때 발생하는 대결의 과정, 또는 심리적 상태'라고 정의되는데 인간은 누구나 살아가면서 크고 작은 갈등을 겪게 된다. 조직 또한 개인들의 집합체이기 때문에 갈등 없는 조직은 없다. 특히, 조직은 다양한 욕구와 이해를 지니고 있는 구성원들이 상호 밀접하게 연관되어 있지만 개인의 욕구를 충족시켜주는 자원은 한정되어 있기 때문에 구성원들 간의 갈등은 보편화된 현상이다. 일반적으로 갈등은 개인이나 집단의 가치 또는 목표들이 상호 양립할 수 없는 경우, 목표달성에 있어서 의식적인 방해 작용이 있는 경우, 행동 주체간의 대립적 또는 적대적 상호작용이 있는 경우 등에 발생되는데 갈등을 유발하는 주요 원인으로는 상호의존성, 이해관계의 차이, 지각의 차이, 기대역할 차이, 지위의 불일치, 행동의 차이 등이 있다.

① **상호 의존성** : 상호의존성이란 목표달성을 위해 둘 이상의 개인 또는 집단이 업무 협조, 정보제공, 피드백, 또는 협력적 행동 등을 할 때 상대방을 필요로 하는 정도를 나타내는 것으로서 업무의 상호의존성이 클수록 갈등이 발생할 가능성이 높다.

② **이해관계의 차이** : 조직 내 개인과 집단은 공동의 목표를 갖고 있지만 목표달성의 과정에서는 다양한 이해관계가 발생한다. 특히, 조직이 커지고 기능이 다양해질수록 제한된 자원의 확보, 보상구조의 차별화 등으로 인해 개인 또는 집단 간의 갈등은 심화된다.

③ **지각의 차이** : 가장 빈번하게 발생하는 지각의 차이는 시간 인식의 차이로, 개인 또는 집단 간의 우선순위 결정의 차이에 따라서 갈등이 유발된다.

④ **기대역할의 차이** : 서로의 역할에 대한 기대가 다르기 때문에 갈등이 발생하는 경우로서 기업의 현장관리자와 스텝간의 갈등이 그 좋은 예이다. 기업의 현장관리자들의 경우 스텝(staff)을 현장을 지원하는 서비스 기능으로 인식하는 것에 반해 스탭은 자신들의 역할을 전문적인 기능으로 인식하고 현장에 대한 영향력을 지속적으로 확대하고자 하기 때문에 현장관리자와 스텝간의 갈등이 빈번하게 발생한다.

⑤ **지위의 불일치** : 지위의 차이는 top-down의 일방적인 의사결정을 가능하게 만들기 때문에 이를 반드시 수용해야 되는 위치에 있는 개인 또는 집단의 불만을 증대시킨다. 갈등적 노사관계의 대부분은 이와 같은 구조에서 발생한다.

⑥ **준거행동의 차이** : 바람직한 과업행동을 규정하는 준거의 차이는 표준 업무수행방법, 인간관계방식, 목표달성의 우선순위 등의 선정에 있어서 상당한 인식의 차이를 가져옴으로써 주요한 갈등요인으로 작용하게 된다.

갈등의 개념에 관한 대표적 학자의 정의를 살펴보면 다음과 같다.

- Rue(**루**)**와** Byos(**바이오스**) : "갈등이란 개인 또는 집단에게 있어서 지각된 욕구가 좌절되었거나, 혹 좌절될 것이라고 생각할 경우 존재하는 공공연한 행동이다."
- Holt(**홀터**) : "갈등이란 한편이 다른 편을 방해하거나 좌절시키고자 하는 목적 지향적인 방해 행동이다."
- Reitz(**레이쯔**) : "갈등이란 개인 또는 집단이 함께 일함에 있어서 어려움을 겪는 상태로, 정상적인 활동이 방해되거나 파괴되는 상태이다."
- Robbins(**로빈스**) : "갈등이란 한편이 관심을 갖고 있는 것에 대해 다른 편이 부정적인 영향을 미치거나 미칠 것이라고 지각될 때 시작되는 하나의 과정이다."

갈등에 관한 이상의 정의를 종합하면 '갈등이란 개인이나 집단의 기대 또는 목표지향적 행위가 타인이나 타 집단에 의해서 좌절되거나 방해되는 상황에서 발생하는 심리적 상태'라고 재정의할 수 있을 것이다.

2 … 갈등관리의 기능

그동안 갈등은 조직의 효과성과 효율성을 떨어뜨리고 조직의 해체를 촉진하는 부정적 존재로 인식되어 왔던 것이 사실이다. 갈등의 바라보는 학자들의 관점을 분류하면 일반적으로 다음과 같은 세 가지 형태로 나뉜다.

첫째, 갈등은 집단에 부정적인 영향을 미치기 때문에 반드시 피해야 된다는 전통적 관점.

둘째, 갈등은 필연적 현상이며 긍정적인 측면과 부정적인 측면이 동시에 있기 때문에 효과적으로 관리되어야 한다는 행동주의적 관점.

셋째, 갈등은 조직의 성과 창출을 위해서 반드시 필요한 것이라는 상호작용적인 관점(예 : 메기이론) 등이 있다.

1) 전통적 견해(1930~1940)

갈등은 개인과 조직에 부정적인 영향을 미친다고 보는 견해로서, 전통적 견해에 따르면 조직 내 갈등은 반드시 피하거나 제거되어야 한다. 주요 가정은 다음과 같다.

① 갈등은 조직 성장의 저해요인이기 때문에 반드시 해소되거나 해결되어야 한다.

② 갈등은 조직의 커뮤니케이션상의 유효성을 저해한다.

③ 갈등은 조직의 부정적 행동을 유발시키는 주요 원인으로서 구성원 상호간의 이해와 신뢰 구축, 그리고 조직의 개방성을 결여시킨다.

2) 행동주의적 견해(1940~1970)

인간관계론적 견해라고도 하는데, 갈등을 모든 집단과 조직에서 필연적으로 발생하는 자연스러운 현상으로 이해하는 견해이다. 행동주의적 견해에서 보면 갈등은 피할 수 없는 불가피한 것이기 때문에 단순히 갈등을 회피하려 하기보다는 수용하는 태도를 가지고 조직의 효과성 제고에 긍정적인 영향을 미치도록 효과적으로 관리해야 한다는 주장이다.

3) 상호작용적 견해(1970~)

적당한 갈등은 집단과 조직의 성장에 있어서 추진력으로 작용할 수 있다는 현대적 견해로서, 갈등은 새로운 아이디어를 촉진하고 집단 응집력을 향상시키며 다양한 의견의 제시를 통해 보다 나은 의사결정을 초래하고 구성원들에게 욕구불만의 탈출구를 제공하는 등의 긍정적 효과를 제공한다는 주장이다. 상호작용적 견해는 모든 형태의 갈등이 바람직하다, 또는 모두 바람직하지 않다 등의 가치 판단적인 시각에서 벗어나 갈등의 형태에 따라 바람직한 갈등과 바람직하지 못한 갈등을 구분하여 조직에 긍정적인 영향을 주는 것은 조장하고 부정적인 결과를 가져오는 것은 제거하여야 한다고 강조한다.

긍정적인 갈등은 조직의 성장을 위한 추진력으로 작용한다는 상호작용적 견해에 따르면 갈등은 다음과 같은 순기능 및 역기능을 갖는다.

〈갈등의 순기능〉

① 문제에 대한 인식과 해결방안을 모색하게 한다.
② 의사결정의 다양성과 창의성을 확보할 수 있다.
③ 조직 내부의 변화와 혁신의 분위기를 촉진한다.
④ 집단 외부와의 갈등을 통해 조직구성원들의 결속력이 강화된다.
⑤ 조직 구성원들의 관심과 호기심을 유발하고, 에너지와 활동을 촉진한다.

〈집단 내 갈등의 역기능〉

① 집단을 약화시켜 전제적 리더십이 등장할 가능성을 높인다.
② 지나친 과업지향적 분위기가 조성된다.
③ 획일성이 강조되고 개인적 특성이나 차이가 무시된다.
④ 구성원의 모든 활동이 규정화되고 구조화되는 등 조직공식화가 강화된다.
⑤ 구성원들의 이성적인 판단이 감소하고 감정적 행동이 증가한다.
⑥ 지나친 갈등은 조직의 불안정과 혼란을 초래한다.

〈집단 간 갈등의 역기능〉

① 상대집단을 적으로 간주하고 적대감을 갖게 만든다.
② 상대집단에 대한 경계의식을 유발하고 부정적인 시각을 갖게 한다.
③ 상대 집단의 구성원과의 상호작용을 회피하게 만든다.
④ 상대집단의 행위는 무조건 잘못되었다는 편견이 증대한다.
⑤ 자기집단의 역할을 과대평가하고 파벌의식을 고조시킨다.
⑥ 상대집단과의 대면접촉관계를 감소시켜 문제해결을 어렵게 한다.

3 … 갈등관리 전략

일반적으로 갈등에 대처하는 개인의 행동유형은, ①첫 번째는 공격적 행동(aggressive behavior)으로서 갈등이 발생할 경우 상대방의 희생을 강요하고 자신의 입장을 고수한다. 특히 '나는 절대 틀리지 않는다, 사람들은 내가 시킨 대로 해야 한다, 당신은 반드시 ~해야 한다' 등의 태도를 보인다, ②두 번째는 비주장적 행동(nonassertive behavior)으로서 갈등이 발생할 경우 원활한 마무리나 상황 종료를 위해 쉽게 '항복'하는 방법을 선택하는 유형이다. '풍파를 일으키지 말자, 사람들이 좋아하지 않을 것이다, 난 절대 할 수 없을 거야'라는 태도를 보인다,

③세 번째는 수동-공격적 행동(passive-aggressive behavior)으로 갈등이 발생할 경우 일차적으로는 갈등을 피하거나 갈등에 적응하는 행동을 보이다가 견디지 못하거나 아니면 이길 수 있다는 판단이 들면 급작스럽게 공격적으로 변하는 유형으로서 '내가 가진 패는 절대 보여주지 않는다, 어떻게 내 말을 그런 식으로 생각하나?' 등의 태도를 가진다, ④마지막은 주장적 행동(assertive behavior)으로 갈등이 발생할 경우 자신의 입장을 고수하면서도 상대방의 입장을 존중하고, 적극적으로 갈등을 해결하는 유형으로서 '나도 권리가 있고 상대방도 그렇다, 문제 해결을 위해 우리는 무엇을 할 수 있을까?' 등의 태도를 나타내다.

한편, 한 연구결과에 의하면 오늘날 조직에서 경영자들은 대부분은 자신에게 주어진 시간의 20% 이상을 조직의 갈등관리를 위해 사용하고 있다고 한다. 따라서 효과적인 갈등관리는 리더십의 효과성 제고를 위해 반드시 필요하다. 유능한 리더는 필요에 따라 갈등을 삼소하기나 해소시키며, 때로는 필요에 따라 갈등을 적절하게 조장시킬 수 있는 능력이 있는 리더이다. 즉 효과적인 갈등관리는 유능한 리더의 필수조건이다. 효과적인 갈등관리를 위해서는 개인 간의 갈등해결 전략, 집단 간의 갈등해결전략, 그리고 갈등예방 전략 등에 대한 이해가 필요한데 구체적인 설명은 다음과 같다.

1) 개인 간의 갈등해결 전략

Blake(블레이크)에 의하면 개인 간 갈등의 당사자들은 갈등의 해결을 위하여 경쟁, 협력, 회피, 순응, 타협 등의 방법을 사용한다고 한다.

① **경쟁**(competition) : 경쟁은 상대방의 희생을 통해 자신의 이익을 추구하는 방법이다. 자신의 입장을 굽히지 않고, 협력도 하지 않으며, 상대방의 희생만을 강요하는 방법으로서 승-패 전략(win-lose)이라고도 한다.

② **협력**(collaboration) : 협력은 자신의 입장을 굽히지 않으면서도 상대방과의 입장 차이를 극복하고, 갈등 당사자 모두가 이익을 볼 수 있는 해결방안을 강구하는 방법이다. 즉, 쌍방이 모두 이익을 가질 수 있는 해결방안을 강구하는 전략으로서 승-승 전략(win-win)이라고 한다.

③ **회피**(avoidance) : 회피는 자신의 입장을 고집하지도 않고 협력하지도 않

는 중립적인 입장의 갈등관리기법으로서, 문제가 사소하거나 상대방이 자신보다 우세에 있을 경우 주로 사용한다. 즉, 중립적 입장에 서서 갈등을 해결하기 위한 어떠한 역할도 적극적으로 하지 않는 전략으로서 패-패 전략(lose/lose)이라고 한다.

④ **순응**(accommodation) : 순응은 자신의 입장을 양보하거나 자신의 희생을 통해 상대방에게 보다 나은 이익을 제공함으로써 갈등을 해결하고자 하는 갈등관리기법이다. 순응은 상대편이 우선권을 가지고 있거나 자신이 주장해오던 입장이 잘못되었음을 인식하였을 때 주로 사용하는데, 자신의 입장을 양보하고 상대방에게 협조하는 전략으로서 패-승(lose-win)전략이라고 한다.

⑤ **타협**(compromise) : 타협은 갈등 당사자가 조금씩 양보하여 당사자 모두에게 부분적인 이익을 제공하는 방법으로서 가장 빈번하게 사용되는 갈등해결 방법이다. 즉, 쌍방이 조금씩 양보하여 부분적인 만족을 얻고자 하는 전략으로 승/패-패/승(win/lose-lose/win)전략이라고도 한다.

2) 집단 간의 갈등해결 전략

① **직접대면** : 갈등을 겪고 있는 집단의 이해 당사자들을 직접적으로 대면시켜 서로의 입장과 갈등의 원인을 설명하고 문제해결에 관한 정보를 교환하게 함으로써 상호 만족할 만한 해결책을 찾도록 촉구하는 전략이다.

② **행동변화유도** : 집단 구성원들의 행동이나 태도의 변화를 유도함으로써 집단 간의 갈등을 해소하는 방법이다.

③ **설득과 협상** : 갈등의 원인을 논리적으로 분석하여 갈등 당사자들을 설득함으로써 그들로 하여금 상대방에 대해 호의적인 태도를 갖게 하는 방법이다.

④ **중재자의 개입** : 설득이나 협상 등의 방법을 통해서 집단 간의 갈등이 해결되지 않는 경우에 상위 경영자가 이를 중재하거나 조정함으로써 갈등을 해결하는 방법이다. 상위 경영자가 갈등상황에 개입하는 경우 집단 간의 갈등을 신속하게 처리할 수 한다는 장점이 있지만 이는 단순한 미봉책에

불과하고 근본적인 문제해결방안은 될 수 없기 때문에 갈등의 재발 가능성은 여전히 높다.

⑤ **조직의 재구조화** : 조직구조를 변화시켜 집단 간의 갈등을 해소시키는 방법으로서 조직 내 조정부서를 설치·운영하는 방법 등이 있다.

3) 갈등 예방전략

리더십의 효과성 제고를 위해서 리더는 효율적으로 갈등을 해결하는 것에 못지않게 갈등이 발생하지 않도록 사전에 갈등을 예방할 필요가 있다. 집단 간 갈등에 대한 효과적인 예방 전략은 다음과 같다.

① **상위 목표의 설정** : 집단 간의 공동의 상위 목표를 설정함으로써 상호의존관계 및 상호협력관계를 강화시키고 이를 통해 갈등을 예방하는 방법이다.

② **자원의 확충** : 집단 간의 갈등이 제한된 자원으로 인해 발생하는 경우에 집단에서 활용할 수 있는 자원을 확충해 줌으로써 갈등을 해결하는 방법이다.

③ **규정이나 절차의 제도화** : 갈등의 소지를 미리 예측하고 이를 해결할 수 있는 규정이나 절차를 만들어 분쟁이나 갈등을 사전에 예방하는 방법이다.

④ **조직구조의 개선** : 조직 구성원 상호간의 교류를 활성화할 수 있도록 조직구조 자체를 변경시킴으로써 갈등을 해소하는 방법이다.

⑤ **공동의 경쟁대상 설정** : 갈등을 일으키는 집단들에게 공동의 경쟁 대상을 설정함으로써 집단 상호간의 공동체 의식을 형성하고 갈등을 해소하는 방법이다.

⑥ **의사소통의 활성화** : 집단 간의 원활한 의사소통을 통해 오해의 소지를 없애는 방법으로서 대표적인 갈등예방기법으로는 '조하리 창(johari window)'이 있다.

'조하리창'은 Joseph Luft(조셉 루프트)와 Hary Ingham(하리 잉햄)에 의해 개발되었는데, '조하리 창'에 의하면 의사소통의 영역은 크게 네 가지로 분류한다. 첫 번째는 '개방의 창(open window)'으로서 자신에 대하여 스스로 명확하게 인식하고 있으며 타인에게도 알려져 있는 부분이다. 두 번째는 '맹목의 창(blind window)'으로서 타인에게는 알려져 있지만 자신은 미처 인식하지 못하는 자신에 관한 부분이다. 세 번째는 '숨겨진 창(hidden window)'으로 자신은 인식하고 있지만 타인에게는 알려지지 않은 자신에 대한 부분이다. 네 번째는 '미지의 창(unknown)'으로 자신도 인식하지 못하고 타인도 알지 못하는 자신에 대한 부분이다. '조하리창'에 따르면 구성원간의 원활한 상호관계 구축을 위해서는 구성원 상호간에 자기노출 및 자기인식을 통해 마음의 문을 열어 '개방의 창' 영역을 넓힘으로써 갈등의 가능성을 예방하는 것이 반드시 필요하다고 한다

〈Johari Window〉

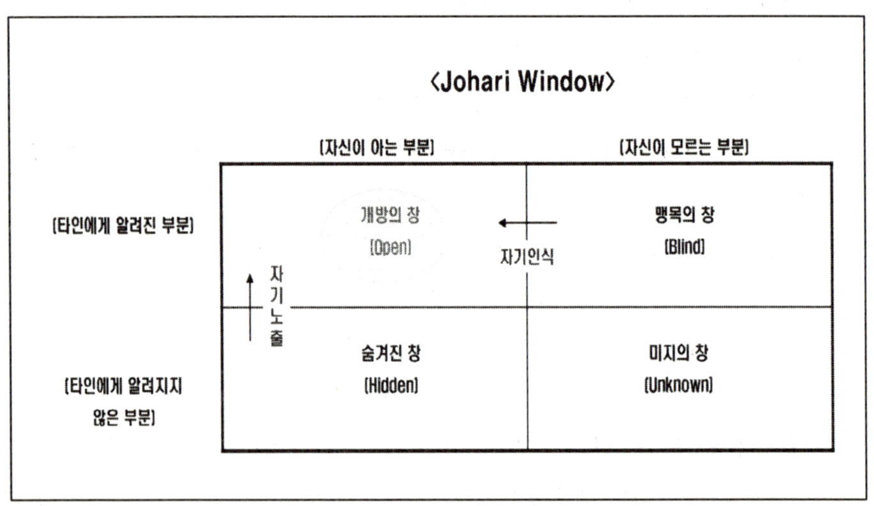

Working Manual

갈등의 발생

- 갈등이란 개인이나 집단의 기대나 목표 지향적 행위가 타인이나 타 집단에 의해서 좌절되거나 차단되는 상황에서 발생되는 심리상태이다

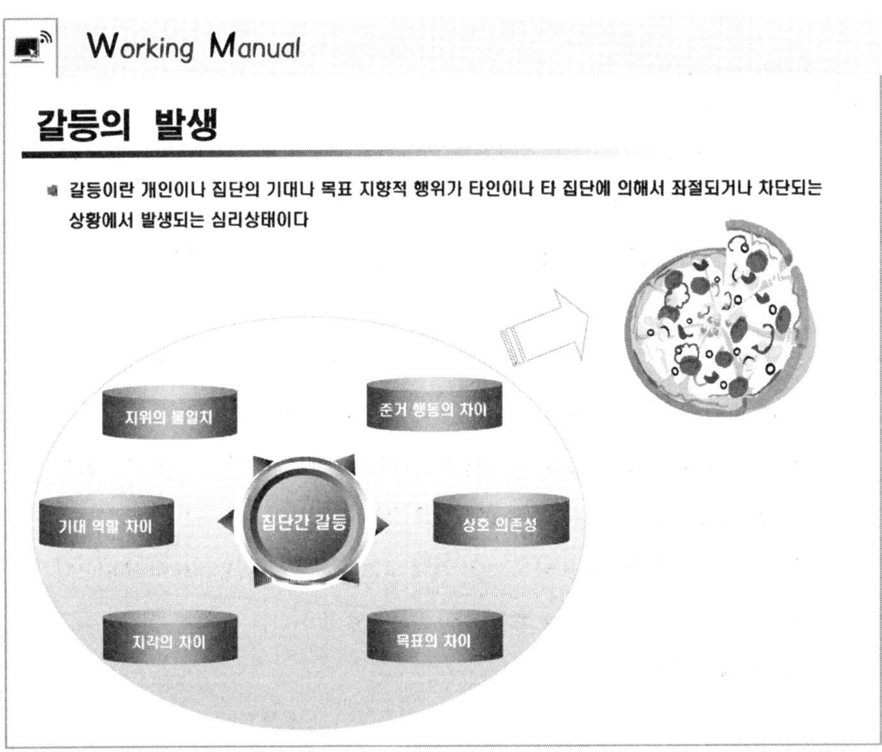

갈등 발생의 원인

① 상호 의존성: 목표달성을 위해 업무수행 상 상대방을 필요로 하는 정도

(상호의존성이 클수록 갈등이 발생할 가능성이 높음)

② 이해관계의 차이

③ 지각의 차이: 가장 빈번한 것은 시간 인식의 차이

④ 기대역할의 차이

http://www.youtube.com/watch?v=CxAnSGZp-9M

⑤ 지위의 불일치: top-down의 일방적인 의사결정의 가능성 증가

⑥ 준거행동의 차이: 바람직한 과업행동을 규정하는 준거의 차이

갈등의 개념

1) Rue & Byos: "갈등이란 개인 또는 집단에게 있어서 지각된 욕구가 좌절되었거나, 혹 좌절될 것이라고 생각할 경우 존재하는 공공연한 행동".
2) Holt: "갈등이란 한편이 다른 편을 방해하거나 좌절시키고자 하는 목적 지향적인 방해 행동".
3) Reitz(레이쯔): "갈등이란 개인 또는 집단이 함께 일함에 있어서 어려움을 겪는 상태로, 정상적인 활동이 방해되거나 파괴되는 상태".
4) Robbins(로빈스): "갈등이란 한편이 관심을 갖고 있는 것에 대해 다른 편이 부정적인 영향을 미치거나 미칠 것이라고 지각될 때 시작되는 과정."
5) 따라서 '갈등이란 개인이나 집단의 기대 또는 목표지향적 행위가 타인이나 타 집단에 의해서 좌절되거나 방해되는 상황에서 발생하는 심리적 상태' 라고 재정의할 수 있음

갈등의 의미

葛 (칡 갈) 藤 (등나무 등)

1. 일이 뒤얽혀 풀기 어려운 상태
2. 서로 다른 입장으로 일어나는 불화

갈등에 대한 관점

1. 전통적 관점 : 갈등은 집단에 부정적인 영향을 미치기 때문에 반드시 피해야 된다는 관점(갈등은 반드시 제거해야 하는 것)
2. 행동주의적 관점 : 갈등은 필연적 현상이며 긍정적인 측면과 부정적인 측면이 동시에 있기 때문에 효과적으로 관리되어야 한다는 관점(갈등은 불가피한 것이기 때문에 수용하고자 노력해야 하는 것)
3. 상호작용적 관점 : 갈등은 조직의 성과 창출을 위해서 반드시 필요한 것이라는 관점(적당한 갈등은 조직 성장의 추진력)

갈등의 기능

<table>
<tr><th colspan="2">순기능(예: 메기이론)</th></tr>
<tr><td colspan="2">① 문제에 대한 인식과 해결방안을 모색하게 함
② 의사결정의 다양성과 창의성을 확보할 수 있음
③ 조직 내에 변화와 혁신의 분위기를 촉진함
④ 집단 외부와의 갈등을 통해 조직구성원들의 결속력 강화
⑤ 갈등은 구성원들의 관심과 호기심을 유발하고 에너지와 활동을 촉진</td></tr>
<tr><th colspan="2">역기능</th></tr>
<tr><th>집단 내</th><th>집단 간</th></tr>
<tr><td>① 집단을 약화시켜 전제적 리더십이 등장할 가능성이 높아짐
② 지나친 과업지향적 분위기 조성
③ 획일성이 강조되고 개인적 특성이나 차이가 무시됨.
④ 조직공식화 강화
⑤ 구성원들의 이성적 판단 감소와 감정적 행동 증가
⑥ 조직의 불안정과 혼란 초래</td><td>① 상대집단에 대한 적대감
② 상대집단에 대한 경계의식과 부정적 시각
③ 상대 집단 구성원과의 상호작용 회피
④ 상대집단에 대한 편견 증가
⑤ 자기집단을 과대평가하고 파벌의식 고조
⑥ 상대집단과의 대면접촉관계를 감소시켜 문제해결을 어렵게 함.</td></tr>
</table>

갈등에 대처하는 개인의 유형

① 공격적 행동 : 상대방의 희생을 강요하고 자신의 입장 고수(나는 절대 틀리지 않는다, 사람들은 내가 시킨 대로 해야 한다, 당신은 반드시 ~해야 한다 등)

② 비주장적 행동 : 원활한 마무리나 상황 종료를 위해 쉽게 '항복'하는 방법을 선택하는 유형(풍파를 일으키지 말자, 사람들이 좋아하지 않을 것이다, 난 절대 할 수 없을 거야 등의 태도)

③ 수동-공격적 행동 : 일차적으로는 갈등을 피하거나 갈등에 적응하는 행동을 보이다가 견디지 못하거나 이길 수 있다는 판단이 들면 공격적 행동으로 급변하는 유형(내가 가진 패는 절대 보여주지 않는다, 어떻게 내 말을 그런 식으로 생각하나? 등)

④ 주장적 행동 : 자신의 입장을 고수하면서도 상대방의 입장을 존중하고, 적극적으로 갈등을 해결하는 유형(나도 권리가 있고 상대방도 그렇다, 문제 해결을 위해 우리는 무엇을 할 수 있을까? 등의 태도)

개인 간 갈등 해결 전략

- 경쟁(competition) : 자신의 입장을 굽히지 않고 협력도 하지 않으며, 상대방의 희생을 강조함
- 순응(accommodation) : 자신의 입장을 양보하고 상대방에 협조함
- 회피(avoidance) : 중립적인 입장에서 갈등을 해결하기 위한 적극적 역할을 거절함
- 협력(collaboration) : 쌍방이 이득을 가질 수 있는 해결책을 강구함
- 타협(Compromise) : 쌍방이 조금씩 양보하여 부분적 만족을 얻으려고 시도함

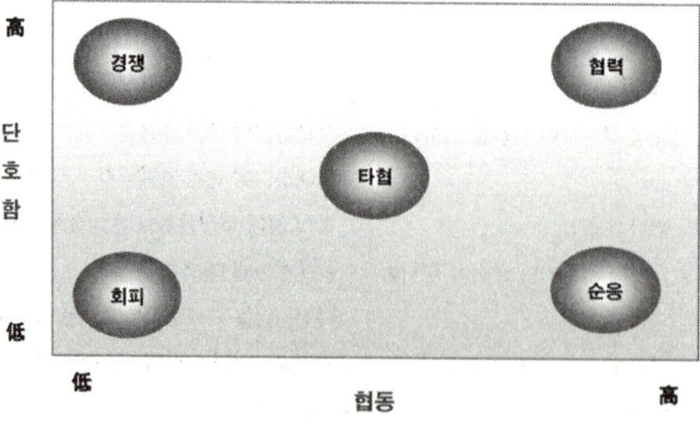

집단 간 갈등 해결 전략

① 직접대면: 갈등 당사자들을 직접적으로 대면시켜 서로의 입장과 갈등의 원인을 설명하고, 문제해결에 관한 정보를 교환하게 함으로써 상호 만족하는 해결책 강구

② 행동변화유도: 집단 구성원들의 행동이나 태도의 변화를 유도함으로써 갈등 해소

③ 설득과 협상: 갈등의 원인을 논리적으로 분석하여 갈등 당사자들을 설득함으로써 상대방에 대해 호의적인 태도를 갖게 하는 방법

④ 중재자의 개입: 상위 경영자가 이를 중재하거나 조정함으로써 갈등을 해결하는 방법(갈등을 신속하게 처리할 수 한다는 장점이 있지만 단순한 미봉책에 불과)

⑤ 조직의 재구조화: 조직구조를 변화시켜 집단 간의 갈등을 해소시키는 방법(조직 내 조정부서를 설치.운영)

갈등 예방 전략

① 상위 목표의 설정: 집단 간의 공동의 상위 목표를 설정함으로써 상호의존관계 및 상호협력관계를 강화시키고 이를 통해 갈등을 예방하는 방법.

② 자원의 확충: 집단 간의 갈등이 제한된 자원으로 인해 발생하는 경우 적합

③ 규정이나 절차의 제도화: 갈등의 소지를 미리 예측하고 이를 해결할 수 있는 규정이나 절차를 만들어 분쟁이나 갈등을 사전에 예방하는 방법

④ 조직구조의 개선: 조직 구성원 상호간의 교류를 활성화할 수 있도록 조직구조 자체를 변경시킴으로써 갈등을 해소하는 방법

⑤ 공동의 경쟁대상 설정: 갈등을 일으키는 집단들에게 공동의 경쟁 대상을 설정함으로써 집단 상호간의 공동체 의식 형성

⑥ 의사소통의 활성화: 집단 간의 원활한 의사소통을 통해 오해의 소지를 없애는 방법(대표적인 갈등예방기법은 조하리 창)

Discussion

빙고 게임

【게임 방법】

1) '이름 빙고게임 카드' 를 한 장씩 받는다

2) 정해진 시간에 서로 인사를 나누고 상대방의 이름을 카드에 적는다

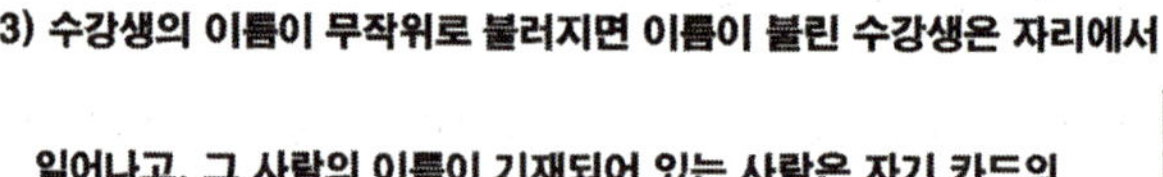

3) 수강생의 이름이 무작위로 불러지면 이름이 불린 수강생은 자리에서 일어나고, 그 사람의 이름이 기재되어 있는 사람은 자기 카드의 해당 칸에 X표를 한다

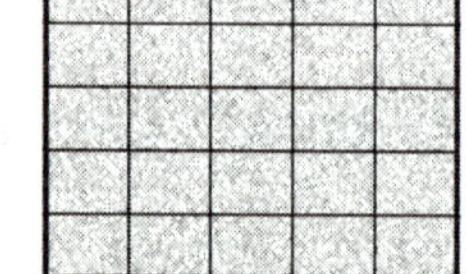

4) 먼저 X표가 수직, 수평, 또는 사선으로 이어진 사람이 빙고를 외친다

5) 시상한다

제13장

리더십과 의사결정

1. 의사결정의 개념
2. 의사결정의 유형
3. 효과적인 의사결정

제13장 리더십과 의사결정

1 … 의사결정(Decision Making) 개념

의사결정이란 조직의 문제해결을 위해 다양한 대안들을 탐색하고 평가하며 최적의 해결방안을 선택하는 일련의 과정으로서 일반적으로 다음의 같은 기준에 의해 평가된다.

① **의사결정의 질** : 다양한 대안들 중에서 최적의 대안이라는 공감대가 형성되었는가?

② **시의적절성** : 가장 적합한 시기에 의사결정이 이루어졌는가?

③ **수용성** : 실행의 주체인 구성원들이 의사결정의 결과를 수용(decision acceptance)하였는가?

효과적인 의사결정에 있어서 조직구성원들의 수용성은 특히 중요한데, '의사결정의 수용성'이란 내려진 결정을 효과적으로 실행하는데 있어 구성원들이 몰입하는 정도를 의미한다. 일반적으로 의사결정의 수용성은 리더의 독단적 의사결정보다는 구성원과의 협의에 의한 의사결정의 경우가 보다 높고, 협의에 의한 의사결정보다는 공동 의사결정의 경우가 보다 높다.

효과적인 의사결정은 다음과 같은 단계로 이루어진다.

① **문제 인식 및 규명단계** : 현재의 상태와 바람직한 상태와의 차이를 문제라고 하고, 그러한 차이를 지각하는 것을 문제의 인식이라고 하는데 문제의 본질과 원인을 밝히는 것을 규명이라고 한다. 따라서 이 단계는 해결해야

할 문제가 무엇인지를 찾아내고 그 원인을 밝히는 단계이다. 성공적인 의사결정을 위해서는 명확한 문제 인식과 규명이 무엇보다 중요하다.

② **대안 탐색 및 개발** : 이 단계는 문제의 규명을 토대로 문제해결을 위한 다양한 방안을 강구하는 단계로서 관련 정보를 수집하고, 현실 가능한 해결책을 개발·확인하는 단계이다. 대안의 포괄적인 탐색 및 개발을 위해서 창의성이 요구된다.

③ **대안의 평가 및 선택** : 탐색된 대안들을 특정 기준에 맞춰 비교·평가하고, 그 중에서 최선의 방안을 선택하는 단계이다. 각 대안을 비교·평가할 경우에는 각 대안이 조직의 목표달성에 실제적으로 어느 정도 기여할 수 있는 것인가를 고려하고, 선택된 대안의 실현 가능성을 평가하며, 대안이 조직에 불필요한 문제점들을 야기시킬 수 있는 가능성 등을 검토하여야 한다. 또한, 대안의 실행을 위한 구체적인 행동계획을 수립한다.

④ **실행의 평가** : 의사결정의 마지막 단계로 실행된 대안의 결과를 평가하는 단계이다. 실행의 평가 단계에서는 관련정보의 검토를 통해 선택된 대안과 그 실행이 목표달성에 기여한 정도를 측정하게 되는데 일반적으로 '현 상태와 바람직한 상태의 간격은 좁아졌는가, 만약 그렇지 않다면 왜 문제가 해결되지 않았는가'를 중심으로 평가가 이루어진다. 대안의 실행결과가 목표달성에 충분히 기여하지 않는다고 평가되면 의사결정과정은 다시 처음으로 피드백된다.

2 … 의사결정의 유형

의사결정의 유형은 크게 '개인적 의사결정'과 '집단적 의사결정'으로 나뉘는데, '개인적 의사결정'이란 조직의 리더가 구성원들의 도움 없이 자신이 가지고 있는 정보에 입각하여 독자적으로 해결대안을 결정하는 방법이다. 빠른 시간 내에 신속한 의사결정을 내릴 수 있다는 장점이 있지만 개인이 가지고 있는 정보에만 의지하기 때문에 다양한 정보를 확보・활용할 수 없다는 단점이 있다. 개인적 의사결정은 시간적인 여유가 없을 경우, 의사결정의 수용성이 중요하지 않을 경우, 실행의 주체인 구성원들의 역량이 뛰어날 경우에 효과적이다. 반면 '집단적 의사결정'은 구성원들을 의사결정에 참여시키거나 또는 상호 협의하여 의사결정을 내리는 방법으로서 구성원들의 의사결정 참여를 통한 자율성 향상, 사기 진작, 커뮤니케이션의 활성화, 협동적 노력의 증대 등을 목표로 한다. Schein(샤인)은 집단의사결정의 유형을 다음과 같은 6가지로 분류하였다.

① **신중하지 못한 의사결정** : 대안에 대한 신중한 검토 없이 의사결정이 이루어지는 경우이다.

② **권위주의적 의사결정** : '개인적 의사결정' 과정과 유사한 의사결정으로서 중요 인물에 의해 집단의 의사결정이 독단적으로 이루어지는 경우이다.

③ **소수에 의한 의사결정** : 지배적인 소수가 전체 구성원을 지배하여 자신들의 의견에 대한 구성원들의 동의를 요구하는 경우이다.

④ **다수에 의한 의사결정** : 가장 일반적인 집단의사결정방법으로서 투표를 통해 대안을 선택하는 경우이다. 하지만 투표에 이기기 위해 연합을 형성하거나, 투표에 진 상대방이 선택된 대안 실행에 소극적인 자세를 취하는 등 많은 문제점을 내포한다.

⑤ **합의에 의한 의사결정** : 대부분의 구성원들이 지지를 보이는 대안을 선택하는 경우로서 반드시 만장일치를 필요로 하는 것은 아니다. 효과적인 합의 도달을 위해서 리더는 구성원 개개인이 의사결정과정에 적극적으로 참여하도록 독려하고, 수용적인 자세로서 구성원들의 주장에 귀 기울이는 자세가 중요하다.

⑥ **만장일치에 의한 의사결정** : 가장 이상적인 의사결정 형태이지만 현실적으로 이루어지기 힘든 의사결정방법이다.

집단적 의사결정은 개인적 의사결정에 비해 보다 많은 정보와 경험, 아이디어를 제공하며 의사결정과정에서의 상호작용을 통해 구성원 상호간에 언어적, 비언어적 의사소통이나 접촉이 증대되는 효과가 있다. 집단적 의사결정의 장점과 단점은 다음과 같다.

(장점)

① 구성원들이 가지고 있는 다양한 지식과 경험을 활용하여 문제해결에 대한 보다 많은 정보와 대안을 이끌어 낼 수 있다.

② 구성원들의 상호작용에 따른 시너지효과(synergy effect)를 창출할 수 있다.

③ 구성원 간의 커뮤니케이션이 원활해지고 의사결정의 유효성을 높일 수 있다.

④ 구성원들의 의사결정 과정의 참여를 통해 구성원들의 의사결정에 대한 이해와 수용도를 높인다.

⑤ 의사결정의 실행에 있어서 구성원들의 참여도가 높아진다.

(단점)

① 구성원들의 다양한 아이디어 조정에 많은 시간과 자원이 소요된다.

② 가능한 대안들에 대해 충분한 검토가 이루어지지 못하고 성급하게 의사결정이 이루어질 가능성이 높다.

③ 동조압력에 의한 의사결정이 일어날 우려가 있다.

④ 의사결정 결과에 대한 책임소재의 문제가 제기될 가능성이 있다.

⑤ 의사결정 과정에서 구성원들 간의 의견 불일치로 인해 마찰 또는 양극화의 소지가 있다.

⑥ 지배적인 소수에 의해 집단의사결정이 통제될 수 있다.

하지만 이러한 단점에도 불구하고 집단적 의사결정은 구성원들 간에 다양한 정보와 경험이 공유된다는 측면에서 개인적 의사결정보다는 합리적이고 보편적인 의사결정이 내려질 가능성이 높다고 하겠다.

한편, 집단적 의사결정의 질은 다음과 같은 요인에 의해 영향을 받는다.

① **집단 사고(group think)** : 집단 응집성이 극도로 강한 조직의 경우, 구성원 상호간의 합의에 대한 지나친 요구가 집단사고를 조장하는 경우가 많다. 일반적으로 집단사고가 강한 집단은 의사결정 과정에서 구성원들의 동의를 얻어내기 용이한 반면에 각 대안들에 대한 충분한 검토없이 의사결

정이 이루어지는 경우가 많기 때문에 문제해결에 있어서 창의성을 발휘할 수 없는 것이 사실이다. 또한 집단 사고는 다양한 정보 및 대안 제시를 제한하고, 선택된 대안에 대한 그릇된 환상과 믿음을 가지게 하며, 선택된 대안과는 다른 대안을 제시한 상대방을 반대편으로 인식하게 하고 그들에 대해서 상동적 태도(stereotyping of enemy)를 갖게 함으로써 선택된 대안에 대한 객관적이고 비판적인 평가를 불가능하게 한다.

② **집단규모** : 일반적으로 의사결정과정에 참여하는 구성원의 수가 많아질수록 상호간의 원활한 의사소통이 어려워지고, 공격적인 소수가 토의를 지배하는 '소수의 지배현상'이 일어나며, 구성원 간의 문제 및 문제해결 방안에 대한 다양한 인식의 차이 등으로 인한 갈등이 발생할 가능성이 높다.

③ **구성원의 특성** : 구성원들의 가치관, 태도, 동기, 지식 및 경험 등은 의사결정의 질에 막대한 영향을 미친다.

④ **리더의 리더십** : 의사결정과정이 구조화되지 못한 경우 리더의 문제해결 역량은 의사결정의 질적 수준에 많은 영향을 미치게 된다.

⑤ **지위의 차이** : 일반적으로 의사결정에 참여하는 구성원들의 지위에 차이가 많을 경우 낮은 지위의 구성원들은 높은 지위의 구성원의 아이디어에 대해서 반대하거나 비판적인 견해를 제시하기 꺼려하고, 상사의 의견이나 아이디어에 대해 무조건 높이 평가하려는 경향이 있기 때문에 대안에 대한 객관적인 평가가 어렵다. 기타 회의실의 좌석배치, 주위의 소음 등의 물리적 환경도 집단적 의사결정의 질에 영향을 미치는데 일반적으로 원형테이블에 둥글게 좌석을 배치하는 것이 회합이나 의사결정에 도움을 준다.

한편, Vroom(브룸)과 Yetton(예톤)은 의사결정 방식에 따라 리더십의 유형을 분류하고, 주어진 상황에서 가장 효과적인 리더십 유형을 파악하고자 '규범적 의사결정 모형(Normative Decision Model)'을 제시하였다. '규범적 의사결정 모형'에서 Vroom과 Yetton은 리더의 의사결정 방식을 크게 전제적 의사결정(Authoritarian decision, A), 협의적 의사결정(Consultative decision, C), 그리고 집단의사결정(Group decision, G)으로 나누고 각각의 의사결정방법에 따라 다음과 같은 다섯 가지의 리더십 유형을 제시했다

〈의사결정 방법에 따른 리더십 유형〉

전제적 의사결정	A I	리더는 자신이 확보 가능한 정보를 사용하여 혼자서 문제를 해결하거나 의사결정을 한다.
	AII	리더는 구성원으로부터 주어진 문제해결에 필요한 정보를 수집한 후 이를 참조하여 혼자서 의사결정을 내린다. 의사결정에 있어 구성원의 역할은 리더가 필요로 하는 정보의 제공에 있다.
협의적 의사결정	C I	리더는 주어진 문제를 구성원들과 개인적으로 공유하고, 구성원들의 아이디어나 제안을 수렴한 다음 혼자서 의사결정을 내린다. 리더의 의사결정은 구성원들의 의견 제시에 얽매이지 않는다.
	CII	리더는 문제를 구성원들과 집단으로 함께 모여서 상의하고 그들의 아이디어나 견해를 구한 후에 의사결정을 내린다. 최종 의사결정은 구성원의 영향을 받을 수도 있고 그렇지 않을 수도 있다.
집단 의사결정	GII	리더는 문제의 해결방안을 구성원들과 집단으로 모여서 상의하고, 함께 대안을 평가하고, 합의에 이르고자 노력한다. 리더의 역할은 문제를 명료화하고, 토론의 초점을 주제에 맞추며, 토론을 조정하는 역할을 맡는다. 리더는 집단 전체가 지지하는 해결책을 기꺼이 받아들이고 이를 실행에 옮긴다

3 … 효과적인 의사결정

효과적인 의사결정과정을 위해서는 다음과 같은 사항에 특히 유의해야 한다.

첫째, 주제로부터 빗나간 토의가 되지 않도록 서로의 인격을 존중하고 객관적이고 이성적으로 토의한다.

둘째, 구성원들로 하여금 문제를 정확히 인식하게 하고 문제해결에 필요한 중요 정보를 함께 공유함으로써 구성원들이 의사결정 과정에 적극적으로 참여하도록 한다.

셋째, 최종 선택을 내리기 전에 대안의 긍정적인 결과 및 부정적인 결과 그리고 비용 및 위험 등에 대하여 면밀하게 검토한다.

의사결정의 유효성을 높이고자 개발된 대표적인 의사결정 방법에는 명목집단법(nominal group technique : NGT), 델파이 기법(delphi technique), 브레인 스토밍(brain storming) 등이 있다

1) 명목집단법

문자 그대로 이름뿐인 집단으로서 구성원 상호간의 대화 또는 토론 등의 상호작용없이 진행되는 의사결정방법이다. 명목집단법은 회의에 참석한 참석자들이 제시된 문제에 대한 각자의 아이디어를 글로 써서 제출한 다음 취합된 아이디어를 칠판이나 차트에 기록한 다음 참석자들이 각각의 장단점에 대해 토론하고 투표를 걸쳐 최종안을 선택하는 창의적인 의사결정기법이다. 명목집단법의 의사결정은 다음과 같은 네 단계를 거친다.

① 제1단계 : 7~10명으로 이루어진 집단의 구성원들이 상호간의 토의 없이 제시된 문제에 대한 각자의 아이디어를 무기명으로 작성하여 제출한다.

② 제2단계 : 무기명으로 제출된 아이디어들을 리더가 칠판이나 차트에 기록한다.

③ 제3단계 : 칠판이나 차트에 적힌 모든 아이디어의 명료성, 장점과 단점, 타당성, 실효성 등 다양한 측면에 대해 논의하고 세심하게 평가한다.

④ 제4단계 : 각 아이디어에 대한 구성원들의 선호도를 파악하기 위해 비밀투표를 실시한 뒤 가장 많은 표를 얻은 아이디어를 선택한다.

명목집단법은 구성원 개개인의 독립적 사고를 제약하지 않기 때문에 기존의 집단적 의사결정이 갖고 있는 문제점을 해결하는 장점이 있지만 전체 과정을 효과적으로 운영하는 고도의 훈련된 리더가 필요하다는 것이 단점으로 지적된다.

2) 델파이 기법

고대 그리스 도시인 델파이를 따라 이름 지어진 델파이 기법은 전문가들의 합의에 기초를 둔 의사결정방법으로서 주어진 문제에 대한 전문가들의 독립적인 의견을 우편으로 수집하고 전문가들의 의견을 종합한 뒤 이를 재정리하여 다시 전문가들에게 배부한 다음 합의가 이루어질 때까지 종합된 의견에 대해 논평하게 하는 방법으로서 일반적으로 다음의 다섯 단계를 거쳐 의사결정이 이루어진다.

① 제1단계 : 주어진 문제에 대해 잠재적인 해결방안을 요구하는 설문지를 전문가들에게 배부한다.
② 제2단계 : 각 전문가는 설문지를 완성하여 무기명으로 제출한다.
③ 제3단계 : 각 전문가들의 의견을 수집하여 요약 정리한 다음 두 번째 설문지를 작성하고 이를 다시 전문가에게 보내 그들의 의견을 묻는다.
④ 제4단계 : 각 전문가는 첫 번째 설문지의 결과를 참고하여 두 번째 설문지를 완성한다.
⑤ 제5단계 : 전문가들의 합의에 도달할 때까지 같은 과정을 반복한다.

델파이법은 대면회합을 위해 전문가들을 한 장소에 모이게 할 필요가 없기 때문에 명목집단법과 마찬가지로 의사결정과정에서 있어서 다른 사람들의 영향을 받지 않는다는 장점이 있다. 하지만 시간이 많이 소요되고, 상호 간의 대면접촉이 없기 때문에 전문가들의 상호작용으로 인한 다양하고 창의적인 대안들을 개발해내지 못한다는 단점이 있다.

3) 브레인 스토밍

1939년 미국의 광고회사인 BBDC사의 부사장인 Osborn(오스본)에 의해 창안된 아이디어 창출기법으로서 두뇌에 폭풍을 일으킨다는 뜻으로 두뇌폭풍 또는 두뇌선풍이라고도 한다. 일반적으로 브레인스토밍은 10여명 이내의 집단을 대상으로 10~60분에 걸쳐 실시되는데, 처음에는 광고 분야에서 새로운 아이디어를 개발하기 위한 목적으로 사용되었으나 오늘날에는 신제품개발, 작업방법개선 등 모든 경영분야에서 창의적인 문제해결방법으로서 광범위하게 사용되고 있다. 브레인스토밍은 집단적 의사결정과정에서 나타나는 부정적 효과를 최소화하기 위해서 다음과 같은 규칙을 갖고 시행된다.

① 아이디어 창출과정이 끝날 때까지 타인의 아이디어에 대한 어떠한 비판이나 평가도 허용되지 않는다.

② 기존의 아이디어보다 새롭고 창의적인 아이디어의 제시를 촉구한다.

③ 아이디어의 수가 많을수록 우수한 아이디어가 나타날 가능성이 높기 때문에 구성원들로 하여금 가능한 많은 아이디어를 제시할 것을 요구한다.

④ 다른 사람의 아이디어를 개선하거나 결합하여 새로운 아이디어를 창출하도록 독려한다.

아이디어 창출단계는 보통 30분~40분이 적당한데 리더는 구성원들이 각자의 아이디어를 제시할 때 이를 칠판에 기록하여 모두가 볼 수 있게 한다. 아이디어 창출단계가 끝나면 창출된 아이디어를 평가하게 되는데 구성원들은 제시된 아이디어를 검토하고 여러 대안들에 대해 자유로운 토론을 하게 된다. 최종 아이디어의 선택은 다수결에 의한 투표나 합의에 의해 결정된다.

21세기 지식정보화 사회에서는 조직 리더의 정확하고 합리적인 의사결정 능력이 그 어느 때보다 절실히 요구된다. 특히 리더의 의사결정은 조직 구성원들의 바람직한 행동을 규정하는데 있어 매우 중요한 역할을 하고, 조직의 목표달성과 계획수립에 있어서 필요충분조건이며 직접적인 영향을 미치는 핵심요소이기 때문에 조직의 효과성 제고를 위해 리더는 바람직하고 합리적인 의사결정을 향해 더욱 매진하여야 한다.

 Working Manual

의사결정의 개념

- 의사결정이란 조직의 문제해결을 위해 다양한 대안들을 탐색하고 평가하며 최적의 해결방안을 선택하는 일련의 과정으로서 ① 의사결정의 질, ② 시의적절성, ③ 구성원들의 수용성 등을 기준으로 평가됨
- 일반적으로 의사결정의 수용성은 리더의 독단적 의사결정보다는 구성원과의 협의, 협의보다는 공동 의사결정의 경우가 높음.

<효과적인 의사결정 단계>

① 문제 인식 및 규명단계: 문제의 본질과 원인을 밝히는 단계

② 대안 탐색 및 개발: 현실 가능한 해결책을 개발.확인하는 단계

③ 대안의 평가 및 선택: 대안들을 기준에 맞춰 비교.평가하고 그 중 최선을 선택

④ 실행의 평가: 실행된 대안의 결과를 평가하고 피드백하는 단계

의사결정의 유형

- 의사결정의 유형은 크게 '개인적 의사결정' 과 '집단적 의사결정' 으로 나뉨
- 개인적 의사결정: 조직의 리더가 구성원들의 도움 없이 자신이 가지고 있는 정보에 입각하여 독자적으로 해결대안을 결정하는 방법(시간적인 여유가 없을 경우, 의사결정의 수용성이 중요하지 않을 경우, 실행의 주체인 구성원들의 역량이 뛰어날 경우에 효과적)
- 집단적 의사결정 : 구성원들을 의사결정에 참여시키거나 또는 상호 협의하여 의사결정을 내리는 방법

<집단의사결정의 유형>

① 신중하지 못한 의사결정 : 대안에 대한 신중한 검토 없이 의사결정이 이루어짐

② 권위주의적 의사결정 : 중요인물에 의해 집단의 의사결정이 독단적으로 이루어짐

③ 소수에 의한 의사결정: 지배적인 소수가 전체 구성원에게 자신들의 의견을 강요

④ 다수에 의한 의사결정: 투표를 통한 대안 선택

⑤ 합의에 의한 의사결정: 대부분의 구성원들이 지지를 보이는 대안 선택

⑥ 만장일치에 의한 의사결정: 가장 이상적인 의사결정이지만 현실적으로 어려움

집단적 의사결정

■ 집단적 의사결정은 개인적 의사결정에 비해 보다 많은 정보와 경험, 아이디어를 제공하고 구성원 상호간에 언어적, 비언어적 의사소통이나 접촉이 증대됨

<장점>

① 문제해결에 대한 보다 많은 정보와 대안을 이끌어 낼 수 있음
② 구성원들의 상호작용에 따른 시너지효과(synergy effect)를 창출할 수 있음
③ 구성원 간의 커뮤니케이션이 원활해지고 의사결정의 유효성을 높일 수 있음
④ 구성원들의 의사결정에 대한 이해와 수용도를 높일 수 있음
⑤ 의사결정의 실행에 있어서 구성원들의 참여도가 높아짐

<단점>

① 아이디어 조정에 많은 시간과 자원 소요, ② 성급한 의사결정이 이루어질 가능성, ③ 동조압력에 의한 의사결정이 일어날 우려, ④ 의사결정 결과에 대한 책임소재의 문제, ⑤ 의사결정 과정에서 의견 불일치로 인한 구성원 간의 마찰, ⑥ 지배적인 소수에 의한 집단의사결정의 통제

집단적 의사결정의 질

■ 집단적 의사결정의 질은 다음과 같은 요인에 의해 영향을 받는다.
① 집단 사고(group think) : 집단 응집성이 강한 조직은 구성원 간의 합의에 대한 지나친 요구로 인해 집단사고 조장. 집단사고는 문제해결에 있어서 창의성을 발휘할 수 없고, 다양한 정보 및 대안 제시를 제한하며, 선택된 대안에 대한 그릇된 환상과 믿음을 가지게 하고, 다른 대안을 제시한 상대방을 반대편으로 인식하게 함으로써 선택된 대안에 대한 객관적이고 비판적인 평가를 불가능하게 함
② 집단규모: 일반적으로 집단의 규모가 커질수록 원활한 의사소통이 어려워지고, 공격적인 소수가 토의를 지배하는 '소수의 지배현상'이 일어나며, 구성원 간의 인식의 차이 등으로 인한 갈등이 발생할 가능성이 높음
③ 구성원의 특성: 구성원들의 가치관, 태도, 동기, 지식 및 경험 등
④ 리더의 리더십: 리더의 문제해결 역량 등
⑤ 지위의 차이: 구성원들의 지위에 차이가 많을 경우 낮은 지위의 구성원들은 높은 지위의 구성원의 아이디어에 대해서 반대하거나 비판적인 견해를 제시하기 꺼려하고, 상사의 의견이나 아이디어에 대해 무조건 높이 평가하려는 경향이 있기 때문에 대안에 대한 객관적인 평가가 어려움

리더의 잘못된 의사결정

http://www.youtube.com/watch?v=6nWrOMIGkaQ

리더십과 의사결정

- Vroom과 Yetton은 의사결정 방식에 따라 리더십의 유형을 분류하고, 주어진 상황에서 가장 효과적인 리더십 유형을 파악하고자 '규범적 의사결정 모형' 제시

〈규범적 의사결정 모형〉

전제적 의사결정	A I	리더는 자신이 확보 가능한 정보를 사용하여 혼자서 문제를 해결하거나 의사결정을 함
	A II	리더는 구성원으로부터 주어진 문제해결에 필요한 정보를 수집한 후 이를 참조하여 혼자서 의사결정을 내림
협의적 의사결정	C I	리더는 주어진 문제를 구성원들과 공유하고, 구성원들의 아이디어나 제안을 수렴한 다음 혼자 의사결정을 내림(의사결정 시 구성원들의 의견 제시에 얽매이지 않음)
	C II	리더는 문제를 구성원들과 집단으로 함께 모여서 그들의 아이디어나 견해를 구한 후에 의사결정을 내림(최종 의사결정은 구성원의 영향을 받을 수도 있고 그렇지 않을 수도 있음)
집단 의사결정	G II	리더는 문제의 해결방안을 구성원들과 집단으로 모여서 상의하고, 함께 대안을 평가하며, 집단 전체가 지지하는 해결책을 기꺼이 받아들이고 이를 실행에 옮긴다

효과적인 의사결정 방법 : 명목 집단법

■ 명목집단법 : 문자 그대로 이름뿐인 집단으로서 구성원 상호간의 대화 또는 토론 등의 상호작용없이 진행되는 의사결정방법
■ 구성원 개개인의 독립적 사고를 제약하지 않기 때문에 기존의 집단적 의사결정이 갖고 있는 문제점을 해결하는 장점이 있지만 전체 과정을 효과적으로 운영하는 고도의 훈련된 리더가 필요하다는 것은 단점으로 지적됨

<의사결정 단계>

① 제1단계 : 7~10명으로 이루어진 집단의 구성원들이 상호간의 토의 없이 제시된 문제에 대한 각자의 아이디어를 무기명으로 작성하여 제출
② 제2단계 : 무기명으로 제출된 아이디어들을 리더가 칠판이나 차트에 기록
③ 제3단계 : 칠판이나 차트에 적힌 모든 아이디어의 명료성, 장점과 단점, 타당성, 실효성 등 다양한 측면에 대해 논의하고 세심하게 평가
④ 제4단계 : 각 아이디어에 대한 구성원들의 선호도를 파악하기 위해 비밀투표를 실시한 뒤 가장 많은 표를 얻은 아이디어를 선택

효과적인 의사결정 방법 : 델파이 기법

■ 델파이 기법 : 고대 그리스 도시인 델파이를 따라 이름 지어진 델파이 기법은 전문가들의 합의에 기초를 둔 의사결정방법으로서, 주어진 문제에 대한 전문가들의 독립적인 의견을 우편으로 수집하고 이들을 종합한 뒤 종합된 의견에 대해 합의가 이루어질 때까지 계속적으로 논평하게 하는 방법
■ 다른 사람들의 영향을 받지 않는다는 장점이 있지만 많은 시간 소요와 상호작용으로 인한 다양하고 창의적인 대안들을 개발해내지 못한다는 단점이 있음

<의사결정 단계>

① 제1단계 : 전문가들에게 주어진 문제에 대한 해결방안을 요구하는 설문지 배부
② 제2단계 : 각 전문가는 설문지를 완성하여 무기명으로 제출
③ 제3단계 : 각 전문가들의 의견을 수집하여 요약 정리한 다음 두 번째 설문지를 작성하고 이를 다시 전문가에게 보내 그들의 의견을 물음
④ 제4단계 : 각 전문가는 첫 번째 설문지의 결과를 참고하여 두 번째 설문지 완성
⑤ 제5단계 : 전문가들의 합의에 도달할 때까지 같은 과정 반복

효과적인 의사결정 방법 : 브레인 스토밍

- 브레인 스토밍 : 1939 Osborn(오스본)에 의해 창안된 아이디어 창출기법으로서 두뇌에 폭풍을 일으킨다는 뜻으로 두뇌폭풍 또는 두뇌선풍이라고 불림
- 보통 30분~40분의 아이디어 창출 시간이 소요되고, 구성원들의 아이디어를 칠판에 기록한 뒤 자유로운 토론을 통해 창출된 아이디어 평가. 최종 아이디어의 선택은 다수결에 의한 투표나 합의에 의해 결정됨
- 의사결정과정에서 나타나는 부정적 효과를 최소화하기 위해서 다음과 같은 규칙을 가지고 있음 : ① 아이디어 창출정에서 타인의 아이디어에 대한 어떠한 비판 또는 평가도 허용하지 않음, ② 기존의 아이디어보다 새롭고 창의적인 아이디어의 제시 촉구 , ③ 가능한 많은 아이디어 제시를 요구, ④ 타인의 아이디어를 개선하거나 결합한 새로운 아이디어의 창출을 독려

Discussion

의사결정

1. 의사결정 과정에 있어서 자신이 궁극적으로 되고자 하는 To-be Model의 행동상 특징 3가지를 기술한다
2. 자신과 To-be model의 행동상 특징을 비교 · 분석하여 공통점과 개선점을 파악한다

공통점	개선점	Action Plan
1.		
2.		
3.		

제14장

리더십 개발전략

제14장 리더십 개발전략

왜 학교의 모범생이 사회의 모범생이 되지 못하는가?

❖ 그것은 다양한 유형의 사람들과 함께 어울려 사는 훈련이 부족하기 때문이며, 학교와는 상이한 조직 사회에서 요구되는 바람직한 리더십을 함양하지 못했기 때문이다

[조직 구성원의 유형]

Political Awareness
(高)

Fox (영리한 사람)

Owl (현명한 사람)

Integrity (低)

Integrity (高)

Donkey (무능한 사람)

Sheep (순진한 사람)

Political Awareness
(低)

생각해 봅시다!

1) 다음과 같이 **9**마리의 사자가 울안에 있다. **2**개의 사각을 그려 각각을 다른 울안에 넣어라

2) 다음과 같이 **8**개의 당구공이 있다. 그 중 하나의 무게는 나머지 **7**개보다 무거운데 아래의 저울을 이용해 무거운 하나를 찾아내고자 할 때 최소 몇 번의 시도가 필요한가**?**

우수인재의 조건과 리더십의 변화

경영환경의 변화

- 변화의 불연속성
- 경쟁우위의 한시성
- 경제 활동 인구의 감소
- 노동 시장의 유연성 증대
- 고용에 대한 개념 변화(수평적 조직)
- 조직 몰입, 단결심, 주인정신 저하
- War for Talents의 심화

21세기 인재, 무엇이 요구되는가?

한국 대기업 공통의 인재상은?

- '글로벌 환경에서 전문지식과 프로근성을 갖고, 올바른 가치관, 창의와 도전 정신으로 조직 구성원과 상호 협력하여 맡은 바 임무를 완수하는 국제화된 인재'

우수인재의 핵심역량은 어떻게 측정되는가?

구 분	1단계 (서류 전형)	2단계 (직무 적성)	3단계 (인성/기술면접)	4단계 (신체 검사)	5단계 (최종 합격)
평가 요소	학점 어학 자격증	언어력, 수리력, 추리력, 지각력, 실무/감성능력 등	기본 인성 개인자질 전공지식, 활용성	건강 검진	각 단계별 통과 여부로 결정
비고	학점은 Cut-Line 통과만 판단	문제해결 능력 및 학습능력 판단	적극성, 창의성, 성실도, 전문지식 등 판단	결격사유만 변별	각 단계별 성적은 독립적으로 적용

무엇을 준비해야 하는가? Knowledge

1. Knowledge

직무 기초 능력
(직무 적성)

어학 능력
(TOEIC, TOEFL 등)

자기계발
(학교 성적)

무엇을 준비해야 하는가? Skill

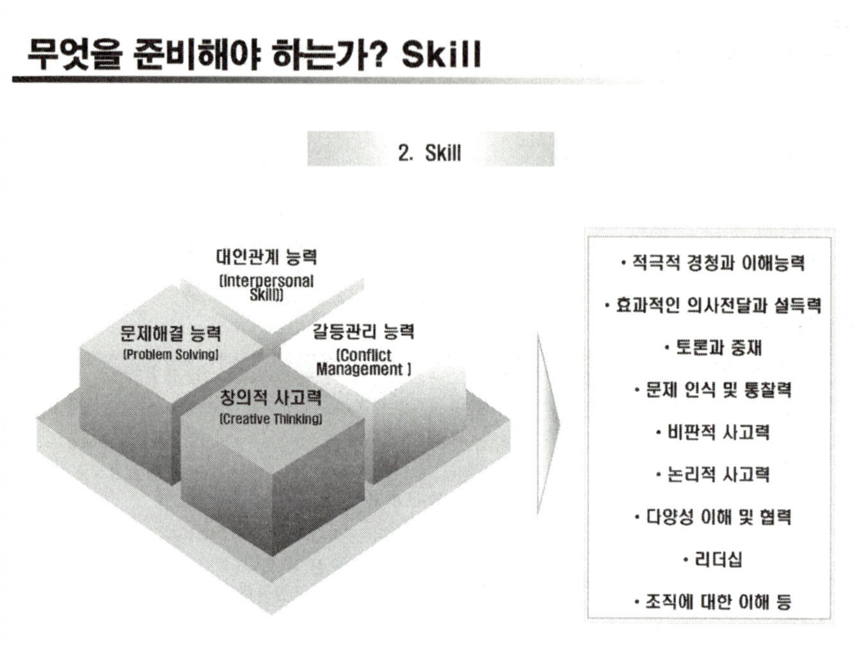

(리더십 기술)

- 리더십 기술이란? 효과적으로 과업을 수행할 수 있는 능력
- 유전과 학습에 의해 결정

구분	내용
전문적 기술	▪ 관리자가 맡고 있는 조직활동들을 성공적으로 수행하기 위한 방법, 과정, 장비 등에 대한 지식으로 조직에 대한 지식, 조직에서 생산하는 제품과 서비스에 대한 지식 등
개념적 기술	▪ 훌륭한 판단력, 선견력, 직관, 애매하고 불확실한 사건들에서 의미와 질서를 발견하는 능력에 관계된 것으로 분석력, 논리적 사고, 개념 형성, 귀납 및 연역 추리(변화의 방향을 예상하고 기회 및 잠세적 문제점을 인식하는 능력) 등을 포함
대인기술	▪ 인간행동과 대인과정에 대한 지식, 타인의 감정 및 동기를 이해하는 능력, 설득력있게 의사소통하는 능력, 효과적이고 협력적인 관계를 구축할 수 있는 능력 등이 포함

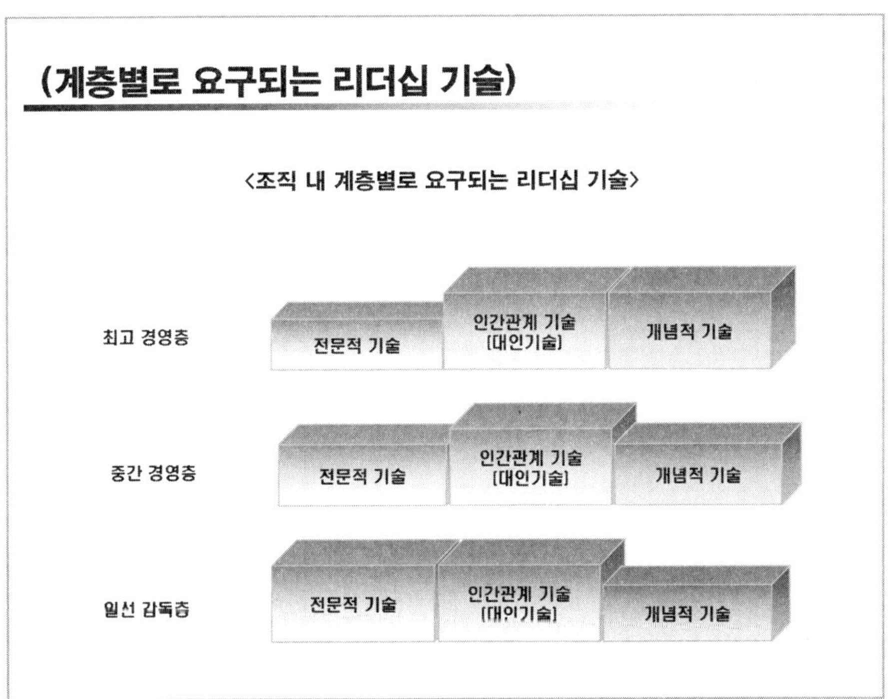
(계층별로 요구되는 리더십 기술)
<조직 내 계층별로 요구되는 리더십 기술>
최고 경영층
전문적 기술
인간관계 기술
[대인기술]
개념적 기술
중간 경영층
전문적 기술
인간관계 기술
[대인기술]
개념적 기술
일선 감독층
전문적 기술
인간관계 기술
[대인기술]
개념적 기술

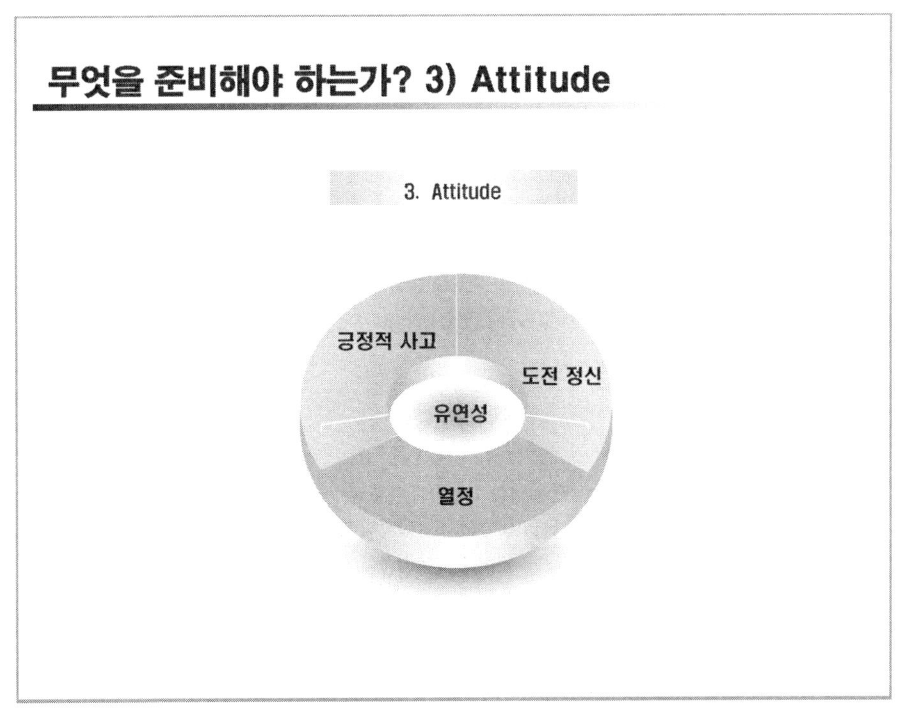
무엇을 준비해야 하는가? 3) Attitude
3. Attitude
긍정적 사고
도전 정신
유연성
열정

Action Plan

■ 자신이 되고자 하는 바람직한 리더의 모습에 대해 구체적으로 설명하시오

【리더로서의 나는?】

바람직한 모습

지식	□ □ □
기술	□ □ □
태도	□ □ □

개발 Point

지식	□ □ □
기술	□ □ □
태도	□ □ □

성공 리더란?

백성들이 지도자가 있는지조차
의식하지 못할 때
그는 가장 훌륭한 지도자이며

백성들이 복종하고 환호할 때
그는 그다지 훌륭한 지도자가 못되며

백성들이 경멸할 때
그는 나쁜 지도자이다.

무릇 훌륭한 지도자는 말을 삼가며
일이 이루어지고 달성될 때
그들은 말하리라
우리들의 힘으로 이루었노라고

노자[老子]

1. 성공 리더의 특징 I

<1. 자신만의 독특한 색깔(self Identity)을 가진다>

때론 군주의 모습으로

세종대왕

때론 은막의 여왕으로

Audrey Hepburn

때론 성자의 모습으로

Mother Teresa

때론 기업인의 모습으로

Jack Welch

때론 정치인의 모습으

John F. Kennedy

http://www.youtube.com/watch?v=qZGCEKA7YJM

http://pann.nate.com/video/2033301330

2. 성공 리더의 특징 II

<2. 뚜렷한 목표(Objectives)를 설정한다>

SMART MODEL

- Specific Simple — 목표는 보다 단순하고 구체적으로 설정해야 한다
- Measurable — 목표는 그 결과에 대해 평가 가능해야 한다
- Action-oriented Achievable — 목표에는 달성 가능한 행동 실천이 있어야 한다
- Realistic — 목표는 현실적이어야 한다
- Time-constrained Tangible — 목표는 가시적이고 달성기간이 정해져야 한다

(목표를 달성하는 사람들의 특성)

❖ 다음은 목표를 달성하는 사람들의 사고 특성이다. 자신과의 일치점을 찾아보자

목표를 달성하는 사람들의 사고	일치	불일치
① 사람은 목표와 비전을 가져야 한다. 사람이 계속 정진한다는 것은 단순히 나이를 먹는 것이 아니라 성숙해진다는 것을 의미한다		
② 지속적인 학습을 삶의 한 부분으로 인식한다. 언제나 새로운 것에 도전한다. 지금까지 해오던 것을 계속하는 것을 달갑게 생각하지 않는다. 무엇을 하든지 간에 과거와는 다르게 해보고자 한다		
③ 늘 활기차게 지속적으로 성장한다. 자신이 달성한 성과에 대해 면밀히 검토한다		
④ 사전에 기록하고 사후에 검토하는 것을 습관화한다. 자신의 행동과 의사결정의 예상 결과를 기록해 두었다가 나중에 실제 결과와 비교해본다. 그렇게 함으로써 자신의 강점을 빠르게 파악할 뿐만 아니라 무엇을 개선해야 할지, 무엇을 바꾸어야 할지,무엇을 더 배워야 할지를 알게 된다		
⑤ 성공 비결이 무엇이냐고 물으면 언제나 같은 대답을 한다. 오래 전에 세상을 떠난 교사나 상사가 자신에게 큰 도전과제를 안겨 주었다고 말한다		
⑥ 일을 할 때 품고 있는 신념, 즉 신이 보고 있다는 생각을 하고 있다. 보통 수준 밖에 되지 않는 일을 하고 싶어 하지 않는다. 그들은 높은 자아 존중감을 갖고 있다		

(참조: 최단 기간에 목표를 달성하는 38가지 방법)

(Action Plan)

[목표 계약서]

나는 오래 전부터 어떤 목표를 이루고자 노력해왔나?	목표를 달성하기 위해서 요구되는 것은 무엇인가	목표를 달성하기 위해 개인적으로 포기해야 할 것은?	목표가 실현된 것을 무엇을 통해 평가할 것인가?	언제까지 목표를 달성하고자 하는가?
1.				
2.				
3.				
4.				
5.				

[목표를 달성한 내 모습은 어떠할 것인가?]

3. 성공 리더의 특징 III

<3. 높은 역경지수(adversity Quotient)를 가지고 있다>

http://www.youtube.com/watch?v=BTFvYkn_q0c

4. 성공 리더의 특징 IV

<4. 효과적으로 커뮤니케이션(communication) 한다>

- **커뮤니케이션: 'common(공통의)' 이라는 뜻을 가진 라틴어 'communis' 에서 유래된 개념으로서 사람들 간의 정보를 전달하는 과정을 의미. 의사전달, 정보전달, 의사소통이라불림**
- **일반적으로 '언어와 비언어적 방법을 통하여 서로가 가진 생각, 감정, 지식, 정보 등을 전달하고 수용하는 과정' 으로 정의됨**

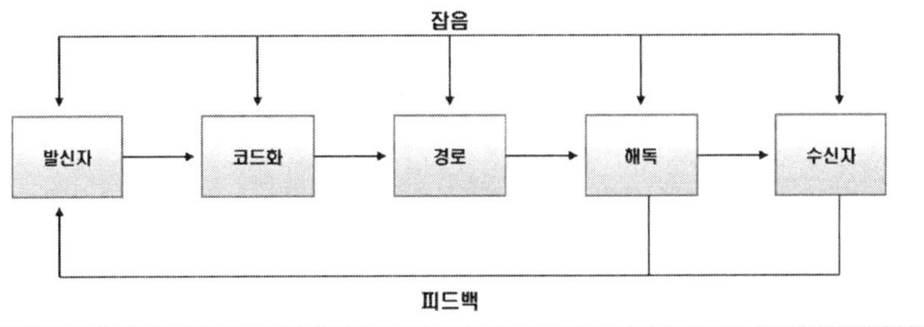

(커뮤니케이션의 유형)

<공식적 커뮤니케이션(formal communication)>

-조직의 공식적인 규정에 따라 이루어지는 커뮤니케이션

① 하향식 커뮤니케이션(top-down communication) : 조직 내에서 상사가 지시, 명령하고 부하사원이 이를 수용하고 수행하는 과정에서 일어나는 의사소통

② 상향식 커뮤니케이션(bottom-up communication) : 부하사원이 상사에게 의사, 생각, 그리고 지시내용을 수행한 결과를 전달하는 방식을 말함

③ 수평적 커뮤니케이션(horizontal Communication) : 조직 내에 지위가 대등한 사람들끼리의 의사소통

<비공식적 커뮤니케이션(informal communication)>

- 인간의 욕구에 근거한 비공식 조직의 경로를 통해 이루어지는 커뮤니케이션
- 그레입바인(grape vine)을 통해 전달
- 그레입바인 : 포도넝쿨같이 복잡하게 얽혀있는 의사소통 경로를 의미함

(커뮤니케이션의 방법)

- "신입사원에게 가장 필요한 능력은 무엇입니까?' 라는 질문에 조직 관리자의 80% 이상이 "대화능력" 이라고 응답
- 의사소통에서 언어가 차지하는 비중은 크지 않음: Mehrabian(메러비안) 공식
  - 의사소통에 미치는 Total Impact=0.07Verbal+.38vocal+.55Facial

1) Direct Communication : 언어라는 매개체를 통해 전달되는 의사소통(구두에 의한 의사소통과 문서에 의한 의사소통)

- 다른 포유동물과 구별되는 인간의 주요 능력 중 하나

2) Indirect Communication : 커뮤니케이션의 80% 이상을 차지

- 몸의 움직임(Kinesics): 몸짓(제스처), 신체언어(Body Language) 등
- 억양이나 단어로부터 오는 메시지, 얼굴의 표정
- 옷차림, 자세 및 발신자-수신자의 거리

(커뮤니케이션의 어려움)

1) 준거틀(Frame of Reference)이 다르다 ; 출생, 학습, 성장, 가정환경, 경험 등의 차이로 판단하고 참고하는 근거가 다름

2) 태도, 편견, 그리고 지각 등이 다르다 : 위기를 위험한 상황으로 지각하기도 하고 기회로 지각하기도 한다

3) 정보가 생략되는 경우가 많다 : 주어진 정보를 각자의 경험에 근거하여 유추, 해석, 짐작하는 경우가 많다

4) 전달 경로상의 장애가 있다 : 소음이나 잡음 등으로 인해 정확한 내용전달이 불가능한 경우가 있다

5) 여과과정(Filtering Process)을 통해 왜곡되는 경우가 있다 : 개인의 가치관, 인생관, 그리고 세계관에 입각하여 '선택적 지각(Selective Perception)'이 일어난다

(커뮤니케이션의 장애요인)

왜 곡	- 전달자와 수신자가 서로 상이한 의식구조 - 전달매체(언어)가 부족한 경우 - 의사(정보) 해석상에서 오류가 발생 - 전달 내용이 너무 축약된 경우
생 략	- 수신자가 판단에 필요로 하는 모든 정보를 전달자가 제대로 전달하지 못할 때(또는 않을 때)
커뮤니케이션 과중	- 전달해야 하는 정보나 지식이 너무 많아서 합리적 의사결정이 손상을 입든가 전달의 효과가 기대한 대로 나타나지 않는 경우
타 이 밍	- 커뮤니케이션의 생명은 타이밍 (정보 전쟁)
수 용 성	-수신자의 정보 수용 유무

(커뮤니케이션의 원칙)

1) 명료성 : 무엇을 말하고자 하는지 내용을 정확히 전달(5W 1H, 기자재의 성능 등)

2) 적시성 : 상대방의 말에 3~5초 내에 적절한 피드백

3) 일관성 : 주제의 범위를 벗어나지 않는 의사소통

4) 분배성 : 전달자와 경청자 역할의 적절한 배분

5) 적량성 : 주고 받는 대화 양의 적절한 배분

6) 관심과 수용 : 상호 흥미를 가지는 주제, 관심을 가지는 대상을 중심으로 대화가 이루어져야 함

(효과적인 커뮤니케이션 방법)

1) 언어의 단순화 및 논리적으로 말하기: 엘리베이터 리포팅, 칵테일 파티 훈련

2) 적극적인 경청: Hearing이 아닌 Listening/ 감정적 교류: 감정은행계좌

3) Johari Window 기법 사용: 개방된 창문의 영역을 넓힘으로써 갈등의 가능성을 예방

<Johari Window>

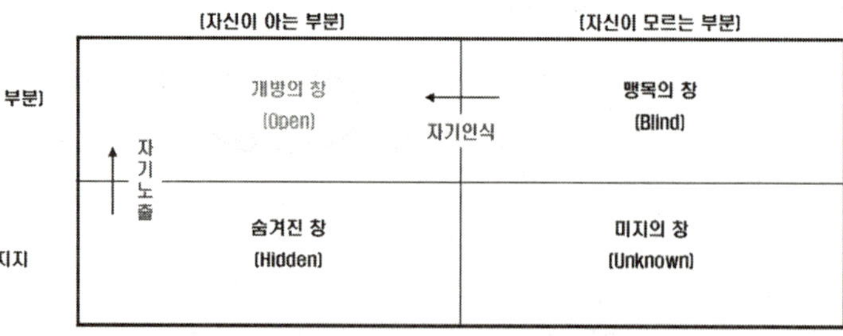

(충성 받는 리더의 말)

- 팀 별로 충성을 부르는 리더의 말 5개를 선정한다
- 한 팀이 나와 발표한다

(충성을 부르는 말)

❖ '충성'하게 만드는 상사의 말 : 취업 사이트 인쿠르트와 엠브레인이 설문조사 결과

1위	'고생한다는 거 내가 다 알고 있어(13.1%)'
2위	'수고 많았어, 계속 애써 줘(11.4%)'
3위	'너 없으면 회사가 안 돌아가(9.5%)'
4위	'너를 믿는다, 알아서 해(8.9%)'
5위	'네가 최고야, 우리회사의 핵심 인재야(6.3%)'

5. 성공 리더의 특징 V

<5. 최고의 인재들과 파트너십(Partnership)을 형성한다>

1. 품 : 누가 더 많이, 더 오래 품을 파느냐에 달려 있다. 시간을 들여 열심히 실천하는 사람이 좋은 인맥을 만든다.
2. 폼 : 폼은 곧 어울림. 때와 장소에 맞는 의상,표정,자세를 통해 좋은 이미지, 좋은 첫 인상으로 장기적인 인맥 구축.
3. 판 : 내가 현재 속해 있는 판(사회,네트워크)과 앞으로 나가고자 하는 판에 대해 분석,이해할 수 있어야 한다.
4. 패 : 다른 사람에게 보여줄 수 있는 나의 브랜드,나의 가치가 있어야 한다.
5. 펀(Fun) : 만남이 즐겁고 유익해야 한다
6. 필(Feel) : 서로에 대해 공감하지 못하면 인간관계가 가까워지지 않는다. 말,느낌, 생각,마음이 통해야 한다.
7. 편 : 내 편을 만들지 말고,먼저 상대방 편이 되어야 한다. 네 편이 돼 주지 못하면 결코 내 편도 되지 않는 것이 사람의 마음이다 (참조: 휴먼 니트워크를 만드는 7가지 'ㅍ')

6. 성공 리더의 특징 VI

<6. 긍정적인 마인드를 가진다>

향상 긍정적으로 생각하라.

왜냐하면 생각은 당신의 말이 되기 때문이다.

항상 긍정적으로 말하라.

왜냐하면 말은 행동이 되기 때문이다

항상 긍정적으로 행동하라.

왜냐하면 행동은 습관이 되기 때문이다.

항상 긍정적인 습관을 가져라.

왜냐하면 습관은 가치가 되기 때문이다.

항상 긍정적인 가치를 가져라.

왜냐하면 가치는 당신의 운명이 되기 때문이다(Mahatma Ghandhi)

7. 성공 리더의 특징 VII

<7. 전략적으로 실행한다>

For of all sad words of tongue or pen, the saddest are these: "It might have been!"

-John Greenleaf Whittier

(실행에 실패하는 이유)

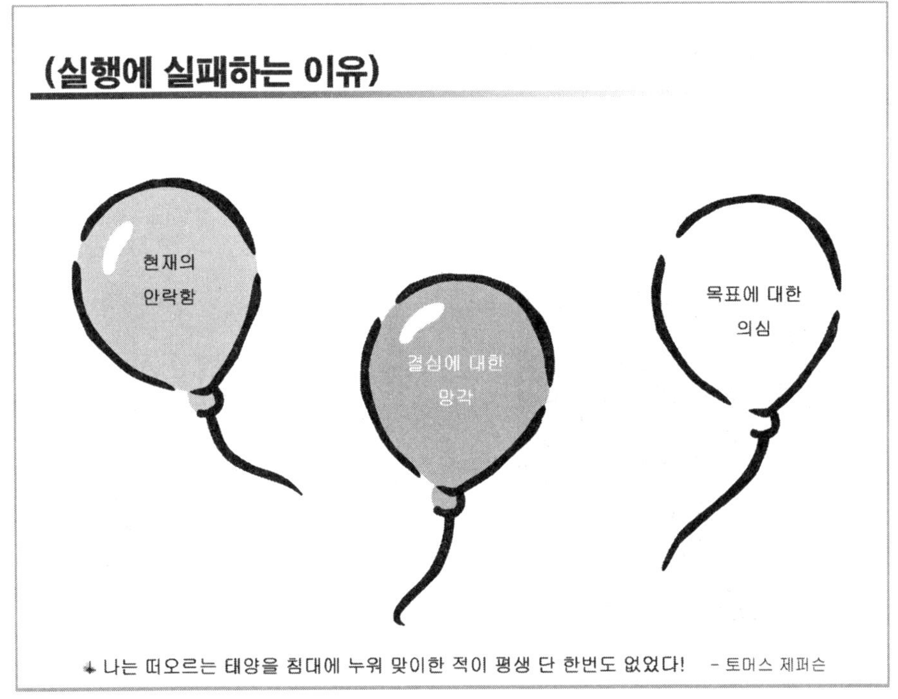

✦ 나는 떠오르는 태양을 침대에 누워 맞이한 적이 평생 단 한번도 없었다! - 토머스 제퍼슨

생각해 봅시다!

아프리카에서는 매일 아침 가젤이 잠에서 깬다.
가젤은 가장 빠른 사자보다 더 빨리 달리지 않으면 죽는다는 사실을 알고 있다.
그래서 그는 자신의 온 힘을 다해 달린다.

아프리카에서는 매일 아침 사자가 잠에서 깬다.
사자는 가젤을 앞지르지 못하면 굶어죽는다는 사실을 알고 있다.
그래서 그는 자신의 온 힘을 다해 달린다.
네가 사자이든, 가젤이든 마찬가지다.
해가 떠오르면 달려야 한다..

http://tvpot.daum.net/clip/ClipView.do?clipid=26342658&rtes=y

(성공을 향해 달리는 사람들)

http://tvpot.daum.net/clip/ClipView.do?clipid=32194530&q=%EB%B0%95%EC%A7%80%EC%84%B1

http://tvpot.daum.net/clip/ClipView.do?cateid=24&clipid=11406389&q=&type=chal

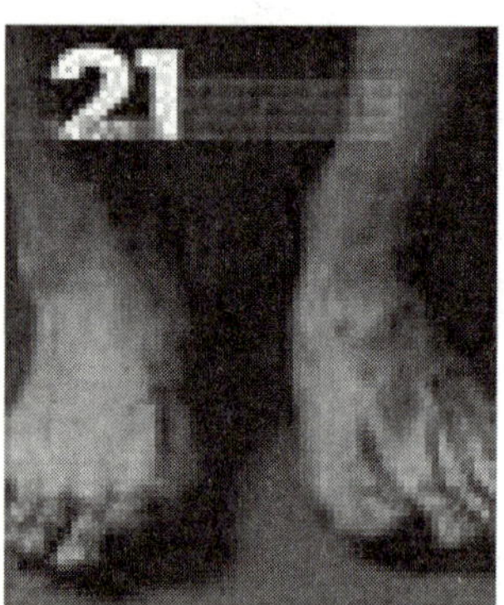

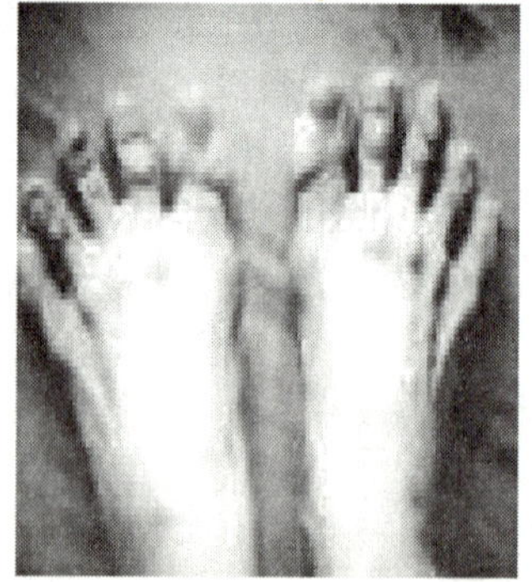

(전략적 실행의 Tip)

1. 우선 순위를 정하라
2. 곧바로 착수하라
   - 중요한 목표부터 하나씩
3. 시간을 창조하라
   - 20:80의 법칙: 20%의 핵심적 노력이 결과의 80%를 창출한다
4. 시간 낭비 요인을 제거하라
   - 자신의 일을 중단시키는 외부 요인은 무엇인가? 친구, 문자, TV 등
   - 잘못된 습관과 행위는 없는가?
   - 학업상 부족한 능력을 어떻게 개발할 것인가?
5. 시간 관리 습관을 길러라
   - 다이어리의 사용
   - 집중적으로 일할 수 있는 시간을 마련하라

8. 성공 리더의 특징 VIII

<8. 강력한 팔로워십을 가진다>

남을 따르는 법을 알지 못하는 사람은 결코 좋은 지도자가 될 수 없다 (아리스토텔레스)

(조직 성공에 리더 기여도: 20%)

- 재능보다는 충성심이다(재인 박덕)
- 상사에게 완벽함을 기대하지 말고, 상사의 장점을 존중하고 단점을 커버하라
- 상사를 인간적으로 이해하라
- 상사의 기대와 욕구를 정확히 파악하고 충족시키도록 노력하라
- 상사의 지시, 명령, 힐책을 쾌히 받아 들여라(잡초 근성, 스트레스 내성)
- 상사가 어렵고 힘들 일을 편하게 시킬 수 있는 부하가 되라
- 상사의 성공과 자신의 성공이 연결된다는 승-승의 사고를 가져라
- 주도적, 적극적인 사람이 되라(역할 확대)
- 조직의 시각에서 보고, 리더와 끊임없이 대화하라(역할 협의)
- 침묵하는 다수가 되지 말고 대안이 있는 문제 제시를 하라

리더십과 팔로워쉽

- 리더십을 발휘하는 사람들을 리더라고 하고 리더십 발휘의 대상이 되는 사람을 추종자 또는 팔로워(Followers)라고 함
- 최근 들어 팔로워십의 중요성에 대한 인식을 증대하면서 팔로워십의 효과성에 대한 연구가 활발하게 진행되고 있음
- Kelly(켈리) : '조직의 성공에 있어서 리더가 기여하는 것은 20%정도이고, 나머지 80%는 팔로워들이다'.
- 조직의 성공을 위해서는 리더십 못지 않게 중요한 것이 팔로워십
- 아무리 유능한 리더라고 해도 리더의 부족함과 실수를 보완하고 도와줄 팔로워가 없다면 결코 성공적인 리더가 될 수 없음
- 사전적으로 팔로워는 '다른 사람을 추종하고, 다른 사람의 가르침이나 의견을 따르며, 다른 사람을 모방하고자 하는 사람' 이라고 정의
- 일반적으로 팔로워십은 '조직구성원이 사회적 역할과 조직목적 달성에 필요한 역량을 구비하고, 조직의 권위와 규범에 따라 주어진 과업과 임무를 달성하기 위하여 바람직한 자세와 역할을 하도록 만드는 제반 활동 과정' 이라고 정의 됨

(Bill Gates의 Mt. Whitney 고등학교 연설)

① Life is not fair. Get used to it ② The world won't care about your self-esteem. The world will expect you to accomplish Something before you feel good about yourself
③ You will not make $40,000 a year right out of high school. You won't be a vice-president with a car phone until you earn both ④ **If you think your teacher is tough, wait till you get a Boss** ⑤ Flipping burgers is not beneath your dignity. Your grandparents had a different word for burger flipping. They called it opportunity ⑥ If you mess up, it's not your parents' fault. So don't whine about your mistakes. Learn from them
⑦ Your school may have done away with winners and losers, but life has not. In some schools, they have Abolished failing grades and they'll give you as many times as you want to get the right answer. This doesn't bear the slightest resemblance to ANYTHING in real life ⑧ Life is not divided into semesters. You don't get summers off and very few employers are interested in helping you find yourself. Do that on your own time
⑨ Television is NOT real life. In real life people actually have to leave the coffee shop and go to jobs ⑩ Be nice to nerds. Chances are you'll end up working for one

칭찬합시다!

- 팀 구성원 개개인에 대해 S-B-I Feedback을 통해 리더로서의 잠재력을 찾아내고 칭찬으로 동기부여한다

우리가 하는 일은 바다에 붓는
한 방울의 물보다 하찮은 것이다.
하지만 그 한 방울이 없다면
바다는 그만큼 줄어들 것이다.
마더 테레사
Photo by YeonJae

참고문헌

강정애 · 태정원 · 양혜원 · 김현아 · 조은영(2010), 「리더십론」, 시스마프레스.

강주희(2007), "기업조직에서 개인의 사회적 자본이 직무만족에 미치는 영향에 관한 연구", 사회과학연구, 33(1), 19-39

권순식(2009), "특수형태근로종사자의 직무스트레스와 이직의향 : 노동조합, 직무 자발성의 조절작용 탐색", 노동정책연구, 9(4), 119-156.

권용수(2006), "사회복지전담공무원의 직무스트레스 유발요인 및 이직의도에 관한 실증적 연구", 한국행정논집, 18(3), 743-764.

권혜진(2008), "보육교사의 직무스트레스가 이직의도 및 전직의도에 미치는 영향과 개인적 성취감의 조절효과", 한국지역사회행활과학회지, 19(4), 597-609.

김근우 · 김원인(2005), "호텔기업 경영자의 변혁적/거래적 리더십이 조직 유효성에 미치는 영향", 관광학 연구, 29(3), 205-227.

김근우 · 장영진(2005), "호텔종사원의 공정성 지각이 직무만족에 의한 조직시민행동과 이직의도에 미치는 영향", Tourism Research, 21, 269-289.

김남현 역(2009), 「리더십」, 경문사.

김명훈, 정영운(1991), 「심리학 개론」, 박영사.

김범성(2010), "IT 전문가의 이직행동의 요인 : 임금과 신뢰문화의 직접효과 및 조절효과", 인적자원관리연구, 17(4), 177-196.

김병섭 · 박광군 · 조경호(2009), 「휴먼 조직론」, 대영문화사

김병숙 · 안윤정 · 이보비(2009), "직무스트레스 요인 및 반응에 대한 성차분석", 페미니즘연구, 9(2), 157-196.

김보경 · 김정식(2012), "서번트 리더십과 조직유효성의 관계 : 조직문화의 매개효과," 경영컨설팅연구, 제12권 제2호, 1-33.

김양희 · 김영택 · 선보영 · 고상백(2006), "서비스직 여성근로자의 직무스트레스 실태 및 관리방안", 한국여성개발원 연구보고서

김일채(1998), "호텔종사원의 직무성과가 직무의도에 미치는 영향", 관광학연구, 21(2), 142-156.

김준식 · 박민생 · 차대운 · 김정수(2007), 「핵심 조직행동론」, 도서출판 대명.

김태희 · 장경로(2004), "스포츠조직 구성원의 태도변인들과 조직시민행동의 관계", 체

육과학연구, 15(4), 155-171.

김형섭(2005), “호텔종사원의 직무스트레스, 직무만족, 조직몰입과 이직의도와의 관계에 대한 연구”,『관광연구』19(3), 203-225.

남중헌 · 김해룡 · 양필서(2008), “핵심자기평가가 직무만족과 조직몰입에 미치는 영향에 관한 연구”, 인력개발연구, 10(3), 23-45

노안영 · 강영신(2011),「성격심리학」, 서울 : 학지사.

박보식(2012),「리더십 : 이론과 실제」, 대영문화사.

박상하 · 김중원 · 박정식(2009), “사회적 기업의 사회적 가치가 조직구성원의 직무태도에 미치는 영향”, 인적자원관리연구, 16(4), 99-119.

박유진(2009),「현대사회의 조직과 리더십」, 양서각.

박준철 · 박진영(2008), “호텔종사원의 직무스트레스 · 직무불안정성이 직무만족과 이직의도에 미치는 영향”, 관광 · 레저연구, 20(2), 67-86.

박혜남(1998), “스트레스와 정신건강”, 인사관리연구, 22(2), 231-260.

백기복 · 신제구 · 김정훈(2009),「리더십의 이해」, 창민사.

서재현(2000), “조직공정성이 조직후원인식에 미치는 영향에 관한 연구 : 상사에 대한 신뢰의 매개역할을 중심으로”, 경영학연구, 29(3), 451-472.

송계충 · 정범구(2008),「조직 행위론」, 경문사.

송영숙 · 이종목(1997), “사무직여성근조자들의 직무스트레스와 중재변인, 결과변인과의 관계”, 대한심신스트레스학회지, 5(1), 16-30.

신만수 · 조영삼 · 홍가혜(2010), “개인과 직무조직특성 등이 한국기업 종업원의 조직몰입과 만족도에 미치는 영향“, 인적자본기업패널 학술대회 논문집, 3, 177-206.

신정하(2011), “호텔 및 외식사업체 종사원의 감정노동과 직무스트레스가 직무만족과 이직의도에 미치는 영향 연구”, 관광레저연구, 23(1), 85-103.

안대희 · 전정아(2010), “호텔식음료종사원의 조직후원인식이 조직 신뢰 및 직무만족, 이직의도에 미치는 영향”, 외식경영학회지, 13(2), 277-298.

양범선 · 김정환 · 고은영(2006), “서비스 종업원의 정신적 고갈에 관한 연구 : 직무스트레스, 사회적 지원, 이직의도를 중심으로”, 서비스경영학회지, 7(2), 221-248.

여진동 · 김혜숙(2011), “방사선사의 직무스트레스와 이직의도와의 관계”, 보건의료산업학회지, 5(2), 35-51.

옥원호김석용(2001), “지방공무원의 직무스트레스와 직무만족 및 조직몰입에 관한 연구”, 한국 행정학보, 35(4), 355-373.

우석봉(1995), “호텔산업 종업원의 직무만족과 조직몰입이 이직에 미치는 영향에 관한 연구”, 관광학연구, 19(1), 65-88.

우찬복(1995), “호텔 종업원의 직무만족과 직무요인에 관한 실증적 분석, 관광학연구, 18(2), 3-28.

육종술(2002), "스포츠센터 조직구성원의 조직몰입에 대한 원인 및 결과변수의 실증분석", 한국사회체육학회지, 18(1), 331-342.

이강호(2010), "호텔관리자의 리더십 유형이 직무스트레스를 매개로 우울감 및 고객지향성에 미치는 영향에 관한 연구", 인적자원관리연구, 17(3), 111-129

이기은(2007), "경력몰입 및 조직몰입의 결합효과의 직무태도간의 관계에 관한 연구", 대한경영학회지, 20(5), 2301-2320.

이상호(2009), 「조직과 리더십」, 북넷.

이영민(2008), "요인별 직무만족 측정도구의 개요와 활용방안, 한국인적자원관리학회지, 15(4), 147-185.

이영민(2010), "기업의 교육훈련이 재직자의 직무만족과 조직몰입에 미치는 영향에 대한 종단연구", 인적자본기업패널 학술대회 논문집, 3, 157-178.

이상미(1995), "간호사의 직무특성과 개인의 성격이 직무스트레스, 직무만족 및 이직의도에 미치는 영향", 대한간호학회지, 25(4), 790-806.

이수광(2008), "직무스트레스가 이직의도에 미치는 영향 : 변혁적 리더십의 조절효과를 중심으로", 관광연구저널, 22(1), 19-29.

이종현(2011), "엘리트 스포츠지도자의 조직문화와 직무스트레스, 직무만족 및 이직의도의 관계", 코칭능력개발지, 13(1), 95-104.

이주형 · 김영철(2002), "직무스트레스와 이직의도의 인과관계 연구-식음료 서비스종사자를 대상으로", 관광경영학연구, 6(3), 217-241.

이지영 · 지진호(2007), "직무요구-소진과정에서 감성지능의 조절효과 : 관광업체 종사원을 중심으로", 인적자원관리연구, 14(4), 227-294.

이은희 · 이주희(2001), "교사의 직무스트레스와 심리적 적응과의 관계 : 문제 중심적 대처방식, 정서 중심적 대처방식의 조절효과", 한국심리학회지 : 건강, 6(1), 145-175.

이종근 · 김민환 · 정희석 · 엄병호 · 염정환 · 유인영(2008), "골프장캐디의 직무스트레스 요인이 이직의도 및 경력변경의도에 미치는 영향", 한국체육교육학회지, 13(2), 69-80.

이환범 · 이수창(2006), "경찰공무원의 직무스트레스, 직무만족, 조직몰입과 이직의도간의 상호관계에 관한 연구", 한국조직학회보, 3(2), 83-101

이창원 · 최창현 · 최천근(2013), 「새 조직론」, 대영문화사.

이임정(2009), "성취욕구와 대인관계 욕구를 통한 변혁적 리더십의 이해," 경영컨설팅연구, 제7권 제3호, 139-158.

정봉원(1994). 호텔 종사원의 직무만족도에 관한 실증적 연구, 관광연구, 4, 167-190.

정연앙(1992). "조직몰입 결정요인에 관한 연구", 한국노동연구, 3, 5-26.

조동규 · 양재성 · 이만규(2004). "조직구성원의 직무만족과 조직몰입에 관한 연구", 인적자원관리연구, 10, 37-54.

조우현(1994), “노동자의 이직성향과 직장만족도”, 노동경제론집, 17, 27-48.

지경이 · 김정원 · 권종욱(2012), “인구통계학적 특성, 리더십 및 조직유효성간의 관계와 조직문화의 매개효과분석,” 경영정보연구, 제31권 제1호, 117-147.

천명섭 · 이정용 · 김경규(1990). “직무태도와 이직의사”, 인사관리연구, 14, 183-200.

Allen, D. G., Weeks, K. P. & Moffitt, K. R.(2005). “Turnover intentions and voluntary turnover : The moderating roles of self monitoring, locus of control, proactive personality, and risk aversion”. Journal of Applied Psychology. 90, 980-990.

Allen, N. & Meyer, J.(1993). “Organizational commitment : evidence of career stage effect”, Journal of business research, 26, 49-61.

Alavi, J. (2004). “A cross-cultural perspective of self-leadership”, Journal of Manamerial Psychology, 21(4), 338-359.

Angle, H. L. & Perry, J. L.(1983). “Organizational commitment : Individual and organizational influences”, Work and Occupations, 10(2), 123-146.

Arnold, H. J. & Feldman, P. C.(1986). 「Organizational behavior.」, McGraw-Hill Book Company.

Bass, B.(1990), “From transformational leadership to transformational leadership : Learning to share the vision,” Organizational Dynamics, 18 : 19-31.

Batermanm T. S. & Organ, D. W.(1983). “Job satisfaction and the good soldier : the relationship between affect and employee citizenship”, Academy of Management Journal, 26, 587-595.

Becker, H. S. (1960), “Notes on the concept of commitment”, American Journal of Sociology, 66, 32-40.

Bennis, W. & Nanus, B.(1985), 「Leaders : The strategies for taking changes」, NY : Haper & Row.

Brown, S. P. & Peterson, R. A.(1993), “Antecedents and consequences of salesperson job satisfaction : Meta-analysis and assessment of causal effects”, Journal of Marketing Research, 30(Feb), 63-77.

Burns, J.(1978), 「Leadership」, New York : Harper & Row.

Cattell, R. B.(1950), 「Personality」, McGraw-Hill Book.

Cohen, A.(1993), Organizational commitment and turnover. a meta-analysis, Academy of Management, 36. pp.1140-1157.

Constance, C. C. & Becker, M. J. (1973), “Job satisfaction and performance. : an empirical test of some theoretical proposition”, Organizational Behavior and Human Performance, (2), 257-278.

Cooper, C. L. & Marshall, J.(1976), "Occupational sources of stress : a review of literature relating to coronary heart disease and mental health", Journal of Occupational Psychology, 49(2), 250-262.

Cranny, C. J., Smith, P. C. & Stone, E. F.(1991), 「Job Satisfaction : How People feel About Their Jobs and How It Affects Their Performance」, Lexington Books.

Decotis, T. A. & Summers, T. P.(1987), "A path ananlysis of a model of the antecedents and consequences of organizational commitment, Human Relations, 40(7), 445-470.

Fiedler, F.(1967), 「A Theory of Leadership Effectiveness」, McGraw-Hill.

Harter, J. & Bass, B.(1988), "Superiors evaluation and subordinates perception of transformational and transactional leader," Journal of Applied Psychology, 73 : 695-702.

Hellriegel, D. & Slocum, J. W.(1986). 「Organizational behaviors」. West Publishing Co.

Hersey P. & Blanchard, K.(1993), 「Management of Organizational Behavior」, Prentice Hall.

House, R.(1971), "Path-goal theory of leadership : A meta-analysis," Proceeding of the Academy of Management Meeting, 189-192.

Johns, G.(1996), 「Organizational behavior(4th eds)」, Harper Collins College Publishers.

Kim, M. J., & Han, S. S.(2007). "Comparison of job satisfaction, commitment to organization, nursing organization culture and job experience between national/ public hospital nurses and private hospital nurse", Journal of East-West Nursing Research. 13, 23-30.

Kreitner, R. & Kinicki, A.(1992), 「Organizaional behavior(2nd ed.)」, Richard D. Irwin Inc.

Locke, E. A.(1976), The nature and causes of job satisfaction, In M. D. Dunnett(Ed). 「Handbook of Industrial and Organizational Psychology」, Rand McNally.

Lok, P. & Crawford, J.(2004), "The effect of organizational culture and leadership style on job satisfaction and organizational commitment : a cross-national comparison, The Journal of Management Development, 23, 321-338.

Mathieu, J. E.(1991), "A cross-level nonrecursive model of the antecedents of organizational commitment and satisfaction", Journal of Applied Psychology, 76, 607-618.

Meyer, J. & Allen, N.(1990), "The measurement and antecedents of affective, continuance and normative commitmtnt to the organization," Journal of Occupational Psychology,

62 : 1-8.

Mottaz, C. J.(1988), “Work satisfaction among hospital nurses”, Hospital & Health Services Administration. 33, 57-73.

Mobley, W. H.(1982), “Intermediate linkage in the relationships between job satisfaction and employee turnover”, Journal of Applied Psyhology, 62(2), 237-240.

Mowday, R., R. Steers, & L. Porter. (1979), “The measurement of organizational commitment”, Journal of Occupational Behavior, 14. 224-247.

Newell, S.(1995), 「The healthy organization」, Routledge.

Northhouse, P. G.(2010), 「Leadership : theory and Practice(5th edition)」, Sage Publications.

Organ, D. & Bateman, T.(1991), 「Organizational Behavior」, Irwin.

Porter, L. W., Lawler Ⅲ, E. E. & Hackman, J. R.(1987). 「Behavior in Organization」, McGrew-Hill.

Plummer, J. T.(1985), “How Personality Makes a Difference”, Journal of Advertising Research, 24(6), 27-31.

Robbins, S. P. (1998), 「Organization Behavior」. Prentice Hall, Inc.

Schein, E. H. 1985, 「Organizational culture and leadership」, Jossey-Bass Publishers.

Seahor, S. E., Lawler, E. E., Mirvis, P. H. & Cammann, C. C.(1982). 「Observing and measuring organizational change : A guide to field practice」, John Wiley and Sons Publishers.

Steel, R. P. & Ovalle, N. K.(1984), “A review and meta-analysis of research on the relationship between behavioral intentions and employee turnover”, Journal of Applied Psychology. 69, 673-686.

Steers, R. M. & Black, J. S. (1994), 「Organization Behavior(5th ed.)」, Harper Collins College Publishes.

Shore, I. M. & Martin, H. J.(1989), “Job satisfaction and organizational commitment in relations to work performance and turnover intentions, Human Relations, 42(7), 625-638.

Smith, C. A. & Organ, L. P.(1983), “Organizational citizenship behaviors : it's nature and antecedents”, Journal of Applied Psychology, 68, 653-663.

Stanley, T. L.(2001). “The joy of working : a new look at job satisfaction”, Supervision, 62(9), 3-6.

Steers, R. M.(1977), “Antecedents and outcomes of organizational commitment”, Administrative Science Quarterly, 22, 46-56.

Stogdill, R.(1974), 「Handbook of Leadership : A Survey Theory and Research」, Free Press.

Tett, R. P. & Meyer, J. P. (1993), "Job satisfaction, organizational commitment, turnover intention : path analyses based on meta-analytic findings," Personnel Psychology, 46, 259-293.

Udechukwu, I. I., & Mujtaba, B. G.(2007), "Determining the probability that an employee will stay or leave the organization : A mathematical and theoretical model for organizations". Human Resource Develope Review, 6(2), 164-184.

Ulrich, D. & Smallwood, N.(2007), "Building a Leadership Brand," Harvard Business Review, 85 : 93-100.

Wright, T. A. & Bonett, D. G.(2007), "Job satisfaction and psychological well-being as nonaddictive predictors of workplace turnover", Journal of Management, 33, 141-160.

Yammarino, F. & Bass, B.(1990), "Transformational Leader and Multiple Levels of Analysis," Human Relation, 43(10) : 975-995.

저 자 약 력

손 주 영

- 美 Cornell 대학교 교육학과 Ph.D(평생교육)
- 삼성전자 인사팀 리더십개발센터 부장
- 現 광운대학교 교양학부 교수(리더십교육)

조직과 리더십

초 판 1쇄 인쇄 —— 2013년 8월 21일
초 판 1쇄 발행 —— 2013년 8월 26일
지은이 —— 손 주 영
펴낸이 —— 전 두 표
펴낸곳 —— 도서출판 두남
서울시 강동구 성내로6길 34-16 두남빌딩
신 고 : 제25100-1988-9호
TEL : 02) 478-2065, 2066, 2067, 2311
FAX : 02) 478-2068
E-mail : dunam1@unitel.co.kr
http://www.dunam.co.kr

정가 19,000원

ISBN 978-89-6414-446-6 93320